主编简介

邓纯东 男，中国社会科学院"马骨干"博士生导师。现任十三届全国政协社会和法制委员会委员，中国社会科学院马克思主义研究院党委书记、院长。主持国家重点课题多项。在《人民日报》《求是》等报刊发表理论文章多篇。主编《中国特色社会主义理论研究》《中国梦与中国特色社会主义研究》《马克思主义中国化最新成果研究报告》等图书多部。

中国社会科学院
马克思主义理论学科建设与
理论研究工程项目

治国理政思想专题研究文库

经济建设思想研究

邓纯东　主编

JingJi JianShe
SiXiang
YanJiu

人民日报出版社

图书在版编目（CIP）数据

经济建设思想研究 / 邓纯东主编 . —北京：人民
日报出版社，2018.1
ISBN 978 - 7 - 5115 - 5265 - 5

Ⅰ.①经… Ⅱ.①邓… Ⅲ.①中国特色社会主义—
社会主义政治经济学—研究 Ⅳ.①F120.2

中国版本图书馆 CIP 数据核字（2018）第 010213 号

书　　名：经济建设思想研究
作　　者：邓纯东

出 版 人：董　伟
责任编辑：周海燕　孙　祺
封面设计：中联学林

出版发行：人民日报出版社

社　　址：北京金台西路 2 号
邮政编码：100733
发行热线：（010）65369509　65369846　65363528　65369512
邮购热线：（010）65369530　65363527
编辑热线：（010）65369518
网　　址：www. peopledailypress. com
经　　销：新华书店
印　　刷：三河市华东印刷有限公司

开　　本：710mm×1000mm　1/16
字　　数：245 千字
印　　张：15
印　　次：2019 年 1 月第 1 版　　2019 年 1 月第 1 次印刷

书　　号：ISBN 978 - 7 - 5115 - 5265 - 5
定　　价：68.00 元

编者说明

中国共产党是高度重视理论指导、不断推进马克思主义中国化、善于进行理论创新的党。同时，我们党重视对马克思主义理论的学习和研究工作，重视用马克思主义中国化最新理论成果武装全党和教育人民，推进马克思主义大众化。

党的十八大以来，以习近平同志为核心的党中央坚持以马克思列宁主义、毛泽东思想、邓小平理论、"三个代表"重要思想、科学发展观为指导，坚持解放思想、实事求是、与时俱进、求真务实，坚持辩证唯物主义和历史唯物主义，紧密结合新时代条件和实践要求，以巨大的政治勇气和强烈的责任担当，对经济、政治、法治、科技、文化、教育、民生、民族、宗教、社会、生态文明、国家安全、国防和军队、"一国两制"和祖国统一、统一战线、外交、党的建设等各方面都做出了理论上的回答，以全新的视野深化对共产党执政规律、社会主义建设规律、人类社会发展规律的认识，进行艰辛理论探索，取得重大理论创新成果，提出一系列治国理政新理念新思想新战略。

围绕习近平总书记关于系列治国理政新理念新思想新战略的相关论述，学术界理论界发表了非常多的高质量的阐释性、研究性文章。为了更好地配合学习、研究和宣传习近平系列重要讲话精神，为了更好地推进和加强对习近平关于治国理政思想的研究，中国社会科学院马克思主义理论学科建设与理论研究工程决定编辑出版这套《治国理政思想专题研究文库》。文库从丰富的治国理政思想中撷取二十个方面的重要思想，分二十专题编辑出版。包括：《中国梦思想研究》《创新发展思想研究》《协调发展思想研究》《绿色发展思想研究》《开放发展思想研究》《共享发展思想研究》《意识形态工作思想研究》《经济建设思想研究》《文化建设思想研究》《生态文明建设思想研究》《人类命运共同体思想研究》等。文库采集的论文来自党的十八大至党的十九大期间，在重要报刊上发表的部分理论和学术文章。

　　限于篇幅，不能把所有的高质量文章收入；基于编者水平，可能会遗漏一些高质量文章。另外，在编辑出版过程中对个别文章的标题和内容有所改动。在选编工作中难免出现错误与不妥之处，敬请作者与读者一一谅解与指正。

2017 年 10 月

目　录
CONTENTS

马克思主义政治经济学是坚持和发展马克思主义的必修课[*]

今天，中国社会科学院党组举办马克思主义政治经济学培训班，请经济学部八个研究所和马研院处室级以上领导干部学习马克思主义政治经济学基本原理，学习习近平总书记在中共中央政治局第二十八次集体学习时的重要讲话。学习马克思主义政治经济学，学习习近平总书记中国特色社会主义政治经济学思想，这只是一个开头。真正地学懂、坚信、真用恐怕还得下大功夫，花很长一段时间。这里，我代表党组做一个学习动员。

2015 年 11 月 23 日，中共中央政治局就马克思主义政治经济学基本原理和方法论进行了第二十八次集体学习，习近平总书记发表重要讲话。他强调："马克思主义政治经济学是马克思主义的重要组成部分，也是我们坚持和发展马克思主义的必修课。"要认真学习贯彻习近平总书记关于坚持和发展马克思主义政治经济学的重要讲话精神，学会运用马克思主义政治经济学的立场、观点、方法，真学、真懂、真信、真用马克思主义政治经济学。要通过学习马克思主义政治经济学，深化对我国社会主义经济发展规律的认识和把握，提高我们领导中国特色社会主义经济发展的能力和水平。要通过学习马克思主义政治经济学，正确认识当代资本主义的内在矛盾及其发展趋势，科学认识人类社会发展规律、社会历史发展必然趋势和当代世界发展格局及其国际形势，提高我们处理国际问题的能力和水平。要通过学习马克思主义政治经济学，总结中国特色社会主

---

* 本文作者：王伟光，中国社会科学院院长、党组书记。

本文系作者 2016 年 1 月 15 日在"经济学部、马研院处室级以上领导干部马克思主义政治经济学培训班"上的讲话。本刊发表前，作者又做了修改与补充。

义建设新鲜经验，回答我国经济社会发展面临的新阶段、新情况、新问题，构建中国特色社会主义政治经济学，实现马克思主义政治经济学的创新发展。

今天在这里组织大家学习，对于我们社科院从事经济学研究的同志来说，主要是通过学习马克思主义政治经济学的基本原理，学习习近平总书记的重要讲话精神，掌握马克思主义政治经济学的立场、观点、方法，掌握科学的世界观、方法论，运用于对我国经济发展的研究、对党和国家重大理论和现实问题的研究、对中国特色社会主义政治经济学的研究。下面，我谈四个问题。

一、马克思主义政治经济学是揭示经济社会发展客观规律的真理，是工人阶级政党领导革命、建设和改革的理论指南

恩格斯评价马克思一生有两个伟大发现，一个是唯物史观，一个是剩余价值。他指出："正像达尔文发现有机界的发展规律一样，马克思发现了人类历史的发展规律……不仅如此，马克思还发现了现代资本主义生产方式和它所产生的资产阶级社会的特殊的运动规律。由于剩余价值的发现，这里就豁然开朗了，而先前无论资产阶级经济学家或者社会主义批评家所做的一切研究都只是在黑暗中摸索。""一生中能有这样两个发现，该是很够了。"① 在马克思之前，人类对自身社会及其历史的认识，是唯心主义历史观占据统治地位。如果没有马克思的唯物史观和剩余价值理论，人类对历史规律和资本主义社会规律的认识还在黑暗中摸索前进。可以说，迄今为止没有任何一个历史观能够超过马克思的历史观对人类社会及其历史规律的科学揭示。马克思运用科学的历史观分析资本主义社会的经济现象，创立了剩余价值理论，从而揭示了资本主义的内在矛盾，预示了资本主义必然要灭亡，要由更高的社会形态来代替资本主义这样一个历史发展的客观规律，从而使社会主义由空想变成了科学，创立了科学社会主义理论。科学社会主义的创立，为无产阶级政党领导无产阶级及其劳动人民群众推翻剥削制度，建立一个没有剥削、没有压迫的新的社会形态，提供了全部的理论根据和思想武器。马克思主义政治经济学是建立在剩余价值理论基础上的科学的理论体系，它是经过时间和实践检验的真理。

马克思主义政治经济学最基本的代表著作就是《资本论》，是马克思耗费四

---

① 《马克思恩格斯选集》第 3 卷，人民出版社 1995 年版，第 776 页。

十年时间倾力所著。全书共四卷，149 章，300 多万字。《资本论》耗时之长久，内容之丰富，道理之深邃，是我们所处的这个时代任何社会科学著作都无可比拟的。马克思在伦敦写作《资本论》，主要依靠大英博物馆的资料，从早到晚付出了极其艰辛的劳动，创造了科学的巨作。《资本论》从商品二重性、劳动二重性分析入手，揭示了整个资本主义内在矛盾，逻辑性之严密，理论论证之精湛，是任何理论思维不经过多次的深入研读所无法理解的。《资本论》被称赞是"射向资产者最厉害的炮弹"，是献给工人阶级的"圣经"，是马克思主义的"百科全书"。恩格斯认为无产阶级政党的"全部理论内容来自对政治经济学的研究"。① 列宁称其为马克思主义理论"最深刻、最全面、最详尽的证明和运用"。② 马克思的《资本论》为我们今天研究人类历史发展规律、我国经济和世界经济提供了基本的立场、观点和方法。一是立场。什么立场？就是站在工人阶级和劳动人民群众的立场上。马克思主义政治经济学，前面两个字叫"政治"，政治是什么？在阶级社会中，讲政治，首先讲站在什么阶级立场上，也就是说，政治的根本问题是站在什么人的立场上来看问题。马克思和恩格斯虽然不是工人阶级家庭出身，但是他们是站在工人阶级立场上来看待资本主义经济现象的。立场问题是非常重要的，是第一位的。我们反复讲，在今天，在社会主义条件下，哲学社会科学研究必须首先解决为什么人的问题，也就是为什么要研究问题，站在什么立场上为谁说话，这是个根本立场问题、根本政治问题。马克思主义政治经济学为我们提供了研究问题所必然解决的基本立场。二是观点。马克思主义政治经济学，为我们提供了认识问题的基本原理和重要观点。马克思主义政治经济学最基本的原理一个是劳动价值论，一个是剩余价值论，马克思把这两个问题都解决了，马克思的劳动价值论必然导引出剩余价值论，马克思主义政治经济学超越了英国古典经济学。英国古典经济学提出了劳动价值论，认为劳动创造价值，劳动是价值的源泉。但是由于英国古典经济学不懂得劳动的二重性，不懂得具体劳动创造使用价值、抽象劳动创造价值，把劳动与劳动力二者混淆，因而英国古典经济学的劳动价值论是不彻底的，不可能得出剩余价值的正确结论。马克思突破了英国古典经济学的劳动价值论，创立了

---

① 《马克思恩格斯选集》第 2 卷，人民出版社 1995 年版，第 37 页。
② 《列宁全集》第 26 卷，人民出版社 1988 年版，第 62 页。

彻底的劳动价值论，回答了英国古典经济学所不能回答的问题。马克思告诉我们，只有人的活劳动和生产资料相结合，才能增值，即才能产生新的价值，其他任何生产要素本身都不能带来原有价值基础上的增值。再一个就是剩余价值论。在马克思主义政治经济学中，劳动和劳动力是有区别的。在资本主义市场经济中，劳动力成为商品，工人出卖了自己的劳动力，资本家购买了工人的劳动力。工人在生产过程中付出了自己的活劳动，与生产资料相结合，创造出了新的价值。然而，资本家付给工人的工资只是劳动力作为商品的价值，并不是工人劳动创造的全部价值。这样，工人付出劳动所创造的价值减去劳动力的价值，就是剩余价值，这就是资本主义剥削的秘密。从劳动价值论和剩余价值论出发，马克思创造了一系列范畴、观点和原理，如商品与商品的二重性、劳动与劳动的二重性、价值与价值规律、资本与劳动、生产与再生产、周期性经济危机，等等，从而揭示了资本主义内在矛盾、经济运行规律以及必然灭亡的历史趋势。三是方法。唯物辩证法是马克思《资本论》的方法论。《资本论》是马克思主义政治经济学巨著，也是一本马克思主义哲学巨著，正是运用唯物辩证法、唯物史观，马克思才精辟地揭示了资本主义的经济发展规律及其内在矛盾。从基本经济事实出发认识资本主义，这就是唯物论的分析方法。从商品的二重性分析入手引出劳动的二重性决定商品的二重性，从商品与劳动的二重性分析入手引出了资本主义不可克服的内在矛盾，引出了资本主义阵发性的经济危机，揭示出资本主义在周期性的经济危机中，不断地走向坟墓的历史必然性。同时指出在资本主义发展进程中，造就了它的对立面，造就了它的掘墓人，必然孕育出新的社会因素，最终要为新的社会形态所替代，这就是历史的必然逻辑。这就是辩证法、矛盾分析法的运用。在《资本论》的唯物辩证的分析下，资本主义就是这么一个历史发展的必然进程，当然这个过程会有一个很长很长的历史时期，正是对历史必然性的科学分析，马克思得出一个结论，资本主义作为一种社会形态是一定要灭亡的，共产主义作为代替它的一种新的社会形态，是必然要取代资本主义的，这是不可避免的历史必然趋势。我们共产党人要有最高理想，就是共产主义。当然也要有最低纲领，就是实现中国特色社会主义的共同理想。这是有科学依据的，是符合历史发展规律的，而这科学依据恰恰是马克思主义政治经济学得出来的。

我们共产党人，特别是实现了中国革命、建设和改革胜利的中国共产党人，历来重视对马克思主义政治经济学的学习、研究和运用，一直把马克思主义政治经济学作为领导中国人民不断奋斗的理论基础。"十月革命一声炮响，给我们送来了马克思列宁主义。"中国的先进分子，开始用马克思主义的宇宙观，观察国家命运，考虑自己的问题。1926年毛泽东同志在《中国社会各阶级的分析》中，运用马克思主义政治经济学原理，从生产关系入手，分析不同阶级的经济地位，以及它们之间的经济关系，分析由此而决定的他们的阶级立场和政治态度，从而分清谁是我们的敌人，谁是我们的朋友，得出了中国革命的正确的路线、方针、政策、策略和战略，引导中国革命走向胜利。在新民主主义革命时期，成功地领导了根据地的经济建设，创造性地提出了新民主主义经济纲领。在社会主义建设时期，毛泽东同志在探索社会主义建设道路的进程中，始终坚持马克思主义政治经济学基本原理，运用马克思主义政治经济学的立场、观点和方法认识中国社会主义建设的规律，解决中国社会主义建设的理论和实践问题，提出了许多独创性的观点，发展了马克思主义政治经济学，取得了中国社会主义建设的伟大成就，为今天的中国特色社会主义奠定了理论基础和物质基础。

改革开放以来，我们也是靠马克思主义政治经济学指导，提出了建立社会主义市场经济的创新理论，走出了一条中国特色社会主义市场经济的繁荣发展的成功之路。中国共产党人从来都是把马克思主义政治经济学作为自己的理论指导的，它是真理、是指南、是武器。当然，我们要掌握马克思主义政治经济学的立场、观点和方法，而不是生搬硬套某些个别的结论。

二、马克思主义政治经济学没有过时，它依然闪烁着真理的光辉，仍然是我们今天观察和解决问题的最锐利的思想武器

有些人认为，马克思主义政治经济学过时了，《资本论》过时了，这个论断是不对的。远的不说，就从国际金融危机来看，许多资本主义国家经济持续低迷、失业问题严重、两极分化加剧、社会矛盾加深。事实说明，《资本论》所揭示的资本主义社会基本矛盾，即资本主义固有的生产社会化和生产资料私人占有之间的矛盾依然存在，只不过表现形式、存在特点有所不同。这恰恰说明马克思主义政治经济学并没有过时，仍然管用。

习近平同志在全国党校工作会议上和十八届中央纪委六次全会上的重要讲

话一再强调，领导干部要树立看齐意识。部队每天早晨出操都反复强调看齐，向右看、向左看、向前看，为什么呀？就是总有看不齐的，这就必须反复要求看齐。习近平总书记强调的看齐意识，首先是要求思想理论上的看齐，思想理论不一致，言行就会走调走板走偏，甚至跑到反面。指导我们思想的理论基础是马克思列宁主义。马克思列宁主义是党在意识形态的指导思想，是全国全党全军共同的理论基础。我们共产党人的全部理论基础是马克思主义，这是我们共产党人的共同语言。我们所从事的事业是伟大的中国特色社会主义事业，根本任务是以经济建设为中心。发展社会主义生产力，抓好社会主义经济建设，离开马克思主义政治经济学的指导就会偏离方向。今天，就要向马克思主义看齐，向当代马克思主义看齐，向中央看齐，向习近平总书记看齐。一定要学习和掌握马克思主义政治经济学的基本原理，学习中国特色社会主义政治经济学，学习习近平总书记系列重要讲话。今天世界形势发生根本变化，出现了过去所没有出现过的新特点、新情况、新问题，时代已经发生阶段性的变化，看不到这个根本变化就不是马克思主义者。但是必须清醒地认识到，当今时代的主题、特点虽然有阶段性变化，但时代本质没有变，时代根本性质并没有改变，马克思主义政治经济学作为时代本质的概括和反映，仍然闪烁着真理的光辉。

目前，仍然处在马克思所揭示的资本主义的世界历史时代。1879—1882 年间，晚年马克思运用唯物史观，把研究重心和注意力转向俄国乃至东方社会，其中形成了著名的世界历史理论。马克思主义唯物史观及其世界历史理论揭示了人类社会历史依次由原始社会到奴隶社会、封建社会、资本主义社会，最终经由社会主义社会发展到共产主义社会的演变规律，指明了自从资本主义代替封建主义以来，人类历史即进入了一个新时代，这就是马克思所揭示的资本主义的世界历史进程。自从人类历史进入资本主义发展阶段，就孕育产生了埋葬资本主义的物质力量，酝酿产生了新的社会形态因素，世界历史发展展示了一系列整体性的时代变化。其特征，一是资本主义社会化大生产的发展打破了人类社会的旧的分割与隔绝，资本主义市场经济把人类社会连成一气，构成一个密不可分的统一的世界整体，谁也离不开谁。二是在资本主义发展的同时，社会主义因素产生并在发展，世界历史始终贯穿着资本主义与社会主义两个前途、两种命运、两条道路、两大力量的较量。三是资本主义与社会主义两种前途和力量呈交叉递进态势。资本主义由革命阶段的上升期经成熟阶段的发展期开始逐步衰退，资本主义虽强，仍顽强地表现自己，不可能轻易地退出历史舞台，但总体由兴盛走向衰落。社会主义由新生阶段的初生期步入成长阶段的曲折期，由小到大，在曲折中坚强地发展前进，社会主义虽弱，但代表了人类历史的新前途。四是资本主义世界历史进程必然为共产主义世界历史进程所替代，这是历史发展不可抗拒的潮流。五是实现现代化是现今世界历史发展的核心问题。实现现代化有两条道路，一条是资本主义现代化道路，一条是社会主义现代化道路。资本主义现代化必然为社会主义现代化所替代。世界历史进程决定经济相对落后的国家选择社会主义现代化道路，可以避免资本主义现代化道路的苦难。六是马克思所判断的资本主义世界历史进程已历经三个阶段，即马克思主义产生时的自由竞争资本主义阶段，该阶段一方面是资产阶级财富的积累，另一方面是工人阶级贫困的积累，两极分化和工人阶级社会主义运动兴起，是该阶段的主题；列宁所判定的垄断资本主义阶段，该阶段的主题是战争与革命，资本主义社会基本矛盾激化引起世界性战争，战争又引起一系列社会主义革命，如十月革命、中国等东方国家的革命；邓小平所判定的美苏两个超级大国冷战结束后的和平与发展为两大世界性问题的新阶段，资本主义世界历史的总的时代性质没有改变，资本主义社会基本矛盾依然存在，但和平与发展成为两大世界性问题。七是时代阶段性主题的转化，虽然没有改变马克思主义经典作家所揭示的总的时代性质，社会主义必然代替资本主义的历史总趋势依然不可逆转，资本主义内在矛盾仍然不可调和，但时代主题的阶段性转换却为中国特色社会主义和平发展提供了战略机遇。

资本主义，一方面它在一开始是进步的，取代了封建社会，带来了生产力和人类社会的巨大发展。马克思在《共产党宣言》中指出，资本主义给人类社会生产力带来了巨大的发展，数百年间资本主义社会生产力取得了远远超过封建社会数千年所无法比拟的巨大发展。资本主义发展的一个巨大特点是，市场化打通了全世界，使全世界连成一片，打破了国与国、地区与地区、民族与民族之间的隔绝与孤立。谁闭关锁国，谁就死路一条，大门就会硬被人家打开，成为人家的附庸。唯一生路是自觉打开大门，融于世界化。所以马克思讲，资本主义发展使人类历史成为世界历史，这叫"世界性"。今天，就叫"全球化"。全球化是一把双刃剑，一方面推动了世界的进步与发展，特别是从最近几十年的情况来看。然而，另一方面，资本主义的内在矛盾又是不可克服的，资本主义越来越走向它的反面，给人类带来了战争、流血和苦难，一战、二战，直到今天，战乱不已，世界两极分化严重，穷的越穷，富的越富，资本主义造成全球化，又通过全球化掠夺全世界。马克思《资本论》的科学论证告诉我们，在资本主义发展的同时，造就了它的对立面和掘墓人，即社会主义新的因素和工人阶级。中国特色社会主义就是《资本论》的成功案例。马克思主义政治经济学，说明了这个世界历史时代的历史规律和必然发展的历史趋势，马克思主义政治经济学基本原理并没有过时。这是马克思主义政治经济学仍然管用的第一个理由。

第二个理由，我们现在正在搞社会主义市场经济，同样需要马克思主义政治经济学的指导。落后国家搞社会主义怎么搞呢？马克思和恩格斯没有具体讲。《资本论》告诉我们，公有制必然代替私有制，共产主义社会形态必然代替资本主义社会形态。马克思在《哥达纲领批判》中说："在资本主义社会和共产主义社会之间，有一个从前者变为后者的革命转变时期。同这个时期相适应的也有一个政治上的过渡时期，这个时期的国家只能是无产阶级的革命专政。"① 资本主义到共产主义必然有一个过渡阶段，这是"共产主义社会的第一阶段"，即社会主义社会阶段，社会主义社会与共产主义社会的区别是按劳分配。马克思做出这样的重要判断，只是根据历史发展的总趋势做出的理论概括。社会主义到底什么样子、共产主义到底什么样子、社会主义怎么建设、共产主义怎么建设，他只是提出了一个原则，规划了一个总的蓝图，并没有实践，他不可能说得那么具体。马克思只是认为，在生产力高度发达的资本主义社会，社会矛盾激化到一定程度，资本主义的生产关系再也容纳不下其生产力了，社会主义革命就到来了，革命成功，建立了无产阶级专政的社会主义社会。社会主义社会，也就是共产主义社会的第一阶段，实行全社会的公有制，没有私有制，劳动者直接按劳分配，实行计划经济。事实上，现今社会主义革命都发生在落后国家，如俄国、中国等，并没有发生在欧美发达的资本主义国家。列宁领导十月革命成功以后，一开始他设想搞纯之又纯的计划经济的社会主义，设计整个俄国是一个大"辛迪加"，即俄国是一个全部实行公有制的大工厂，劳动者按付出的劳动时间取得劳动券，直接按劳分配。但是他的设想还没开始实行，就赶上十四

---

① 《马克思恩格斯文集》第 3 卷，人民出版社 2009 年版，第 445 页。

个帝国主义国家与俄国国内白匪联合发动的内战，妄图把苏维埃扼杀在摇篮里。列宁领导打了几年苏维埃保卫战，实行按需分配，搞军事共产主义，把帝国主义和白匪打败了，巩固了苏维埃政权。但是，战争后的具体实践促使列宁开始深思，社会主义到底是什么样子，应该怎样搞社会主义。在落后国家搞社会主义到底怎么办？马克思没有讲。列宁开始考虑在落后国家搞社会主义要搞商品经济，要有商品，有价值，有价值规律，也不完全都搞公有制，要有一部分私有制，或者其他所有制，要有国家资本主义的发展，要引进外资。列宁发表了一系列文章，即晚年的八篇文章，提出新经济政策思想，这就是列宁对在落后的俄国搞什么样的社会主义、怎样搞社会主义的理论思考，也可以说，开始考虑运用马克思主义政治经济学指导在俄国这样落后的国家怎么建设社会主义的问题。把马克思主义政治经济学运用于俄国社会主义建设的实践，列宁开始创新、发展马克思主义政治经济学。

当然，列宁还没有来得及全面推开新经济政策，就逝世了。斯大林接替了列宁，我们党对他的评价是"三七开"，成绩是主要的，当然也犯有严重的错误。就总体来说，他主持了苏联的社会主义建设，实现了社会主义工业化和农业集体化，打败了德国法西斯，把苏联建设成为能与美国抗衡的大国，这是斯大林的历史功绩，这是抹杀不了的。在经济建设方面，斯大林既突破了马克思经典著作的某些结论，又囿于马克思经典著作的某些结论，苏联最终形成了一个僵化的计划经济体制，这个体制使社会主义应有的制度优越性没有完全发挥出来，严重束缚了苏联社会主义生产力的发展。然而，斯大林也没有完全照搬社会主义不能搞商品、市场的结论，而是在一定范围内肯定了商品经济和价值规律，发挥了价值规律的作用，这体现在他的《苏联社会主义经济问题》一书中。

十月革命胜利后，在俄国流行"社会主义制度下不存在政治经济学"的观点，直到公开发表了列宁的《在尼·布哈林〈过渡时期经济学〉一书上作的批注和评论》，才否定了这个观点。斯大林重视社会主义政治经济学的理论建设。1952 年 10 月，他发表了《苏联社会主义经济问题》。《苏联社会主义经济问题》是斯大林的最后一部重要著作，是他经济思想的代表作，他力图运用马克思主义政治经济学概括总结苏联三十多年社会主义经济建设的经验，力图阐述马克思主义的社会主义政治经济学。应当用历史的眼光来评价这本书，尽管有其不可克服的历史局限性，但在对社会主义政治经济学的阐释上还是提出了很有价值的思想。一是针对否定社会主义制度下的经济规律是不以人的意志为转移的客观规律的观点，指出不管人们愿意不愿意或承认不承认，经济规律总是客观存在的和发生作用的，人们不能消灭这些规律，也不能创造新的规律。人们可以认识经济规律，并利用其为人类社会服务。在阶级社会中，对待发现和利用经济规律，不同的阶级有着不同的认识。二是社会主义虽然消灭了私有制，但由于社会主义公有制存在全民所有制和集体所有制，所以存在社会主义的商品生产。三是社会主义商品生产与资本主义商品生产是根本不同的，不能把二者混为一谈。社会主义商品生产不会造成资本主义产生的条件，不会引导到资本主义。四是在社会主义制度下，由于存在商品生产，价值规律必然存在并发生作用，这是不以人的意志为转移的，在社会主义制度下，价值规律是为社会主义经济服务的。价值规律是很好的实践学校，利用价值规律的作用对社会主义经济有着重要意义。斯大林第一次论证了社会主义条件下存在商品生产、商品交换和价值规律的客观必然性，强调了社会主义商品经济与资本主义商品经济的根本区别。这些认识对于我们认识经济规律的客观性，自觉按经济规律的要求办事，充分认识社会主义市场经济的必然性，发展和完善社会主义市场经济，重视价值规律在社会主义条件下存在的必然性，充分发挥价值规律在社会主义条件下的作用，是有借鉴意义的。当然斯大林的理论认识也有历史局限性，但这并不能否定斯大林对马克思主义政治经济学的一些贡献。

新中国建立以后，毛泽东就主张要搞一部社会主义的政治经济学。毛泽东主张学习《资本论》，主张学习斯大林的《苏联社会主义经济问题》和苏联经济研究所编的《政治经济学教科书》，社会主义部分）。1959 年底到 1960 年初，毛泽东带领着几位党内专家集中了二十五天，读《政治经济学教科书》（社会主义部分），边学边研究社会主义到底怎么搞经济建设。毛泽东认为，为了推进中国社会主义经济建设，既要坚持马克思主义政治经济学的基本原理，又要立足中国国情，总结中国经验，不断推进马克思主义理论创新，产生自己的理论家，创造自己的经济学理论，形成具有中国自己特色的政治经济学理论。他在读苏联《政治经济学教科书》时强调："马克思这些老祖宗的书，必须读，他们的基本原理必须遵守，这是第一。但是，任何国家的共产党，任何国家的思想界，都要创造新的理论，写出新的著作，产生自己的理论家，来为当前的政治服务，单靠老祖宗是不行的。"① 毛泽东总结苏联社会主义建设的经验教训，对社会主义政治经济学进行创造性的理论探索，在商品经济、经济体制、对外开放等方面提出了一系列重要理论论断，率先提出社会主义要大力发展商品生产和商品交换。这些认识构成了社会主义市场经济理论的重要前提。毛泽东认为，商品生产本身是没有什么制度性的，它只是一种工具，看一种商品经济的制度特征，"要看它是同什么经济制度相联系，同资本主义制度相联系就是资本主义的商品生产，同社会主义制度相联系就是社会主义的商品生产。"社会主义时期，必须充分利用商品经济这个工具，使之为社会主义建设服务，中国的商品经济很不发达，一定要"有计划地大力发展社会主义的商品生产"；一味否定商品经济的观点"是错误的，这是违背客观法则的"。② 他明确指出，价值规律在我国的社会主义建设中发挥着作用，"价值法则是一个伟大的学校，只有利用它，才有可能教会我们的几千万干部和几万万人民，才有可能建设我们的社会主义和共产主义。否则一切都不可能。"③ 对干部要进行教育，使他们懂得价值规律、等价交换，违反就要碰得头破血流。他从中国实际国情出发明确指出，基于中国经济发展的现实状况，在对待资本主义和私营经济问题上，既不搞教条化，也不搞西化，可以在搞国营的基础上搞私营，坚持社会主义的前提下搞资本主义，"可以搞国营，也可以搞私营"，可以消灭资本主义，又搞资本主义，因为"它是社会主义经济的补充"。在经济体制和所有制结构方面，他对传统计划经济提出质疑，明确提出要调动两个积极性的思想，"我们不能像苏联那样，把什么都集中到中央，把地方卡得死死的，一点机动性都没有"，一定要划分好中央和地方的经济管理权限，充分发挥好中央和地方两个积极性。在对外开放的问题上，他提出"向外国学习"的口号，在对外开放问题上，要搞两点论而不是一点论，"一切民族、一切国家的长处都要学，政治、经济、科学、技术、文学、艺术的一切真正好的东西都要学。但是，必须有分析有批判地学，不能盲目地学，不能一切照抄，机械搬用。"④ 他在经济建设的基本方针和方法上提出：既要反对保守又要反对冒进，在综合平衡中稳步前进，以农业为基础，以工业为主导，

---

① 《毛泽东文集》第 8 卷，人民出版社 1999 年版，第 109 页。
② 《毛泽东文集》第 7 卷，人民出版社 1999 年版，第 434—441 页。
③ 《毛泽东文集》第 8 卷，人民出版社 1999 年版，第 34 页。
④ 《毛泽东文集》第 7 卷，人民出版社 1999 年版，第 41 页。

按农轻重的次序安排国民经济计划，从中国的具体情况出发，搞好综合平衡，统筹兼顾，适当安排，勤俭办事。他还提出实行按劳分配、反对平均主义和过分悬殊的问题。这些重要论断为改革开放时期我们党提出社会主义市场经济体制改革和对外开放做了重要的理论储备。

在改革开放新时期，邓小平提出，社会主义可以搞市场经济。我们经过三十多年的改革开放，初步构建了社会主义市场经济体系，取得中国特色社会主义的伟大成绩，走出了一条中国道路，坚持了中国制度，创造了中国理论。这也是对马克思主义政治经济学的创新和发展，也是对《资本论》的创新和发展。

今天，我们在中国特色社会主义新的发展阶段新的历史起点上正在从事一场新的伟大斗争。社会主义市场经济与全世界的市场经济是联系在一起的，在资本主义世界市场环境下搞社会主义市场经济，这就更需要学习掌握《资本论》，更需要坚持和发展马克思主义政治经济学，因为马克思主义政治经济学对市场经济规律做了全面的揭示，对资本主义市场经济做了深刻分析，对如何发挥价值和价值规律的作用做了充分论证。马克思主义政治经济学没有过时，不坚持不发展马克思主义政治经济学，就无从指导社会主义市场经济建设，指导中国特色社会主义事业发展。

三、立足我国国情和我国发展实践，构建当代中国的马克思主义政治经济学，即中国特色社会主义政治经济学

习近平总书记指出："面对极其复杂的国内外经济形势，面对纷繁多样的经济现象，学习马克思主义政治经济学的基本原理和方法论，有利于我们掌握科学的经济分析方法，认识经济运动过程，把握社会经济发展规律，提高驾驭社会主义市场经济能力，更好地回答我国经济发展的理论和实践问题，提高领导我国经济发展的能力和水平。"坚持马克思主义政治经济学的基本原则，构建中国特色社会主义政治经济学，这是时代赋予我们的伟大历史重任。

我们党历来重视对马克思主义政治经济学的学习、研究、运用和发展。早在1984年10月《中共中央关于经济体制改革的决定》通过后，邓小平同志就高度评价说："写出了一个政治经济学的初稿，是马克思主义基本原理和中国社会主义实践相结合的政治经济学。"十一届三中全会以来，我们党把马克思主义政治经济学基本原理同改革开放新的实践结合起来，不断丰富和发展马克思主

义政治经济学，形成了一系列重要理论成果。例如，关于社会主义本质的理论、关于社会主义初级阶段基本经济制度的理论、关于社会主义市场经济理论、关于生产要素参与收入分配的理论、关于国有企业改革和股份制改造的理论、关于经济全球化与对外开放理论、关于自主创新和建立创新型国家的理论……这些理论观点深化了我们对社会主义经济发展规律的认识，创造性地构建了中国特色社会主义政治经济学，有力地指导了我国经济发展实践。

十八大以来，习近平总书记坚持和发展马克思主义政治经济学，在一些重大社会主义经济问题上，提出了很多新思想、新观点，发展了当代中国马克思主义政治经济学，开拓了马克思主义政治经济学的新境界。

第一，提出中国特色社会主义政治经济学的重大原则。他提出："要坚持以人民为中心的发展思想，坚持新的发展理念，坚持和完善社会主义基本经济制度，坚持和完善社会主义基本分配制度，坚持社会主义市场经济改革方向，坚持对外开放基本国策。"这是发展中国特色社会主义政治经济学应当遵循的重大原则。这六个原则是具有鲜明的时代意义和深远的理论意义的。

第二，提出坚持以人民为中心的发展思想。坚持以人民为中心的发展思想，是以习近平为总书记的党中央关于经济发展思想的鲜明特点，充分体现了马克思主义唯物主义历史观，充分反映了社会主义的本质要求，充分表达了马克思主义政治经济学的原则立场。作为社科院的学者，要牢固树立为人民做学问的思想，把为最广大人民群众谋利益作为科学研究的出发点和落脚点，把人民群众的伟大实践作为检验科学研究成果的最高标准，把人民群众作为评价科学研究价值的最高裁决者。深入实践、深入基层、深入群众，从火热的社会实践和人民群众的伟大创造中，获取营养，激发灵感，为实现国家富强、民族振兴、人民幸福提供不竭思想动力和精神源泉。

第三，提出我国经济发展进入新常态的理论。我国经济发展进入新常态，是党的十八大以来以习近平同志为总书记的党中央在科学分析国内外经济发展形势、准确把握我国基本国情的基础上，针对我国经济发展的阶段性特征所做出的重大战略判断，是对我国迈向更高级发展阶段的理论指南。当前，我国经济正在向形态更高级、分工更复杂、结构更合理的阶段演化，正从高速增长转向中高速增长，经济发展方式正从规模速度型粗放增长转向质量效率型集约增长，经济结构正从增量扩能为主转向调整存量、做优增量并存的深度调整，经济发展动力正从传统增长点转向新的增长点，正在推进供给侧结构性改革。认识新常态，适应新常态，引领新常态，是当前和今后一个时期我国经济发展的大逻辑，也是我们运用马克思主义政治经济学分析方法，把握经济运动规律的基本遵循。我们要认真总结经验、深入分析问题，为实现我国经济发展迈向更高级发展阶段提供智力支持、理论支撑。

第四，提出了要坚持新的发展理念。经济发展进入新常态，必须要有新理念、新思路、新举措。创新、协调、绿色、开放、共享五大发展理念，是协调推进"四个全面"战略布局、适应和引领经济发展新常态的重要理论创新，是党关于发展理论的重大升华。创新是引领发展的第一动力，协调是持续健康发展的内在要求，绿色是永续发展的必要条件和人民对美好生活追求的重要体现，开放是国家繁荣发展的必由之路，共享是中国特色社会主义的本质要求。我们要坚持用新的发展理念，深入研究新常态下我国经济速度变化、结构优化、动力转换的新特点，不断破解经济发展新难题，为开创经济发展新局面提供智力支持。

习近平总书记还提出了关于认清马克思主义政治经济学与西方经济学的本质区别、巩固马克思主义政治经济学的指导地位、深入研究中国特色社会主义政治经济学、促进社会公平正义、逐步实现全体人民共同富裕、推动新型工业化、信息化、城镇化、农业现代化相互协调、发挥市场在资源配置中的决定性作用和更好发挥政府作用、实行混合所有制改革、推进供给侧结构性改革、用好国际国内两个市场、两种资源等一系列重要观点。习近平总书记对马克思主义政治经济学的创造性发展，开拓了当代中国马克思主义政治经济学的新境界，为我们树立了运用马克思主义政治经济学的立场、观点、方法解决问题的典范。

马克思主义政治经济学是不断发展、与时俱进的科学。当前，世界经济和我国经济都面临许多新的重大课题，需要做出科学的理论回答，更需要形成新的历史条件下的中国特色社会主义政治经济学，以指导伟大的实际。我们要立足我国国情和我国发展实践，揭示新特点新规律，提炼和总结我国经济发展实践的规律性成果，把实践经验上升为系统化的经济学说，为努力推进马克思主义政治经济学的创新与发展贡献智慧与力量。

四、坚持和发展马克思主义政治经济学，坚定不移地把马克思主义政治经济学和当代中国马克思主义政治经济学作为经济工作和经济研究的指导思想

坚持和发展马克思主义政治经济学、系统地构建和发展当代中国的马克思主义政治经济学是我院，特别是经济学科的一项重要理论任务，更是一项政治任务。早在 2007 年，党中央就对中国社科院明确提出了"三个定位"的战略要求。马克思主义政治经济学基本理论的研究宣传，中国特色社会主义政治经济学的创新研究，是我院"三个定位"要求的题中应有之义，是我院必尽的职责。经济学部的各个研究所，还有马克思主义研究院、世界经济与政治研究所，学科齐全，人才济济，既具有无可替代的理论学术优势，又应有责无旁贷的自觉自为。习近平总书记要求我们："要深入研究世界经济和我国经济面临的新情况新问题，为马克思主义政治经济学创新发展贡献中国智慧。"党组希望同志们按照习近平总书记的要求，坚持和发展马克思主义政治经济学，深入地、系统地研究世界经济和我国经济面临的新情况新问题，为马克思主义政治经济学研究宣传，为中国特色社会主义政治经济学的创新发展，贡献我们的心智。

第一，始终坚持马克思主义政治经济学的指导。马克思主义是由马克思主义哲学、马克思主义政治经济学、科学社会主义三个部分组成的，马克思主义是我们党的思想基础和理论指南，同样包括马克思主义政治经济学。必须牢牢巩固马克思主义政治经济学在我国主流意识形态和经济工作、经济研究中的指导地位，善于运用马克思主义政治经济学基本立场观点方法，分析国内社会主义市场经济和国际资本主义世界经济的各种经济现象及其经济思潮，增强政治敏锐性和政治鉴别力，始终保持立场坚定、头脑清醒。要把马克思主义政治经济学的指导作用贯穿到经济学的学科建设、科研工作、学术活动、人才培养中，按照马克思主义政治经济学的基本原理和方法论，扎实地开展科学研究工作，努力构建当代马克思主义政治经济学理论体系。

第二，深入研究中国特色社会主义经济活动中的重大理论和现实问题。从国内情况看，虽然经济长期向好基本面没有改变，但发展不平衡、不协调、不可持续问题仍然突出，粗放型发展模式存在一定的惯性，部分行业产能过剩严重，城乡区域发展不平衡，资源约束紧张，生态环境恶化，创新能力不强，企业效益下滑，基本公共服务供给不足，全面建成小康社会的任务依然艰巨。面对繁杂的国内情况，必须保持马克思主义政治经济学的定力和判断力。要充分发挥我院经济理论研究和应用对策研究高端智库的优势，着眼于中国特色社会主义建设的新实践和新发展，把研究和阐释中国特色社会主义重大经济理论和实践问题作为主攻方向；把认真研究习近平总书记关于当代马克思主义政治经济学的新思想新理念新战略作为中心课题，把深入研究"四个全面"战略布局、五大发展理念、经济发展新常态、供给侧结构性改革等作为必选题目，多出在马克思主义政治经济学指导下所取得的研究成果，为中央提供有价值的决策参考依据。

第三，全面研判世界经济和世界资本主义发展出现的新动向、新情况。从国际局势看，国际金融危机深层次影响在相当长时期依然存在，全球经济贸易增长乏力，保护主义抬头，地缘政治关系复杂变化，传统和非传统安全威胁交织，外部环境不稳定不确定因素增多。世界经济的现状、发展趋势和出现的问题是与世界资本主义的发展变化相一致的。马克思主义政治经济学所揭示的资本主义的内在矛盾仍然起作用，这是我们观察世界经济问题与趋势，做出科学判断的根本所在。对世界经济的判断离不开对资本主义内在矛盾的分析，离不开马克思主义政治经济学基本原理的指南。一定要把马克思主义政治经济学基本原理运用于对当代资本主义的分析，运用到对世界经济形势的判断。离开马克思主义政治经济学的基本判断是看不清、认不透世界经济趋势的。面对复杂的国际问题必须头脑清醒，树立马克思主义政治经济学的自信自觉，始终坚持运用马克思主义政治经济学的立场、观点和方法认识问题，增强马克思主义对重大国际经济命题的解释力和指导力。

第四，坚决批判西方经济学的原则性错误。习近平总书记要求我们要认清西方经济学的错误本质。我们要认真领会，分清马克思主义政治经济学和西方经济学这两种理论体系在指导理论、研究对象、研究方法、目标任务上是有根本区别的。

西方经济学作为资产阶级意识形态在经济领域的理论体现，根本使命就是为资本的利益服务，但它欺骗性地标榜自己是科学客观、公平正义的学说，以此网罗了大批信众，一定要认清它的资产阶级意识形态本质。当然，也不可否认，西方资本主义国家经过几百年的发展实践，积累了丰富的市场经济经验。西方经济学者们不断从多个角度和层次上提炼概括、归纳总结出反映现代市场经济运行发展一般规律及其特点的观点，形成了一套分析范式和范畴体系，有值得我们学习和借鉴的地方。一方面，西方经济学所运用的西方市场运行的实践材料及具有合理性的观点，完全可以用马克思主义政治经济学去粗取精，去伪求真，吸收到当代马克思主义政治经济学的理论构建中。但另一方面，如果仅仅因为西方经济学说存在一些可借鉴性，就把它奉若神明、不假思索地认为其是放之四海而皆准的学说，则无疑是一种立场错误、学术浅薄的表现。对于西方经济理论反映资本主义制度属性、阶级立场、意识形态倾向和价值观念的内容，要坚决批判，决不能照抄照搬；对西方经济学理论反映的社会化大生产和市场经济一般规律的合理方面，要注意借鉴，不可全盘否定。

马克思主义政治经济学，最重要的是讲政治。政治是经济的集中表现，政治指导经济，当然政治是为经济服务的。政治经济学不是政治和经济的简单相加，经济学虽然是研究经济问题的，但不可能脱离社会政治。按照经济决定政治、政治反作用于经济，经济基础决定上层建筑、上层建筑反作用经济基础的原理来认识经济问题。不能仅仅把经济问题看成为纯粹的物与物之间的关系，经济学实际上反映了人和人之间的经济关系和社会关系，特别是所有制关系、分配关系，当然也包括一切生产流通消费环节中人与人之间的关系。所谓从政治上看问题，就是站在工人阶级的、马克思主义的、社会主义的政治立场上看问题。马克思主义政治经济学从来都是把一个国家政治和经济看作是一个有机的整体，从经济的角度分析社会政治发展中存在的问题，从政治角度认识经济问题，反作用于经济，让经济发展始终保持正确的方向。马克思主义政治经济学主要是从生产关系分析入手来看问题，主要从生产资料所有制这个根本问题分析出发来看问题。西方经济学回避政治原则问题，把经济学抽象为纯粹的物与物之间的关系，回避人与人之间关系的研究，其真正目的是掩盖资本主义剥削的本质，进而为生产资料私有制辩护，为资本主义制度辩护。

马克思主义政治经济学不是温室里的花朵，而是在汲取各种思想养分并同各种错误思想斗争中创立起来并不断发展的。在研究马克思主义政治经济学的过程中，必须要彻底摒弃传统的教条主义，不能食洋不化，不能让马克思主义政治经济学边缘化，也不能从马克思主义经典著作中寻章摘句，搞僵化那一套。要真正地从立场、观点、方法上来研究马克思主义政治经济学，创新中国特色社会主义政治经济学。不能把马克思主义政治经济学作为幌子，不断地塞进那些不符合马克思主义政治经济学的所谓学说和观点。在新的历史时期，面对生机勃勃的中国特色社会主义经济的丰富实践，发展和创新中国政治经济学，建设具有中国特色、中国风格、中国气派的政治经济学理论和学术话语体系的任务，比任何时候都更加迫切、更加重要。这是在经济领域树立理论自信、道路自信、制度自信的根本保证，也为我们每一个科研工作者提出了重大迫切的现实任务。

第五，要坚持马克思主义理论联系实际的学风。2014 年 7 月习近平总书记在主持召开经济形势专家座谈会时提出："希望广大专家学者深入实际、深入群众、深入基层，倾听群众呼声，掌握真实情况，广泛调研，潜心研究，不断拿出具有真知灼见的成果，为党中央科学决策建言献策，为推进决策科学化、民主化多作贡献。"我院要认真开展贯彻落实习总书记"三个深入"重要讲话的学习活动，学、懂、信、用马克思主义政治经济学，不断改进学风，从实际出发，完善研究方法，在中国特色社会主义实践中提炼当代中国马克思主义政治经济学研究的素材，坚决摆脱西方经济学脱离实际的研究范式的影响，努力构建出有中国特色社会主义的马克思主义政治经济学。为推动中国特色社会主义经济建设，为中国特色社会主义伟大事业做出更多更大的贡献。

（原载于《经济研究》2016 年第 3 期）

党领导经济工作新理念新思想
新战略的集中体现*

党的十八大以来，面对国内外经济日益呈现出的深刻而复杂的转折性变化，从学术界到决策层，都在进行深入而系统的思考。尤为重要的是，以习近平同志为总书记的党中央在深化对共产党执政规律、社会主义建设规律、人类社会发展规律认识的基础上，逐步形成了一系列有关经济工作的新理念新思想新战略。十八届五中全会所通过的《建议》，便是这一系列新理念新思想新战略的集中体现。

大致回顾一下这一系列经济工作新理念新思想新战略的形成过程，无疑是必要的。

2012 年 12 月 15 日至 16 日召开的中央经济工作会议，是十八大之后召开的第一次全国性重要会议。这次会议在全面评估国内外经济社会形势的基础上，第一次摒弃了以往对于经济增长速度"快"的追求——不再使用类如"持续快速协调健康""平稳较快""又快又好"或"又好又快"的表述，而将经济工作的目标定位于"实现经济健康持续增长和社会和谐稳定"，把领导经济工作的立足点聚焦于提高发展质量和效益、加快形成新的经济发展方式。与此同时，从加强和改善宏观调控出发，第一次改变了以往作为反经济周期工具的宏观经济政策布局——不再局限于相对单一的熨平经济周期作用，而将"逆周期调节"和"推动结构调整"这一双重任务同时赋予宏观经济政策，让宏观经济政策兼具起逆周期调节和推动结构调整两个方面的功能。

---

* 本文作者：高培勇，财经战略研究院院长，教授。

2013 年 11 月，党的十八届三中全会召开。在全会通过的《中共中央关于全面深化改革若干重大问题的决定》中，根据我国发展进入新阶段、改革进入攻坚期和深水区的深刻论断，做出了全面深化改革的系统部署。以此为契机，将改革引入宏观经济政策视野。在"健全宏观调控体系"的标题之下明确指出了宏观调控的主要任务：保持经济总量平衡，促进重大经济结构协调和生产力布局优化，减缓经济周期波动影响，防范区域性、系统性风险，稳定市场预期，实现经济持续健康发展。

紧跟着，于同年 12 月 10 日至 13 日召开的中央经济工作会议，将"稳中求进"与"改革创新"结合起来，强调在坚持稳中求进工作总基调的同时，把改革创新贯穿于经济社会发展各个领域各个环节，以改革促发展、促转方式调结构、促民生改善。用改革的精神、思路、办法来改善宏观调控，寓改革于调控之中。以此为基础，提出了全面认识持续健康发展和生产总值增长关系的全新命题：不能把发展简单化为增加生产总值，要抓住机遇保持国内生产总值合理增长、推进经济结构调整，努力实现经济发展质量和效益得到提高又不会带来后遗症的速度。要冷静扎实办好自己的事，大力推进改革创新，把发展的强大动力和内需的巨大潜力释放出来。

一年之后，在 2014 年 12 月 9 日至 11 日举行的中央经济工作会议上，关于"我国进入发展新阶段、改革进入攻坚期和深水区"的论断被进一步高度概括为"经济发展新常态"。并且，围绕经济发展新常态，分别从消费需求、投资需求、出口和国际收支、生产能力和产业组织、生产要素相对优势、市场竞争特点、资源环境约束、经济风险积累和化解、资源配置模式和宏观调控方式九个方面，全面分析了中国经济发展所发生的趋势性变化。由此得出的结论是：我国经济正在向形态更高级、分工更复杂、结构更合理的阶段演化，正从高速增长转向中高速增长，经济发展方式正从规模速度型粗放增长转向质量效率型集约增长，经济结构正从增量扩能为主转向调整存量、做优增量并存的深度调整，经济发展动力正从传统增长点转向新的增长点。认识新常态，适应新常态，引领新常态，是当前和今后一个时期我国经济发展的大逻辑。

又是一年之后，2015 年 10 月 26 日至 29 日，党的十八届五中全会审议通过了《建议》。在深刻认识经济发展新常态以及由此形成的一系列治国理政新理念新思想新战略的基础上，勾画了中国未来五年以及更长一个时期的发展蓝图：

鉴于国际金融危机破坏了世界经济增长动力，新的自主增长动力没有形成，世界经济增长对我国经济增长的带动力减弱，我们必须更多依靠内生动力实现发展；鉴于全球需求增长和贸易增长乏力，保护主义抬头，市场成为最稀缺的资源，我们必须更多依靠扩大内需带动经济增长；鉴于世界新一轮科技革命和产业变革蓄势待发，发达国家推进高起点"再工业化"，发展中国家加速工业化，我国要素成本快速提高，我们必须加快从要素驱动转向创新驱动。在这一进程中，要牢固树立创新、协调、绿色、开放、共享的发展理念。并且，要以提高发展质量和效益为中心，加快形成引领经济发展新常态的体制机制和发展方式，保持战略定力，坚持稳中求进，统筹推进经济建设、政治建设、文化建设、社会建设、生态文明建设和党的建设，确保如期全面建成小康社会。

可以清晰地看到，从第一次将经济工作的目标定位于"实现经济健康持续增长和社会和谐稳定"到提出全面认识持续健康发展和生产总值增长关系的全新命题，从第一次赋予宏观经济政策以"逆周期调节和推动结构调整"的双重功能到确立创新、协调、绿色、开放、共享以及以提高发展质量和效益为中心等一系列发展理念，从我国发展进入新阶段、改革进入攻坚期和深水区的深刻论断做出全面深化改革系统部署到将其进一步高度概括为"经济发展新常态"并全面分析中国经济发展所发生的趋势性变化，从认识新常态、适应新常态、引领新常态到加快形成引领经济发展新常态的体制机制和发展方式，从明确经济持续健康发展须建立在扩大内需的基础上到勾画中国未来五年以及更长一个时期的发展蓝图，在过去的 3 年时间里，我们党领导经济工作的理念、思想、战略发生了十分重大的变化。这些变化，既是党对经济发展新常态下的经济运行规律的认识不断深化的结晶，也标志着党对加快形成引领经济发展新常态的体制机制和发展方式的认识达到了一个新高度。

这即是说，跨入"十三五"的我们，已经身处于一个与以往大不相同的环境之中，站在一个与以往大不相同的新的历史起点之上。故而，围绕"十三五"发展目标的一系列经济研究工作，要立足于新的发展环境和新的发展阶段，根据全新的发展理念、发展思想和发展战略来加以深化。在当前，尤为重要的是，将宏观经济政策作为一项重要的支撑力量与如期全面建成小康社会的奋斗目标相对接，融入"四个全面"战略布局和"五位一体"总体布局，全面推动经济社会持续健康发展。

第一，经济保持中高速增长，确保 2020 年实现国内生产总值和城乡居民人均收入比 2010 年翻一番的目标，是确定不移、非完成不可的任务。宏观经济政策，应当也必须放在这个大前提之下加以研究和谋划。面对全球经济贸易增长持续乏力、国内经济下行压力日趋严峻的形势，至少在未来的 5 年时间里，扩大内需事实上是宏观经济政策的着力点：为了确保实现"两个翻番"的目标，必须坚守经济年均增长 6.5% 以上的底线。为了坚守这一底线，就必须释放出足够的内需，保持足够的内需规模。这意味着，锁定于以足够的内需支撑经济中高速增长这一目标，宏观经济政策不仅要继续保持扩张状态，而且要持续加力增效。

第二，注意到我国经济转向中高速增长系周期性和结构性因素交互作用的结果，再注意到依赖于反周期的扩张政策来刺激需求、拉动增长的效应已经趋于减弱。在如此的条件下，扩大内需的政策操作，必须将需求管理与供给侧的结构性调整结合起来一并展开。在适度扩大内需的同时，着力于提高供给体系质量和效率，增强经济持续增长动力，推动我国社会生产力水平实现整体跃升。这意味着与以往有所不同，旨在扩大内需的宏观经济政策固然位于需求一侧，但其视野所及，却不能也不宜局限于需求。由需求延伸至供给，在需求和供给两条线索上同时发力，在稳增长和调结构之间保持平衡，将成为与经济发展新常态相适应的扩大内需的宏观经济政策的常态。

第三，在经济发展新常态的背景下，逆周期的扩张性操作也好，推动结构性调整也罢，绝不限于政策安排层面，除此之外，还须依赖于制度变革。事实上，在潜在增长率大致既定的条件下实现经济中高速增长，必须靠潜在增长率加改革红利，两者缺一不可。因而，改革红利的释放是一个可以依赖的更为重要的力量。改革红利有的立竿见影，有的要假以时日。只要实质性地推进相关领域改革，在 6.2% 的潜在增长率基础上，增加不小于 0.3 个百分点的改革红利，便可以达到经济中高速增长的要求。这意味着，与以往有所不同，旨在扩大内需的宏观经济政策固然位于政策层面，但其实质内容，却不能也不宜局限于政策。由政策设计延伸至制度变革，在针对内需实施扩张操作的同时，与全面深化改革相对接，在经济、政治、文化、社会、生态文明建设等诸多领域改革的联动中，创新扩大内需的宏观经济政策运行新体制、新机制，应当也必须成为"十三五"时期的一个重要的工作着力点。

第四，鉴于我们是在新的历史起点上，基于经济发展进入新常态的判断展开一系列政策操作，全面而适时地调整以往习以为常的理念、思维和做法，将宏观经济政策建立在贯彻并体现中央领导集体有关经济工作的新理念、新思想和新战略基础上，非常重要。比如，让市场在资源配置中发挥决定性作用，凡是市场和企业能决定的，都要交给市场要主动做好政府该做的事，要有所为有所不为；我们要的是有质量、有效益、可持续的发展，要的是以比较充分就业和提高劳动生产率、投资回报率、资源配置效率为支撑的发展；保持一定经济增速，主要是为了保就业；宏观经济政策要保持定力，向社会释放推进经济结构调整的坚定信号；只要经济运行处于合理区间，宏观经济政策就保持基本稳定；要避免强刺激政策给经济发展带来的副作用，如此等等。这意味着，与以往有所不同，宏观经济政策应当也必须立足于中国经济正在向形态更高级、功能更齐全、作用更完整、结构更合理的阶段演化的现实背景，宏观经济政策必须与经济发展新常态相契合。以此为契机，全面构建经济发展新常态下的宏观经济政策新格局。

第五，随着形势的变化、对于形势判断的变化以及治国理政思路的变化，我国宏观调控的格局也在发生变化。不仅宏观经济政策功能定位同时指向于发挥逆周期调节和推动结构调整两个方面作用，而且宏观经济政策的目标选择也同时指向于稳增长、保就业、防风险、调结构、稳物价、惠民生、促改革等多重目标。这意味着，我们不得不将有限的宏观调控资源同时配置于双重作用和多重目标，从而难免使得以往的"歼灭战"演化为"阵地战"。这也意味着，我们可以依托的宏观调控空间变窄，从而难免使得宏观调控的操作目标或着力点频繁调整。所以，与以往有所不同，宏观经济政策必须在兼容双重作用、兼顾多重目标的前提下加以实施和推进。无论是发挥消费对于经济增长的基础作用，还是发挥投资对于经济增长的关键作用，都要置身于这样一个复杂多变的大棋局，在彼此协调、相互交融的过程中捕捉扩大内需的契机，探寻扩大内需的方法，构建扩大内需的机制。

说到这里，可以得出的一个重要结论是：党的十八届五中全会所确定的"十三五"时期我国经济社会发展的指导思想、目标任务、重大举措，体现了党的十八大以来我们党治国理政的一系列新理念新思想新战略，为我们做好经济发展新常态背景下的经济工作提供了科学理论指导和行动指南。

（原载于《财贸经济》2015 年第 12 期）

中国特色社会主义政治经济学的根本
立场、发展理念与分析方法[*]

党的十八大以来，习近平总书记在中央经济工作会议、中央政治局集体学习等多个场合，强调并深入阐述了中国特色社会主义政治经济学的重大现实意义，提出要立足我国国情和发展实践，揭示新特点新规律，提炼和总结我国经济发展实践的规律性成果，把实践经验上升为系统化的经济学说，不断开拓当代中国马克思主义政治经济学新境界。中国特色社会主义政治经济学，是适应当代中国国情和时代特点的政治经济学，内涵丰富、思想深邃、博大精深，为我国的经济发展实践提供了科学的理论指南。

一、中国特色社会主义政治经济学的根本立场：坚持以人民为中心的发展思想

马克思主义政治经济学的唯物史观认为，人民群众是历史活动的主体，是推动历史发展的决定力量。发展，既包括物质财富的增加，又包括精神财富的丰富，还包括社会的变革。人民群众不仅是物质财富的创造者，而且是精神财富的创造者，还是社会变革的决定力量。人民始终是发展的根本力量，是发展最深厚的力量源泉。习近平总书记提出，要坚持以人民为中心的发展思想，这既是对马克思主义政治经济学关于人类社会发展规律本质要义的科学概括，又是对马克思主义政治经济学发展思想的继承和发展，深刻指出了中国特色社会主义政治经济学的根本立场。

---

* 本文作者：裴小革，中国社会科学院经济研究所。

坚持以人民为中心的发展思想，必须坚持把增进人民福祉、促进人的全面发展、朝着共同富裕方向稳步前进作为经济发展的出发点和落脚点，部署经济工作、制定经济政策、推动经济发展都要牢牢坚持这个根本立场。摆正人民在经济发展中的位置，最广泛地动员人民群众依法管理国家和社会事务、管理经济和文化事业、参与社会主义现代化建设，始终坚持发展为了人民、发展依靠人民、发展成果由人民共享。充分发扬民主，贯彻党的群众路线，提高宣传和组织群众能力，加强经济社会发展重大问题和涉及群众切身利益问题的协商，依法保障人民各项权益，激发各族人民建设祖国的主人翁意识。充分发扬社会主义民主，调动和保护人民的积极性，最广泛地把人民群众动员起来、团结起来、组织起来，把全面建成小康社会的宏伟事业建立在亿万人民群众共同创造、不懈奋斗的基础之上。

坚持以人民为中心的发展思想，就要坚持社会主义市场经济的发展方向。坚持和完善社会主义基本经济制度，毫不动摇巩固和发展公有制经济，毫不动摇鼓励、支持、引导非公有制经济发展，推动各种所有制取长补短、相互促进、共同发展，坚持公有制主体地位不能动摇，国有经济主导作用不能动摇，这是我国各族人民共享发展成果的制度性保证，也是巩固党的执政地位、坚持我国社会主义制度的重要保证。要坚持和完善社会主义基本分配制度，努力推动居民收入增长和经济增长同步、劳动报酬提高和劳动生产率提高同步，不断健全体制机制和具体政策，调整国民收入分配格局，持续增加城乡居民收入，不断缩小收入差距。

坚持以人民为中心的发展思想，还要依法保护各种所有制经济产权和合法利益，有效保障人民平等参与、平等发展权利，保障人民群众应当享有的生产活动、劳动报酬、财产所有等方面的经济权益，确保人民群众得到实实在在的物质利益。坚持走中国特色社会主义发展道路，有效保障人民依法实行民主选举、民主决策、民主管理、民主监督，保障人民知情权、参与权、表达权、监督权，确保人民群众真正当家作主。完善公共文化服务体系，加强文化产品供给，有效保障人民群众参与文化活动、享用文化产品、丰富精神生活等文化权益，确保人民群众共享文化发展成果。要加强以保障和改善民生为重点的社会建设，推进基本公共服务均等化，有效保障人民群众在教育、就业、医疗卫生、社会保障、公共安全等方面的权益，确保各族人民群众过上更加美好的生活。

二、中国特色社会主义政治经济学新的发展理念

《中共中央关于制定国民经济和社会发展第十三个五年规划的建议》提出，实现"十三五"时期发展目标，破解发展难题，厚植发展优势，必须牢固树立创新、协调、绿色、开放、共享的发展理念。习近平总书记在 2015 年 11 月 23 日中央政治局集体学习时发表的重要讲话中指出，关于这种新发展理念的理论，是党的十一届三中全会以来，我们党把马克思主义政治经济学基本原理同改革开放新的实践结合起来，不断丰富和发展中国特色社会主义政治经济学，形成的中国特色社会主义政治经济学的许多重要理论成果之一，是对我们在推动经济发展中获得的感性认识的升华，是对我们推动经济发展实践的理论总结。不断破解经济发展难题，开创经济发展新局面，必须运用中国特色社会主义政治经济学这种新的发展理念来引领和推动我国的经济发展实践。

中国特色社会主义政治经济学新的发展理念，包括创新、协调、绿色、开放、共享，都是促进人的全面发展的理念。以这些理念指导经济发展实践，必须在各项经济工作中贯彻以人民为中心的发展思想。推动大众创业、万众创新。就业是民生之本，创业是就业之源。要坚持就业优先战略，实施更加积极的就业政策，创造更多就业岗位，着力解决结构性就业矛盾。完善创业扶持政策，鼓励以创业带就业，建立面向人人的创业服务平台。坚持权利公平、机会公平、规则公平的原则，调动人们干事创业的积极性、主动性、创造性。深化科技体制改革，加快形成一批有国际竞争力的创新型领军企业，赋予创新领军人才更大的人财物支配权、技术路线决策权。实行以增加知识价值为导向的分配政策，提高科研人员成果转化收益分享比例，鼓励人才弘扬奉献精神。

近年来，尽管我国生态文明建设取得重要进展，但经济发展面临越来越突出的资源环境制约，人民群众对良好生态环境的要求越来越迫切。以中国特色社会主义政治经济学新的发展理念为指导，必须在经济发展实践中体现人民的要求，推动形成绿色发展方式和生活方式，协同推进人民富裕、国家富强、中国美丽。从促进人与自然和谐共生、加快建设主体功能区、推动低碳循环发展、全面节约和高效利用资源、加大环境治理力度、筑牢生态安全屏障六个方面做出一系列新的制度安排。

以中国特色社会主义政治经济学新的发展理念为指导，在经济发展实践中

还必须从解决人民最关心最直接最现实的利益问题入手，增强政府职责，提高公共服务共建能力和共享水平。实施脱贫攻坚工程，实施精准扶贫、精准脱贫，因人因地施策；扩大贫困地区基础设施覆盖面；推进贫困地区基本公共服务均等化。建立健全农村留守儿童和妇女、老人关爱服务体系。在收入分配上，加大再分配调节力度，缩小收入差距；多渠道增加居民财产性收入。在社会保障上，实施全民参保计划；完善职工养老保险个人账户制度；健全医疗保险制度；推进制度整合，确保困难群众基本生活。在人口政策上，坚持计划生育的基本国策，全面实施一对夫妇可生育两个孩子政策；积极开展应对人口老龄化行动；保障妇女和未成年人权益，健全扶残助残服务体系。可以预期，随着中国特色社会主义政治经济学新的发展理念的贯彻落实，人们所追求的平等机会、健康生活、安定社会环境等美好愿景将加速实现，全体人民在共建共享发展中将有更多获得感，社会将朝着共同富裕方向稳步迈进。

三、中国特色社会主义政治经济学的经济分析方法

"十三五"时期，我国经济发展的国际环境和国内条件面临着新的变化。国际金融危机深层次影响在相当长时期依然存在，世界经济复苏艰难，主要经济体走势和政策取向持续分化，国际金融市场和大宗商品价格波动加大，不稳定不确定因素增多。我国经济发展正步入增速换档、结构调整、动力转换的新阶段，经济长期向好基本面没有改变，但也面临一些新的风险和挑战。面对未来一个时期错综复杂的国内外经济环境，习近平总书记指出，学习马克思主义政治经济学基本原理和方法论，有利于我们掌握科学的经济分析方法，认识经济运动过程，把握社会经济发展规律，提高驾驭社会主义市场经济能力，更好回答我国经济发展的理论和实践问题，提高领导我国经济发展的能力和水平。

中国特色社会主义政治经济学的经济分析方法，是尊重客观经济规律、实事求是的方法。在这种方法看来，理论是从实践中产生，随实践的发展而发展的，它又为实践服务，并在实践中得到检验。实践是指人类改造客观世界的一切活动。实践是社会的活动。社会实践包括许多方面，人类最基本的实践活动，是向自然索取物质生活资料的生产斗争。没有生产活动，人类就不能生存，就谈不上其他活动。在生产过程中，不仅人们和自然界发生关系，而且人和人之间要结成一定的生产关系。在生产关系的基础上，人们又结成其他社会关系。

因此，社会实践除改造自然的活动以外，还包括人和人之间的各种社会活动。在不同社会，不同历史阶段，有不同的经济规律，同一经济规律也有不用的作用。我国经济发展实践要遵循的经济规律，只能是我国社会主义市场经济的经济规律。

掌握中国特色社会主义政治经济学的经济分析方法，必须处理好解放思想和实事求是的关系。改革开放的过程，就是思想解放的过程。经历了 30 多年波澜壮阔的变革，在新的时代实践中，同样需要新的思想引领，仍然需要以解放思想为先导。不进行思想的大解放，就不会有改革的大突破。解放思想不是脱离国情的异想天开，也不是闭门造车的主观想象，更不是毫无章法的莽撞蛮干。解放思想的目的在于更好地实事求是。用中国特色社会主义政治经济学的方法分析经济问题，必须坚持解放思想和实事求是的有机统一，一切从基本国情出发，从实际出发，从人民群众的利益出发，既大胆探索又脚踏实地。这样才能保证我们的各项经济工作遵循事物发展的内在规律，保持经济发展实践的正确方向。

掌握中国特色社会主义政治经济学的经济分析方法，还必须重视调查研究。只有深入调查研究，才能真正做到一切从实际出发、理论联系实际、实事求是，保证我们在工作中尽可能防止和减少失误，即使发生了失误也能迅速得到纠正而又继续胜利前进。经常开展调查研究，非常有益于正确认识客观世界、改造主观世界、转变工作作风、增进同人民群众的感情，有益于深切了解群众的需求、愿望和创造精神、实践经验。要找准问题、有的放矢，深入研究影响和制约经济社会持续健康发展的突出问题，深入研究人民群众反映强烈的热点难点问题，深入研究党的建设面临的重大理论和实际问题，深入研究事关改革发展稳定大局的重点问题，深入研究当今世界政治经济等领域的重大问题。这样才能使调查研究工作同经济发展实践需要紧密结合起来，更好地为经济发展实践服务。

（原载于《改革》2016 年第 3 期）

十八大以来经济思想的理论创新与实践指导意义 *

从十八大、十八届三中全会、十八届四中全会，到 2015 年中央经济工作会议，习近平总书记关于我国经济建设的系列重要讲话，在围绕经济建设为中心、经济"新常态"、经济质量与效益、法治经济以及开放的空间经济战略等方面的系统性论述，形成了完整的经济思想体系和理论架构。习近平经济思想所展现的开放视野、战略前瞻、实践路径和价值理念，是马克思主义政治经济学在当代中国的生动实践，是我国社会主义市场经济建设理论的最新成果，是中国特色社会主义理论体系的丰富和完善。本文拟就习近平总书记的经济"新常态"论、经济质量效益中心论、法治经济论和基于高度开放的空间经济战略论等方面的讲话和论断，来深入领会其经济思想的理论创新含义和对实践的指导意义。

一、从"三期叠加"到经济"新常态"：习近平经济思想的理论升华

自十八大以来，习近平总书记始终强调，解放和发展生产力是中国特色社会主义的根本任务，发展是解决中国一切问题的金钥匙，是解决所有问题的关键。"中国所有问题的核心依旧是经济问题"，必须坚持以经济建设为中心，在经济不断发展的基础上，协调推进政治建设、文化建设、社会建设、生态文明建设以及其他方面建设。为此，他在围绕以经济建设为中心、立足提高质量和效益、推动经济持续健康发展的一系列论述，特别是从"三期叠加"的判断到经济"新常态"的特征论断，充分体现出善于把握大势、抢抓机遇、稳中求进、

———————

　＊ 本文作者：裴长洪，中国社会科学院经济研究所所长、研究员、博导；李程骅，南京市社会科学院副院长、研究员、博导，南京中国特色社会主义理论研究会副会长兼秘书长。

主动调控和深化改革开放的战略思维和掌控能力。

对中国经济发展新态势的认识与把握，是党的十八大以来习近平一直高度关注的重大问题。就十八大之后国内经济大势和所处的阶段，以习近平为总书记的党中央做出了"经济增长速度换挡期、结构调整阵痛期、前期刺激政策消化期"三期叠加的判断，这是对我国经济发展阶段性的理性认知，也是我国深化经济体制改革和制订重要经济政策的客观依据。充分认识和理解这一重大判断，是促进经济理论研究、正确处理现实经济生活中各种矛盾的基本前提。基于对我国"经济增长速度的换挡期"的大势把握与战略判断，表明我国经济增长到了从高速换挡到中高速的发展阶段，结构调整成为最迫切的事情，这是一种高度战略把握下的理性选择。

面对"三期叠加"的现实挑战，谋划中国经济"新常态"下的"顶层设计"与战略路径，是习近平经济思想发展的主脉。实际上，在十八大之后召开的第一次中央经济工作会议上，习近平就提出了"保持清醒头脑，增强忧患意识，深入分析问题背后的原因，采取有效举措加以解决"的方法和思路。在部署2014年经济工作时，习近平继续强调："要积极推动全面深化改革，坚持问题导向，勇于突破创新，以改革促发展、促转方式调结构、促民生改善。"由此，对中国经济发展"总体"方式和方法的战略思维和顶层设计的"新常态"经济思想，构成了习近平经济思想的核心内容。从2014年5月习近平主席在河南考察工作时第一次提及新常态："我国发展仍处于重要战略机遇期，我们要增强信心，从当前我国经济发展的阶段性特征出发，适应新常态，保持战略上的平常心态。"到11月，习近平在亚太经合组织（APEC）工商领导人峰会上发表的《谋求持久发展共筑亚太梦想》主旨演讲中，向包括130多家跨国公司领导人在内的世界工商领袖们，阐述了什么是经济新常态、新常态的新机遇、怎么适应新常态等关键点，表明"新常态"给中国带来新的发展机遇的同时，也将为处于缓慢且脆弱复苏中的全球经济注入持久动力。2014年12月11日闭幕的中央经济工作会议首次明确"经济发展新常态"的九大趋势性变化，强调我国经济正在向形态更高级、分工更复杂、结构更合理的阶段演化，经济发展进入"新常态"：经济增速正从高速增长转向中高速增长，经济发展方式正从规模速度型粗放增长转向质量效率型集约增长，经济结构正从增量扩能为主转向调整存量、做优增量并存的深度调整，经济发展动力正从传统增长点转向新的增长点。认识新常态，适应新常态，引领新常态，是当前和今后一个时期我国经济发展的大逻辑。

习近平的"新常态"经济思想，是全面科学理解与引领中国经济发展走向的"总开关"和"金钥匙"。认真理解和遵循其思想要义，我们首先要走出高速增长的"纠结"，在保持合理增长速度的前提下，让经济运行处于合理区间，以保持经济总体的健康运行。毕竟，中国作为世界第二大经济体的体量可观，即使经济增速放缓，实际增量依然可观，2013 年中国经济一年的增量就相当于1994 年世界全年经济总量，可以在全世界排到第十七位。即使是 7% 左右的增长，无论是速度还是体量，在全球也是名列前茅的。据 IMF 的测算，尽管 2014年前三季度中国经济增速回落至 7.4%，但中国经济增长对世界经济增长的贡献率仍为 27.8%，超过美国。对亚洲而言，中国经济每增长 1 个百分点，将带动亚洲经济增长 0.3 个百分点。国家统计局的最新统计数据表明，2014 年我国国内生产总值为 636463 亿元，首次突破 60 万亿元，以美元计则是首次过 10 万亿美元大关，中国成为继美国之后又一个"10 万亿美元俱乐部"成员。

其次，"新常态"下的中国经济增长更趋平稳，增长动力更为多元。有人担心，中国经济增速会不会进一步回落，能不能爬坡过坎。风险确实有，但没那么可怕。中国经济的强韧性是防范风险的最有力支撑，创新宏观调控思路和方式，以目前确定的战略和所拥有的政策储备，我们有信心、有能力应对各种可能出现的风险。与此对应，我国正在协同推进新型工业化、信息化、城镇化、农业现代化，这有利于化解各种"成长的烦恼"。

再次，"新常态"下的中国经济结构优化升级，发展前景更加稳定。2014年前 3 个季度，中国最终消费对经济增长的贡献率为 48.5%，超过投资；服务业增加值占比 46.7%，继续超过第二产业；高新技术产业和装备制造业增速分别为 12.3% 和 11.1%，明显高于工业平均增速；单位国内生产总值能耗下降4.6%。这些数据显示，中国经济结构正在发生深刻变化，质量更好，结构更优。

最后，适应"新常态"的政府大力简政放权，使市场活力进一步释放。在放开市场这只"看不见的手"的同时，也要用好政府这只"看得见的手"。2013年 12 月出台的《中共中央关于全面深化改革若干重大问题的决定》，对民营企业的发展产生了积极影响。在改革了企业登记制度后，2014 年上半年全国新登记企业 168 万户，同比增长 57%。其中新登记私营企业 158 万户，从业人员达 1009 万人，同比增长 43%。2014 年前 3 个季度全国新登记注册市场主体 920 万户，新增企业数量较 2013 年增长 60% 以上。

此外，在经济"新常态"下，创新驱动主导下的我国经济转型升级出现新的趋势与特征：消费升级带来了需求机制转换，大众消费热潮转向个性化、多样化消费；原来高强度大规模开发投资，加速转向基础设施互联互通和新技术、新产品、新业态、新商业模式的投资；出口的低成本比较优势转向培育新的比较优势。同时，技术创新与产业升级又加快了供给机制转换，要素规模驱动转向依靠人力资本质量、技术进步和创新；市场竞争机制从数量扩张和价格竞争转向质量型、差异化为主的竞争；风险防控机制的转换则使经济增速下调的风险总体可控。由此，面向 2015 年和"十三五"期间，我国经济工作的关键是保持稳增长和调结构之间的平衡，促进"三驾马车"更均衡地拉动增长，同时积极发现培育新增长点，推进新型工业化、信息化、城镇化、农业现代化同步发展，逐步增强战略性新兴产业和服务业的支撑作用，着力推动传统产业向中高端迈进。全面系统谋划高效率、低成本、可持续经济发展态势，真正形成经济持续健康发展的"新常态"，实现我国社会生产力水平总体跃升。

从"三期叠加"的重要判断到系统的"新常态"经济思想的形成，是习近平思想新意涵的体现。面对"新常态"下的新挑战，尽管我国发展仍处于重要战略机遇期的基本判断没有变，但这个重要战略机遇期的内涵和条件正在发生变化。就国内外的竞争环境来看，我们面临的机遇，不再是简单纳入全球分工体系、扩大出口、加快投资的传统机遇，而是倒逼我们扩大内需、提高创新能力、促进经济发展方式转变的新机遇。紧紧抓住我国发展面临的新机遇，乘势而上，是推动我国经济发展不断上新台阶，顺利实现"两个一百年"战略目标的重要前提。

二、着力提高经济质量和效益：习近平经济思想的实践指导意义

十八大后的我国经济工作指导思想，与改革开放以来我国长期追求经济高速增长的惯性思维明显不同，那就是在立足提高质量和效益的前提下，在合理增长速度的维系下，来推动经济持续健康发展，不再让速度掩盖深层的结构性矛盾和愈积愈多的社会风险。十八大以来，习近平总书记围绕以经济建设为中

心，立足提高质量和效益、推动经济持续健康发展，发表了一系列重要讲话，不仅从根本上转变了传统的速度为上的经济发展观，还在发展哲学层面上起到了价值的引领作用，体现了习近平经济思想的深邃远见与实践指导性。

经济持续健康发展，必须以提高经济质量和效益为中心。习近平在多个重要场合的讲话中持续强调指出："增长必须是实实在在和没有水分的增长，是有效益、有质量、可持续的增长"，抓经济工作"要以提高经济增长质量和效益为中心"。2012 年 11 月 15 日，习近平在党的十八届一中全会讲话中指出，"在前进道路上，我们一定要坚持以科学发展为主题，以加快转变经济发展方式为主线，切实把推动发展的立足点转到提高质量和效益上来，促进工业化、信息化、城镇化、农业现代化同步发展，全面深化经济体制改革，推进经济结构战略性调整，全面提高开放型经济水平，推动经济持续健康发展。"2013 年 11 月 3 日至 5 日，习近平在湖南考察时指出，"我们这么大个国家、这么多人口，仍然要牢牢坚持以经济建设为中心。同时，要全面认识持续健康发展和生产总值增长的关系，防止把发展简单化为增加生产总值，一味以生产总值排名比高低、论英雄。转方式、调结构是我们发展历程必须迈过的坎，要转要调就要把速度控制在合理范围内，否则资源、资金、市场等各种关系都绷得很紧，就转不过来、调不过来。各级都要追求实实在在、没有水分的生产总值，追求有效益、有质量、可持续的经济发展。"2014 年 7 月 8 日，习近平主持召开经济形势专家座谈会时进一步强调，实现我们确定的奋斗目标，必须坚持以经济建设为中心，坚持发展是党执政兴国的第一要务，不断推动经济持续健康发展。发展必须是遵循经济规律的科学发展，必须是遵循自然规律的可持续发展。各级党委和政府要学好用好政治经济学，自觉认识和更好遵循经济发展规律，不断提高推进改革开放、领导经济社会发展、提高经济社会发展质量和效益的能力和水平。

十八大确定的我国新型城镇化战略，就是要着重提高城镇化的质量，彻底破除城乡二元结构，实现城乡一体化的健康发展。新型城镇化倒逼产业升级与城市空间转型，是经济发展的重要引擎，是促进产业升级的重要抓手，因而是提高经济发展质量和效益的重要方面。十八大以来，习近平总书记始终强调要走中国特色新型城镇化道路，要坚持"四化同步"，着力提高质量。2013 年 3 月 8 日，习近平在参加全国人大会议江苏团审议时指出，"在推进城镇化的过程中，要尊重经济社会发展规律，过快过慢都不行，重要的是质量，是同工业化、信息化、农业现代化的协调性"。2013年10月，习近平在亚太经合组织工商领导人峰会上演讲中进一步指出，"中国经济发展的内生动力正在不断增加，并将继续增强。持续进行的新型城镇化，将为数以亿计的中国人从农村走向城市、走向更高水平的生活创造新空间"。

以提高经济发展质量和效益为中心，必须在科学把握经济发展规律的前提下做好"顶层设计"，并体现在创新的实施路径中。对此，习近平总书记始终强调，提高经济发展质量和效益的主线，是推进经济结构战略性调整和经济发展方式转变。十八大之后，习近平总书记就指出，要充分利用国际金融危机形成的倒逼机制，积极推进产能过剩行业调整，坚决遏制产能过剩和重复建设。要把使市场在资源配置中起决定性作用和更好发挥政府作用有机结合起来，坚持通过市场竞争实现优胜劣汰。同时，要推动战略性新兴产业发展，支持服务业新型业态和新型产业发展，加快传统产业优化升级，扎实推进产业结构转型。加快转变经济发展方式，关键是要实施创新驱动。对此，习近平总书记多次警醒广大干部、科学家和企业家："从全球范围看，科学技术越来越成为推动经济社会发展的主要力量，创新驱动是大势所趋。""实施创新驱动发展战略决定着中华民族前途命运。""我国经济发展要突破瓶颈、解决深层次矛盾和问题，根本出路在于创新，关键是要靠科技力量"，推动中国制造向中国创造转变、中国速度向中国质量转变、中国产品向中国品牌转变。2013年9月30日，习近平在十八届中央政治局第九次集体学习时强调，要着力推动科技创新与经济社会发展紧密结合。关键是要处理好政府和市场的关系，通过深化改革，进一步打通科技和经济社会发展之间的通道，让市场真正成为配置创新资源的力量，让企业真正成为技术创新的主体。同时，实施创新驱动的发展战略，必须坚定不移地走中国特色自主创新道路，人才创新是创新驱动的根本。习近平同志2014年6月在中国科学院第十七次院士大会、中国工程院第十二次院士大会上，明确指出创新驱动实质上是人才驱动，"知识就是力量，人才就是未来"，"必须在创新实践中发现人才、在创新活动中培育人才、在创新事业中凝聚人才，必须大力培养造就规模宏大、结构合理、素质优良的创新型科技人才"。

经济增长方式转变的过程，就是人的发展观念不断进步的过程，也是人和自然关系不断调整、趋向和谐的过程。习近平总书记对生态文明建设的相关论述，系统体现了他的经济思想中，对经济与环境形成浑然一体的关系、和谐统一的价值追求。他"绿水青山、金山银山"论，是阐述经济发展与环境保护的关系的经典例证："两座山"之间有矛盾，又辩证统一，绿水青山可以源源不断地带来金山银山，保护生态环境就是保护生产力，改善生态环境就是发展生产力。既要绿水青山也要金山银山，宁要绿水青山不要金山银山，绿水青山就是金山银山。保护生态环境和经济发展是完全可以处理好的，因为二者不是矛盾的，是可以相互转化的。"绿水青山"，并非一定要以"不要金山银山"为代价，"绿水青山"可以转化为经济发展的优势，是发展绿色经济、低碳经济的巨大资本。可见，从提高经济增长质量和效益为中心的价值理念来看，如果我们坚持原来粗放的发展方式，为获得短期的经济收益去毁坏"绿水青山"，那就背离了发展的初衷、增长的真谛，"金山银山"也是虚幻的、有毒的，也是无法保住的，那就进入了发展的歧路，是万万要不得的。正如习近平总书记在2014年12月视察江苏的讲话中所强调的那样，"保护生态环境、提高生态文明水平，是转方式、调结构、上台阶的重要内容。经济要上台阶，生态文明也要上台阶。不能经济上去了，生态环境恶化了，那就得不偿失了"。

三、"从法治上提供制度建设方案"：习近平法治经济思想的系统构成

存在决定意识，中国经济是社会主义市场经济，这是法治经济提出的现实客观依据。社会主义市场经济本质上是法治经济，从法治上为推动经济社会持续健康发展提供制度化的方案，是习近平社会主义市场经济理论新亮点，也体现了习近平经济思想的新发展。在《中共中央关于全面推进依法治国若干重大问题的决定》中，对经济体制改革的核心问题、产权的制度规范以及制定完备的市场经济的运行规则等方面的要求，构成了习近平社会主义市场法治经济理论的核心体系。

在党的十八届四中全会上，习近平总书记就《中共中央关于全面推进依法治国若干重大问题的决定》进行说明时指出："要推动我国经济社会持续健康发展，不断开拓中国特色社会主义事业更加广阔的发展前景，就必须全面推进社会主义法治国家建设，从法治上为解决这些问题提供制度化方案。"显然，在经济领域中，要继续完善社会主义市场经济体制，构建社会主义市场经济的治理体系，也需要从法治上提供制度建设方案。这不仅是社会主义市场经济的外在保障，而且也是社会主义市场经济的内在要求，正如该《决定》所指出的那样：

"社会主义市场经济本质上是法治经济。"

法治经济的核心是要打造约束权力的笼子。在依法治国的指导思想上，习近平总书记指出，不是就法治论法治，而是要围绕全面建成小康社会、全面深化改革、全面推进依法治国这"三个全面"的逻辑联系，体现推进各领域改革发展对提高法治水平的要求。而经济体制改革的核心问题是如何使市场在资源配置中起决定性作用和更好发挥政府作用，这是法治经济要解决的核心问题。对此，习近平总书记在 2014 年 5 月主持十八届中央政治局第 15 次集体学习时指出，在市场作用和政府作用的问题上，要讲辩证法、两点论，努力形成二者有机统一、相互补充、相互协调、相互促进的格局，推动经济社会健康发展。更深一步探究，法治经济要提供两个笼子的制度，一个是不允许做什么的笼子，另一个是可以做什么的笼子。从当前改革的要求来看，当前政府管理经济活动的方式应重点从市场准入的事前审批更多向事中事后监管转变入手，在管理对象方面，当前就"市场失灵"的各种表现而言，垄断是最值得关注的一种，其中又以行政性垄断的问题最为突出，应该说，这是中国现阶段反垄断的主要矛盾对象。因此，需要管制的法律化措施。"负面清单"制度的引入，是市场准入改革的一种法治手段，应当成为政府管制的重要依据。

法治经济的基础是产权的制度规范。建立中国法治经济的基础是完善产权制度规范，构建一个有利于促进产权最优配置的法律体系，通过对产权形态的选择和保护，提高财产的利用效率。产权保护制度是社会主义市场经济的基础，健全以公平为核心原则的产权保护制度是完善社会主义市场经济制度的基本要求。我国的基本经济制度是以公有制为主体、多种所有制经济共同发展，这种制度为产权与资源的最佳利用提供了最广阔的空间，具有最大的优越性。如何发挥其优越性，关键在于如何进行产权治理。在深化改革中，产权制度规范即产权治理的重要意义，在于为农村土地制度的完善以及国有资本改革、混合所有制经济的发展提供了法律保障。正如《决定》指出，要创新适应公有制多种实现形式的产权保护制度，加强对国有、集体资产所有权、经营权和各类企业法人财产权的保护。完善激励创新的产权制度、知识产权保护制度。

法治经济的主线是设置和完善市场运行规则。建立法治经济的主体要求是完善市场运行规则，从而使交易成本最小化，资源利用效率最大化。在城镇化、工业化过程中经常发生的征用土地和拆迁的矛盾，究竟是让征用土地行为拥有更大权利，还是土地占有者拥有更大权利，往往体现了政策制定者的分析判断。以往的实践证明，政策制定者通常认为让土地征用者拥有更大权利更有利于社会，因此，强制的非自愿的交易经常发生。要对侵权行为进行约束，需要有补偿和威慑的制度设计。这是市场经济运行中十分必要的制度规则。当然，任何制度设计都是有成本的，所以，现实问题导向是建设法治经济的边际效益最高点，从而也是出发点。为此，该《决定》提出，要加强市场法律制度建设，编纂民法典、制定和完善发展规划、投资管理、土地管理、能源和矿产资源、农业、财政税收、金融等方面法律法规、促进商品和要素自由流动、公平交易、平等使用。市场法律制度的目的就是最大化地促进资源与其最佳使用者之间的结合，以及最大化地提高交换效率，直接降低自愿交易中的交易成本。

什么是最好的经济法治？科斯定理说明，能使交易成本最小的法律就是最好的法律。它提供了根据效率原理理解法律制度的一把钥匙，也为朝着实现最大效率的方向改革法律制度提供了理论依据。但是，社会主义市场经济不同于资本主义市场经济，所以虽然科斯定理很重要，但市场交易法则不仅要遵循交易成本最小化原理，也要遵循自然规律和和谐包容的社会发展规律，不可重利轻义。该《决定》中的这些内容，既是中华法律文化的精华，也是习近平社会主义市场法治经济理论的重要指导思想。

四、搭建参与全球经济治理的多重平台：习近平经济思想的"空间张力"

十八大以来，习近平总书记提出的实现中华民族伟大复兴的中国梦的系列表述，体现了当代中国共产党人的历史担当与使命。中国梦的"宏大叙事"愿景与"两个一百年"目标的实现，决定了中国必须"加快从经济大国走向经济强国"建设经济强国，是"两个一百年"奋斗目标在经济建设领域的具体化，不仅要经济总量高，更重要的是经济质量和效益高，要在全球的经济、科技的创新力以及文化软实力等方面掌握话语权，要具备参与全球经济治理的主导权。

确立参与全球经济治理的主导权的目标，就必须构建体现国家战略利益与意志的高水平的开放型经济的新体系、新机制和新优势，整合全球资源，谋划合作共赢的经济战略，制定国际贸易规则，无论在境内还是境外，都能站在价值链的高端，而不仅仅是原来中国企业"走出去"的问题。在十八大报告中，完善互利共赢、多元平衡、安全高效的开放型经济体系，覆盖的范围是全方位的，它包括了开放的部门和领域、空间配置、开放方式、边境上和边境内的改革内容以及参与全球经济治理的要求，从总体上体现了新的历史阶段的国家战略意志。十八大之后，习近平总书记对扩大开放、全面提升开放型经济发展水平的系列重要论述，既体现了他积极促进世界经济合作发展的思想，也彰显了中国作为负责任大国的胸怀。更值得整个世界点赞的是，习近平总书记主动把握和平、发展、合作、共赢的国际大势，从容统筹国际国内两个大局，主动参与全球经济治理，形成了多元开放的全方位开放型经济新格局。从与东盟等的区域性经济合作，与新西兰、新加坡、智利等国的双边经济合作，以及大湄公河次区域经济合作、大图们江流域次区域合作到"中巴经济走廊""中蒙俄经济走廊"的构想，以及推动自由贸易区的建设，建设"丝绸之路经济带"和"21世纪海上丝绸之路"等大手笔、大动作，可以说是习近平的空间经济战略的全面展现，在亚太地区乃至整个世界产生了积极的影响，多层次诠释了习近平经济思想的"空间张力"。

参与全球经济治理，需要加快培育参与和引领国际经济合作竞争的新优势，搭建多重的合作共赢的战略平台。十八届三中全会《决定》中提出，培育参与和引领国际经济合作竞争的新优势，不仅要有人力资本、技术创新和管理等方面的市场竞争优势，还要有以开放促改革，使社会主义市场经济体制成为参与国际经济合作与竞争优势因素的制度优势，而更重要的是建构规则优势，即培育参与制定国际规则的能力，在国际经济活动中发起新倡议、新议题和新行动，更有能力提供全球公共品，履行大国责任。基于这种优势建构的综合考量，我国实施新一轮高水平对外开放，着力推进三大国家战略："走出去"战略、"自贸区"战略和"一带一路"战略。尽管在以往党和国家的文献中，对外开放举措中被冠以"战略"的名称只有"走出去战略"和"自贸区战略"，但从两年多来习近平总书记有关对外开放的多次讲话以及中央关于对外开放的决策部署来看，"一带一路"事实上已经成为国家战略。

新形势下三大战略的实施，搭建了我国参与全球经济治理的多重平台。"走出去"战略有了新目标。中国企业"走出去"，过去追求的目标只是为了开拓国内国外两个市场，利用国内国外两种资源，促进国际收支平衡。新形势下还要求体现互利共赢，增加中国企业对外投资的东道国福利；同时还要为保障国家能源、粮食、食品安全做出贡献，把自身培育成为当代的跨国公司，构建自主的跨国生产经营价值链、整合全球资源，并成为人民币国际化进程中流通循环的重要载体。自由贸易区战略要上新台阶。我国目前实施的自由贸易区有两类，一类是我国单方自主的对境外所有经济体开放的自由贸易区，如中国上海自由贸易试验区；另一类是双边或区域的贸易投资自由化协议的自贸区。第一类自贸区包含了许多的对外开放的内容，其中最重要的是具有接受国际新规则压力测试的政策含义。目前已经取得突破性进展，中央经济工作会议提出要推广上海自由贸易试验区经验。第二类自由贸易区是推进贸易便利化改革，相互提供关税的最惠国待遇，在原有贸易规则基础上有选择地扩大少数领域的开放中韩自贸区的意义，就在于表明中国有能力也有自信，全面地参与全球无论是多边还是诸边的高标准的自贸协定谈判。更具有历史标志性意义的是亚太自贸区议程的启动。2014年亚太经合组织（APEC）领导人非正式会议上，习近平提议启动亚太自由贸易区进程，这是第一次由中国首倡、中国设置议题、中国提出行动计划和时间表的国际经济治理新方案，也是未来中国在制定国际规则中占据主导地位的新标志，是具有历史标志性意义的事件。

在战略上坚定大胆，在战术上做细做实，是习近平经济思想的鲜明特点。"一带一路"战略，堪称习近平的空间经济思想理论与实践的完美融合。建设"丝绸之路经济带"和"21世纪海上丝绸之路"，是我国主动应对全球形势深刻变化、统筹国内国际两个大局做出的重大战略决策，当前的亚欧国家都处于经济转型升级的关键阶段，需要进一步激发大区域域内发展活力与合作潜力。"一带一路"战略构想的提出，契合沿线国家的共同需求，将进一步推动实现区域内政策沟通、道路联通、贸易畅通、货币流通、民心相通，也是"新常态"下中国自身培育经济增长动力的新途径。我国通过"一带一路"战略，可以撬动西部基础设施建设，扩大向西和向南的对外开放，带动中国过剩产能和优势产能（如高铁及相关的装备制造能力），开辟新的出口市场。中国实施"一带一路"，还有助于应对美国主导的试图绕开孤立中国而推进TPP（快太平洋伙伴关系协议）、TTIP（跨大西洋贸易伙伴谈判），在国际经贸中抢占全球贸易新规则制定权。长期以来，中国的油气资源、矿产资源对国外的依存度较高，这些资源主要通过沿海海路进入中国，渠道较为单一。"一带一路"能增加大量有效的陆路资源进入通道，从而保障中国的能源安全，同时也就是保障世界经济的稳定和安全。同时，亚洲基础设施投资银行和丝路基金等国际开发性金融机构的设立，也将是对整个全球经济治理和金融治理结构的一个补充，它有利于发展中国家在基础设施建设方面获得资金支持，从而改善和优化全球经济治理结构。

"一带一路"战略，让世界见识了一个责任大国的气度和胸襟，也集中体现了习近平的空间经济思想的大视野、大开放、大整合的特征，是对传统空间经济学理论的重大拓展，也转变了传统狭义的国内区域发展观，并对国内经济转型与区域转型产生积极的重大影响。一方面，从全球经济空间的大格局来看，"丝绸之路经济带"和"21世纪海上丝绸之路"最终形成欧亚非三大洲陆地与海上的大闭环；另一方面，"一带一路"的大空间资源整合战略，也从根本上打破了国内原有的点状、块状的本位性区域发展模式。无论是原先的经济特区，还是新成立的自由贸易区，以及一批国家级新区，都是以单一区域为发展突破口的，而"一带一路"战略彻底改变了原来点状、块状的格局，在东西向形成了一个互联互通的经济带，沿线的城市、省区占据不同等级的节点区域位置，在东部、南部沿海则串起了所有的港口及沿海城市，向东盟和中亚延伸，由此彻底改变中国传统的区域发展版图，那就是国内所有地区性的、省域的区域一体化进程，都必须以区域经济一体化为核心主线，来全面融入"一带一路"的国家大开放战略，由此建立起开放型经济的新体系、新体制和新优势。国家推进的长江经济带规划建设以及京津冀一体化等战略，都要全面体现大空间整合资源的精神，全面提升区域能级、经济质量和民生福利。面向"十三五"及今后更长一个时期，我国要把国内经济发展空间格局的优化，各地区的协调发展、协同发展，强化主体功能区的定位等战略行动，与"一带一路"的战略规划的实施、重大项目的推进，实行前瞻性的呼应与互动，分享"一带一路"发展的红利，同时以自身的创新驱动为"一带一路"大战略注入新的内涵，同步提升区域经济一体化的水平和质量。

参考文献：

[1] 裴长洪、李程骅：《中国特色社会主义理论体系的新发展——习近平总书记系列重要讲话学习体会》，《南京社会科学》2014年第5期。

[2] 裴长洪：《法治经济：习近平社会主义市场经济理论新亮点》，《经济学动态》2015年第2期。

[3] 裴长洪：《经济新常态下的对外开放》，《经济日报》2015年1月22日。

［4］双传学：《论民族复兴中国梦的国际视野——学习习近平总书记关于中国梦的有关论述》，《南京社会科学》2014 年第 7 期。

［5］陈文玲、颜少君：《把握"新常态"：2014 - 2015 年全球经济形势分析与展望》，《南京社会科学》2015 年第 1 期。

［6］高虎城：《让中国梦点亮美好世界——学习贯彻习近平经济外交思想》，《求是》2014 年第 7 期。

［7］陈宝生：《加快从经济大国走向经济强国——深入学习习近平同志的经济战略思想》，《人民日报》2014 年 10 月 15 日。

（原载于《南京社会科学》2015 年第 2 期）

中国特色社会主义政治经济学发展的新境界[*]

党的十八大以来，在决战决胜全面建成小康社会的伟大历史进程中，中国特色社会主义政治经济学的新发展与以习近平同志为核心的党中央提出的治国理政新理念新思想新战略紧密相连、结为一体，体现了 21 世纪中国马克思主义发展的新特点。作为中国共产党治国理政的制度性安排，每年年底召开的中央经济工作会议，都从治国理政的高度对当年经济工作做出回顾和总结，对来年经济工作做出研究和部署。作为中国特色社会主义政治经济学演进的重要节点，每年召开的中央经济工作会议展示了马克思主义政治经济学在中国发展的思想历史过程。这一思想历史过程即如习近平所概括的，实际上就是"立足我国国情和我国发展实践，揭示新特点新规律，提炼和总结我国经济发展实践的规律性成果，把实践经验上升为系统化的经济学说，不断开拓当代中国马克思主义政治经济学新境界"的过程。① 党的十八大以来五个年度召开的五次中央经济工作会议，开拓了中国特色社会主义政治经济学发展的新境界，为治国理政提供了坚实的理论基础，同时也成为治国理政新理念新思想新战略的有机组成部分。

一、中国特色社会主义政治经济学的新发展以"进行第二次结合"为基本遵循，据此形成与治国理政新理念新思想新战略紧密相连的内在根据

中国特色社会主义政治经济学是以 1956 年中国社会主义基本经济制度确立为历史起点的，毛泽东在这年 4 月发表的《论十大关系》讲话就是始创之作。在准备《论十大关系》讲话的调研中，毛泽东就提出："不要再硬搬苏联的一切了，应

---

* 本文作者：顾海良，北京大学中国道路与中国化马克思主义协同创新中心主任。

① 《立足我国国情和我国发展实践发展当代中国马克思主义政治经济学》，《人民日报》
　 2015 年 11 月 25 日。

该用自己的头脑思索了。应该把马列主义的基本原理同中国社会主义革命和建设的具体实际结合起来，探索在我们国家里建设社会主义的道路了"，"我们要进行第二次结合，找出在中国怎样建设社会主义的道路"。① 中国特色社会主义政治经济学初创之时，就以马克思主义政治经济学与中国实际相结合这一根本原则为遵循，就在战略思想意义上以对治国理政重大理论问题探索为思想特征的。

1984 年是改革开放的重要一年。这一年，邓小平在论及党的十二届三中全会提出的"社会主义经济是公有制基础上的有计划的商品经济"论断时认为，这是适合于当时中国经济体制改革实际的"新话"，给人以"写出了一个政治经济学的初稿"的印象，这是"马克思主义基本原理和中国社会主义实践相结合的政治经济学"。② 回顾改革开放以来马克思主义政治经济学在中国发展的规律性特征时，习近平指出："党的十一届三中全会以来，我们党把马克思主义政治经济学基本原理同改革开放新的实践结合起来，不断丰富和发展马克思主义政治经济学，形成了当代中国马克思主义政治经济学的许多重要理论成果。"③ 以"进行第二次结合"为基本遵循，是中国特色社会主义政治经济学发展的基本遵循。

以"进行第二次结合"为基本遵循，也是中国特色社会主义政治经济学与治国理政紧密相连的内在根据。党的十八大以来，以习近平同志为核心的党中央在续写"进行第二次结合"的新篇章中，从多方面推进了中国特色社会主义政治经济学的新发展，为治国理政提供了坚实的理论基础，也成为治国理政新理念新思想新战略的重要内容。在 2013 年中央经济工作会议上，习近平从治国理政的高度提出"必须加强党对全面深化改革的领导"，提出"战略上要勇于进取，战术上则要稳扎稳打"的要求。④ 在 2014 年 7 月，在探索经济新常态的"大逻辑"中，习近平提出"各级党委和政府要学好用好政治经济学"，强调"学好用好"主旨在于"不断提高推进改革开放、领导经济社会发展、提高经济社会发展质量和效益的能力和水平"。⑤ 2015 年 11 月，在中央经济工作会议召

---

① 中共中央文献研究室：《毛泽东年谱》第 2 卷，中央文献出版社 2013 年版，第 550 页、第 557 页。

② 《邓小平文选》第 3 卷，人民出版社 1993 年版，第 83 页。

③ 《立足我国国情和我国发展实践发展当代中国马克思主义政治经济学》，《人民日报》2015 年 11 月 25 日。

④ 《中央经济工作会议在北京举行》，《人民日报》2013 年 12 月 16 日。

⑤ 《更好认识和遵循经济发展规律推动我国经济持续健康发展》，《人民日报》2014 年 7 月 9 日。

开前夕，习近平强调从治国理政的高度，即从"掌握科学的经济分析方法，认识经济运动过程，把握社会经济发展规律，提高驾驭社会主义市场经济能力，更好回答我国经济发展的理论和实践问题，提高领导我国经济发展能力和水平"① 的高度，学习马克思主义政治经济学基本原理和方法论。在之后召开的中央经济工作会议上，习近平从"适应国际金融危机发生后综合国力竞争新形势的主动选择"大局的高度，提出推进供给侧结构性改革是适应我国经济发展新常态的必然要求，得出"要坚持中国特色社会主义政治经济学的重大原则"② 的重要结论。2015 年中央经济工作会议召开半年之后，在进一步探讨推进供给侧结构性改革问题时，习近平再次提出"坚持和发展中国特色社会主义政治经济学"的问题，强调"要加强研究和探索，加强对规律性认识的总结，不断完善中国特色社会主义政治经济学理论体系，推进充分体现中国特色、中国风格、中国气派的经济学科建设"。③ 在 2016 年中央经济工作会议上，习近平提出"稳中求进工作总基调是治国理政的重要原则，也是做好经济工作的方法论"的重要思想。④ 习近平关于学好用好政治经济学系列讲话，把中国特色社会主义政治经济学的新发展和治国理政新理念新思想新战略的形成结合为一体，就是以"进行第二次结合"为基本遵循的，也是以"进行第二次结合"为内在根据的。

二、解放和发展社会生产力是中国特色社会主义政治经济学的重要原则，也是治国理政新理念新思想新战略的根本任务

在 2015 年中央经济工作会议上，习近平从"努力实现'十三五'时期经济社会发展的良好开局"的治国理政的高度提出，对供给侧结构性改革就是为了"推动我国社会生产力水平整体改善"，提出"要坚持中国特色社会主义政治经济学的重大原则，坚持解放和发展社会生产力"的思想。⑤ 在 2016 年中央经济工作会议上，习近平从"统筹推进'五位一体'总体布局和协调推进'四个全面'战略布局"的治国理政高度，在阐释供给侧结构性改革最终目的是满足需

---

① 《立足我国国情和我国发展实践 发展当代中国马克思主义政治经济学》，《人民日报》2015 年 11 月 25 日。
② 《中央经济工作会议在北京举行》，《人民日报》2015 年 12 月 22 日。
③ 《坚定信心增强定力 坚定不移推进供给侧结构性改革》，《人民日报》2016 年 7 月 9 日。
④ 《中央经济工作会议在北京举行》，《人民日报》2016 年 12 月 17 日。
⑤ 《中央经济工作会议在北京举行》，《人民日报》2015 年 12 月 22 日。

求问题时强调："最终目的是满足需求，就是要深入研究市场变化，理解现实需求和潜在需求，在解放和发展社会生产力中更好满足人民日益增长的物质文化需要"。① 从"坚持解放和发展生产力"的重要原则到"在解放和发展社会生产力中更好满足人民日益增长的物质文化需要"的最终目的，是对中国特色社会主义政治经济学和治国理政新理念新思想新战略共同具有的核心立场、价值旨向和根本任务的深刻阐释和表达。

坚持解放和发展社会生产力的重要原则，凸现了中国特色社会主义政治经济学的主线，丰富了中国特色社会主义政治经济学与治国理政密切相连的深刻意蕴和思想特色。党的十八大以来，习近平从马克思主义基本原理上，深刻阐释了这一理论主线和思想特色的内涵。习近平从全面建成小康社会的战略目标上提出："全面建成小康社会，实现社会主义现代化，实现中华民族伟大复兴，最根本最紧迫的任务还是进一步解放和发展社会生产力"；② 从全面把握经济社会发展关系上提出："只有紧紧围绕发展这个第一要务来部署各方面改革，以解放和发展社会生产力为改革提供强大牵引，才能更好推动生产关系与生产力、上层建筑与经济基础相适应"；③ 从准确把握全面深化改革意义上提出："生产力是推动社会进步的最活跃、最革命的要素。社会主义的根本任务是解放和发展社会生产力"；④ 从治国理政全局上提出："我们讲要坚定道路自信、理论自信、制度自信，要有坚如磐石的精神和信仰力量，也要有支撑这种精神和信仰的强大物质力量。这就要靠通过不断改革创新，使中国特色社会主义在解放和发展社会生产力、解放和增强社会活力、促进人的全面发展上比资本主义制度更有效率，更能激发全体人民的积极性、主动性、创造性，更能为社会发展提供有利条件，更能在竞争中赢得比较优势，把中国特色社会主义制度的优越性充分体现出来。"⑤ 习近平关于"坚持解放和发展社会生产力"重大原则的系列

---

① 《中央经济工作会议在北京举行》，《人民日报》2016 年 12 月 17 日。

② 中共中央文献研究室：《十八大以来重要文献选编》上，中央文献出版社，2014 年版，第 549 页。

③ 《推动全党学习和掌握历史唯物主义更好认识规律更加能动地推进工作》，《人民日报》2013 年 12 月 5 日。

④ 《推动全党学习和掌握历史唯物主义更好认识规律更加能动地推进工作》，《人民日报》2013 年 12 月 5 日。

⑤ 中共中央文献研究室：《十八大以来重要文献选编》上，第 549 – 550 页。

论述，充满着治国理政新理念新思想新战略的深刻意蕴。

党的十八大以来，解放和发展社会生产力成为实现全面建成小康社会目标、实现中华民族伟大复兴中国梦的最根本最紧迫的任务，成为治国理政理论新理念新思想新战略的聚焦点和着力点。2014年7月，习近平在提出"适应新常态，共同推动经济持续健康发展"问题时强调："必须审时度势，全面把握和准确判断国内国际经济形势变化，坚持底线思维，做好应对各种新挑战的准备。要把转方式、调结构放在更加突出的位置，针对突出问题，主动作为，勇闯难关，努力提高创新驱动发展能力、提高产业竞争力、提高经济增长质量和效益，实现我国社会生产力水平总体跃升。"① 习近平提出的"实现我国社会生产力水平总体跃升"，是对经济新常态"大逻辑"的根本出发点和战略目标的深刻阐释。在2015年中央经济工作会议上，习近平在对推进供给侧结构性改革是适应和引领经济发展新常态的重大创新问题阐释中指出，在供给侧结构性改革的战略上要坚持稳中求进、把握好节奏和力度，战术上要抓住关键点，抓好去产能、去库存、去杠杆、降成本、补短板五大任务，在其中根本的出发点和最终目标就是"推动我国社会生产力水平整体改善"。习近平从旨在"实现我国社会生产力水平总体跃升"的经济新常态，到旨在"推动我国社会生产力水平整体改善"的供给侧结构性改革的系列论述，引导着党的十八大以来中国经济改革的新发展，为治国理政提供了政治经济学的理论基础。

三、坚持社会主义市场经济改革方向是中国特色社会主义政治经济学的重要原则，也是治国理政新理念新思想新战略的基本要求

在2015年中央经济工作会议上，习近平提出："坚持社会主义市场经济改革方向，使市场在资源配置中起决定性作用，是深化经济体制改革的主线。"② 坚持社会主义市场经济改革方向是中国特色社会主义政治经济学的重要原则，也是治国理政新理念新思想新战略的重要内涵。2012年党的十八大召开后的第一次中央经济工作会议就强调："要坚持社会主义市场经济的改革方向不动摇，增强改革的系统性、整体性、协同性，以更大的政治勇气和智慧推动下一步改

---

① 《中共中央召开党外人士座谈会》，《人民日报》2014年7月30日。
② 《中央经济工作会议在北京举行》，《人民日报》2015年12月22日。

革。"① 在 2016 年的中央经济工作会议上，习近平再次提出"要坚持基本经济制度，坚持社会主义市场经济改革方向"的重要问题。② 坚持社会主义市场经济改革方向，是贯穿于党的十八大以来五次中央经济工作会议的事关治国理政的重要议题。

社会主义市场经济是社会主义条件下市场对资源配置起决定性作用的经济体制，是以社会主义基本经济制度为根基的经济关系。在坚持社会主义市场经济改革方向问题上，习近平从治国理政高度，提出两个要讲"辩证法、两点论"的问题：一是在社会主义经济制度与市场经济体制结合问题上，要"坚持辩证法、两点论，继续在社会主义基本制度与市场经济的结合上下功夫，把两方面优势都发挥好"；③ 二是在市场在资源配置上起决定性作用和更好地发挥政府作用关系问题上，同样"要讲辩证法、两点论，把'看不见的手'和'看得见的手'都用好。政府和市场的作用不是对立的，而是相辅相成的；也不是简单地让市场作用多一些、政府作用少一些的问题，而是统筹把握，优势互补，有机结合，协同发力"。④ 这两个要讲"辩证法、两点论"的问题，是中国特色社会主义政治经济学也是治国理政的重大课题。

在党的十八届三中全会上，习近平指出："经济体制改革仍然是全面深化改革的重点，经济体制改革的核心问题仍然是处理好政府和市场的关系问题。"⑤ 自 2013 年之后的中央经济工作会议，对这一"核心问题"既从政治经济学上做出阐释、从经济改革发展上做出具体部署，也从治国理政高度做出多方面的阐释并形成相应的战略举措。在实施全面深化改革战略举措中，中国特色社会主义政治经济学与治国理政新理念新思想新战略更紧密地结为一体，昭示 21 世纪中国马克思主义发展的思想特征。

在 2013 年中央经济工作会议上，习近平提出了政府作用中宏观调控的"黄金平衡点"问题，提出了着力推进与市场机制作用相关的经济领域和环节改革

① 《中央经济工作会议在北京举行》，《人民日报》2012 年 12 月 17 日。
② 《中央经济工作会议在北京举行》，《人民日报》2016 年 12 月 17 日。
③ 《立足我国国情和我国发展实践 发展当代中国马克思主义政治经济学》，《人民日报》2015 年 11 月 25 日。
④ 中共中央宣传部：《习近平总书记系列重要讲话读本》，学习出版社、人民出版社 2016 年版，第 150、151 页。
⑤ 中共中央文献研究室：《十八大以来重要文献选编》上，第 498 页。

问题。他提出:"要把握好经济社会发展预期目标和宏观政策的黄金平衡点,不断完善调控方式和手段。要紧紧围绕使市场在资源配置中起决定性作用深化经济体制改革,着力在重要领域和关键环节取得实质进展。"① "黄金平衡点"是对更有效地发挥政府在宏观调控方式和手段的科学论述,而抓住重要经济领域和环节的改革,不仅是全面深化改革的要求,也是市场在资源配置上起决定性作用所必需的经济条件和体制保证。

在2014年中央经济工作会议上,习近平对经济新常态中总供给和总需求关系问题做出分析,提出更有效地发挥市场机制作用的新观点。他指出:"从资源配置模式和宏观调控方式看,全面刺激政策的边际效果明显递减,既要全面化解产能过剩,也要通过发挥市场机制作用探索未来产业发展方向,必须全面把握总供求关系新变化,科学进行宏观调控。"② 在2015年中央经济工作会议上,习近平在对供给侧结构性改革主要思路阐释时,提出政府和市场作用有机结合的问题,一方面在供给侧结构性改革中,"进行资源配置,要更加注重使市场在资源配置中起决定性作用";另一方面更好地发挥政府作用中,"宏观政策要稳,就是要为结构性改革营造稳定的宏观经济环境","产业政策要准,就是要准确定位结构性改革方向"。③ 供给和需求作为市场经济内在关系的两个基本方面,有着既相对立又相统一的辩证关系。马克思认为:"说到供给和需求,那么供给等于某种商品的卖者或生产者的总和,需求等于这同一种商品买者或消费者(包括个人消费和生产消费)的总和。而且,这两个总和是作为两个统一体,两个集合力量来互相发生作用的。"《马克思恩格斯文集》第7卷,人民出版社2009年版,第215页。从全面把握总供给和总需求两个方面及其结合上探讨政府和市场关系这一"核心问题",拓展了中国特色社会主义政治经济学的视野,丰富了治国理政新理念新思想新战略的内涵。

四、新发展理念是中国特色社会主义政治经济学的根本理念,也是治国理政新理念新思想新战略的指导方针

党的十八大以来,以习近平同志为核心的党中央,以全面建成小康社会为

---

① 《中央经济工作会议在北京举行》,《人民日报》2013年12月16日。
② 《中央经济工作会议在北京举行》,《人民日报》2014年12月12日。
③ 《中央经济工作会议在北京举行》,《人民日报》2015年12月22日。

奋斗目标，从治国理政新理念新思想新战略上，对发展问题做出多方面的新阐释。党的十八大召开后不久，习近平就提出："我们要坚持发展是硬道理的战略思想，坚持以经济建设为中心，全面推进社会主义经济建设、政治建设、文化建设、社会建设、生态文明建设，深化改革开放，推动科学发展，不断夯实实现中国梦的物质文化基础。"① 发展问题是党的十八大以来历次中央经济工作会议国是衡论的中心议题和根本要义。

在 2012 年党的十八大召开后的第一次中央经济工作会议上，习近平就强调："必须坚持发展是硬道理的战略思想，决不能有丝毫动摇"，"必须全面深化改革，坚决破除一切妨碍科学发展的思想观念和体制机制障碍"；② 在 2013 年中央经济工作会议上，习近平在谈到下一年经济工作的主要任务时，强调"实施创新驱动发展""积极促进区域协调发展""注重永续发展"等理念，提出了"推进丝绸之路经济带建设，抓紧制定战略规划，加强基础设施互联互通建设。建设 21 世纪海上丝绸之路，加强海上通道互联互通建设，拉紧相互利益纽带"的开放理念，以及"让老百姓得到实实在在的好处"的共享理念。③ 在 2014 年中央经济工作会议上，习近平在对创新发展理念阐述时指出："创新要实，推动全面创新，更多靠产业化的创新来培育和形成新的增长点，创新必须落实到创造新的增长点上，把创新成果变成实实在在的产业活动"；在对协调发展理念阐释时指出："要完善区域政策，促进各地区协调发展、协同发展、共同发展"等。④ 在 2015 年制定"十三五"发展规划时，习近平更是强调："发展理念是发展行动的先导，是管全局、管根本、管方向、管长远的东西，是发展思路、发展方向、发展着力点的集中体现。"⑤"理者，物之固然，事之所以然也。"以新发展理念为主导，成为"十三五"时期我国经济社会发展谋篇布局之"固然"和"所以然"。

2015 年中央经济工作会议在我国经济社会发展进入"十三五"规划时期的重要节点召开，这次会议提出的经济改革发展的"工作总基调"，是一个从"加

---

① 中共中央文献研究室：《十八大以来重要文献选编》上，第 236 页。
② 《中央经济工作会议在北京举行》，《人民日报》2012 年 12 月 17 日。
③ 《中央经济工作会议在北京举行》，《人民日报》2013 年 12 月 16 日。
④ 《中央经济工作会议在北京举行》，《人民日报》2014 年 12 月 12 日。
⑤ 中共中央文献研究室：《十八大以来重要文献选编》中，中央文献出版社 2016 年版，第 774 页。

强和改善党对经济工作的领导，统筹国内国际两个大局，按照'五位一体'总体布局和'四个全面'战略布局"治国理政的高度，以"牢固树立和贯彻落实创新、协调、绿色、开放、共享的发展理念"为指导方针，达到"适应经济发展新常态，坚持改革开放，坚持稳中求进"的"工作总基调"，习近平因此而强调："稳中求进工作总基调是治国理政的重要原则"。① 2016 年中央经济工作会议在回顾适应经济新常态的改革进程时，强调"以新发展理念为指导"，已经初步引导经济朝着更高质量、更有效率、更加公平、更可持续的方向发展，引领我国经济持续健康发展的一套政策框架。在对 2016 年经济工作总结和对 2017 年经济工作部署中，习近平肯定了新发展理念所发挥着的"引导""引领"作用。在对 2017 年经济工作部署时，习近平从统筹推进"五位一体"总体布局、协调推进"四个全面"战略布局出发，提出经济工作要"坚持稳中求进工作总基调，牢固树立和贯彻落实新发展理念，适应把握引领经济发展新常态"。②

在对新发展理念的系列论述中，习近平不仅对新发展理念的中国特色社会主义政治经济学意义做了深入阐释，而且从治国理政的高度强调了新发展理念的"先导"作用和"方向"作用。在新发展理念中，创新是引领发展的"第一动力"，协调是持续健康发展的"内在要求"，绿色是永续发展的"必要条件"和人民对美好生活追求的"重要体现"，开放是国家繁荣发展的"必由之路"，共享是中国特色社会主义的"本质要求"。发展的"第一动力""内在要求""必要条件""必由之路"和"本质要求"这五个方面，紧密相连、相互着力，既各有侧重又相互支撑，形成一个"崇尚创新、注重协调、倡导绿色、厚植开放、推进共享"③ 的有机整体。这一有机整体，统一于"五位一体"总体布局和"四个全面"战略布局的实施，统一于实现"两个一百年"奋斗目标和中华民族伟大复兴的中国梦的历史进程，统一于治国理政新理念新思想新战略。新发展理念是中国特色社会主义政治经济学的主导论题，也是治国理政新理念新思想新战略的重要内涵和指导方针。

---

① 《中央经济工作会议在北京举行》，《人民日报》2015 年 12 月 22 日。
② 《中央经济工作会议在北京举行》，《人民日报》2016 年 12 月 17 日。
③ 习近平：《在省部级主要领导干部学习贯彻党的十八届五中全会精神专题研讨班上的讲话》，《人民日报》2016 年 5 月 10 日。

五、治国理政新理念新思想新战略开辟了中国特色"系统化的经济学说"的新境界

建设和发展中国特色的"系统化的经济学说",① 是习近平对中国特色社会主义政治经济学发展提出的要求。党的十八大以来历次中央经济工作会议,以正呈现于中国社会的经济事实和当今世界经济变化为背景和基础,直面的是中国的问题,提出的是办好中国的事情、解决好中国问题的理论和对策。"系统化的经济学说"的建设和发展,就是立足于我国国情和我国社会主义经济关系发展的实践,是对这一实践中形成的规律性成果的揭示和提炼,也是对治国理政新理念新思想新战略的丰富。

中国特色的"系统化的经济学说"着力于社会主义基本经济制度和经济关系研究,在坚持解放和发展社会生产力、坚持社会主义市场经济改革方向的重要原则的基础上,推进了关于中国特色社会主义经济制度和经济体制理论的发展,集中体现于以下三个方面:一是坚持以人民为中心的发展思想。其要点在于,要坚持把增进人民福祉、促进人的全面发展、朝着共同富裕方向稳步前进作为经济发展的出发点和落脚点,部署经济工作、制定经济政策、推动经济发展都要牢牢坚持这个根本立场。二是坚持发展完善社会主义基本经济制度理论。其要点在于,坚持发展完善社会主义基本经济制度,毫不动摇巩固和发展公有制经济,毫不动摇鼓励支持引导非公有制经济发展,推动各种所有制取长补短、相互促进、共同发展。公有制经济主体地位不能动摇,公有制经济是长期以来在国家发展历程中形成的,为国家建设、国防安全、人民生活改善做出了突出贡献,是巩固党的执政地位、坚持我国社会主义制度的重要保证,是我国各族人民共享发展成果的制度性保证。三是坚持和完善社会主义基本分配制度理论。其要点在于,努力推动居民收入增长和经济增长同步、劳动报酬提高和劳动生产率提高同步,不断健全体制机制和具体政策,调整国民收入分配格局,持续增加城乡居民收入,不断缩小收入差距。要使发展成果更多更公平惠及全体人民,做出更有效的制度安排,使我们的社会朝着共同富裕的方向稳步前进。

中国特色的"系统化的经济学说"着力于社会主义经济发展和经济运行的

---

① 《立足我国国情和我国发展实践 发展当代中国马克思主义政治经济学》,《人民日报》2015 年 11 月 25 日。

研究，以新发展理念为指导方针，在坚持用新发展理念引领和推动我国经济发展、不断破解经济发展难题、开创经济发展新局面中，形成以下四个方面理论。

一是我国经济发展进入新常态理论。我国进入经济新常态的战略性判断，是以我国社会生产力发展整体格局变化为基本依据，是以坚持解放和发展生产力的重大原则为基本前提和根本要求的。"实现我国社会生产力水平总体跃升"，是经济新常态思想的出发点，也是推进经济新常态的归宿点。认识新常态，适应新常态，引领新常态，是当前和今后一个时期我国经济发展的大逻辑。积极推进各个领域的改革，切实完成转方式、调结构的历史任务，实现经济增长保持中高速、产业迈向中高端，加快实施创新驱动发展战略。

二是供给侧结构性改革理论。坚持解放和发展社会生产力，用改革的办法推进结构调整，减少无效和低端供给，扩大有效和中高端供给，增强供给结构对需求变化的适应性和灵活性，提高全要素生产率。供给侧结构性改革，既强调供给又关注需求，既突出发展社会生产力又注重完善生产关系，既发挥市场在资源配置中的决定性作用又更好发挥政府作用，既着眼当前又立足长远。供给侧结构性改革，最终目的是满足需求，主攻方向是提高供给质量，根本途径是深化改革。

三是推动新型工业化、信息化、城镇化、农业现代化相互协调理论。坚持走中国特色新型"四化"道路，推动信息化和工业化深入融合、工业化和城镇化良性互动、城镇化和农业现代化相互协调、"四化"同步发展的方向。推进城乡发展一体化，是工业化、城镇化、农业现代化发展到一定阶段的必然要求，是国家现代化的重要标志。实现全面建成小康社会的目标就是，我国工业化基本实现、信息化水平大幅提升、城镇化质量明显提高、农业现代化和社会主义新农村建设成效显著。

四是坚持对外开放基本国策理论。要善于统筹国内国际两个大局，利用好国际国内两个市场、两种资源，发展更高层次的开放型经济，以开放的最大优势谋求中国经济社会的更大发展空间。谋划"一带一路"战略，构建互联互通互融的开放系统。积极参与全球经济治理，同时坚决维护我国发展利益，积极防范各种风险，提高抵御国际经济风险的能力，确保国家经济安全。

（原载于《新视野》2017 年第 2 期）

习近平经济思想的创新思维[*]

党的十八大以来，以习近平为总书记的党中央创新治国理政的理念和战略，在经济领域，坚持以马克思主义的立场、观点和方法解决矛盾和问题，并及时将改革开放 30 多年来的经济发展实践和思想理念加以提炼、升华，形成了中国特色社会主义政治经济学。习近平经济思想的一大重要特色，是充满了创新思维。

一、问题导向：习近平经济思想的起点创新

习近平历来强调问题意识和问题导向。他指出："问题是事物矛盾的表现形式，我们强调增强问题意识、坚持问题导向，就是承认矛盾的普遍性、客观性，就是要善于把认识和化解矛盾作为打开工作局面的突破口。"[①]

全面深化改革是习近平的一个重要思想，而这个思想的产生就来自实践中问题的倒逼。经过改革开放 30 多年的实践，容易改革的对象改完了，剩下的都是难啃的骨头，改革必须注意系统性和协调性，改革在全面和深化上下功夫就成为实践的迫切需要。问题倒逼式的理论创新，目的就是解决实践中存在和不断产生的问题。习近平深刻地点明问题意识在理论创新中独特的地位和作用："理论思维的起点决定着理论创新的结果。理论创新只能从问题开始。从某种意义上说，理论创新的过程就是发现问题、筛选问题、研究问题、解决问题的过程。"[②]

---

[*] 本文作者：王立胜，中国社会科学院经济研究所。

[①] 《习近平在十八届中共中央政治局第二十八次集体学习时的讲话》，《人民日报》2015年 11 月 25 日。

[②] 习近平：《在哲学社会科学工作座谈会上的讲话》，《人民日报》2016 年 5 月 19 日。

习近平经济思想之所以充满创新思维，就是因为始终从直面和解决我国改革开放和经济发展中的问题开始。

改革开放以来，我们用 30 多年时间，走完了发达国家几百年走过的发展历程，创造了世界发展的奇迹。虽然中国依然是世界上最大的发展中国家，但中国经济体量对世界举足轻重。但是，随着经济总量不断增大，我们在发展中遇到了一系列新情况、新问题。习近平形象而准确地总结为"三个节点"：经济发展面临速度换挡节点、结构调整节点、动力转换节点。从国际上看，2008 年国际金融危机爆发以来，虽然各国相继出台措施试图纾缓经济危机，但全球性经济衰退没有得到有效遏制，世界经济陷入长时期的深度衰退，笼罩在危机的深度阴霾下难以自拔。由于全球贸易长期处于低迷，严重影响中国出口优势和参与国际产业分工模式。与世界经济紧密联系的中国经济，也不可避免地受到波及。

面对世界和中国经济出现的新情况、新问题，人们纷纷寻找药方。

习近平经济思想之所以脱颖而出，主要是因为这一思想直面中国改革发展中的问题，继而通过全面深化改革来解决问题，并在解决问题中不断进行理论创新，以及时指导改革发展实践。

正是在与时俱进的中国特色社会主义理论的指导下，我们不断探索出一条中国特色社会主义道路，不断完善中国特色社会主义制度，才使我们的经济在 30 多年的时间里成为世界第二大经济体。习近平始终强调坚持和发展中国特色社会主义这一重大主题，决心继续做好中国特色社会主义这篇大文章。

对经济发展新常态的战略判断，也是基于问题导向的：国内经济发展速度不可避免地慢了下来，低端产业产能过剩问题严重，低成本资源和要素投入难以为继，全球贸易发展进入低迷期带来的消极影响，等等。2015 年底召开的中央经济工作会议将"结构性产能过剩比较严重"视为中国经济发展中面临的最大困难和挑战，并就此提出"在理论上作出创新性概括"，就是要引领经济发展新常态，要更加注重供给侧结构性改革。

党的十八届五中全会之所以将"创新"列为五大发展理念之首，也是问题导向使然。党的十八届五中全会还将"绿色"列为五大发展理念之一，还是问题导向使然。对资源的粗放式利用和对环境的掠夺式破坏，积累了大量的生态环境问题，环境的退化、恶化成为发展中明显的短板。党的十八届五中全会之所以将"协调"列为五大发展理念之一，就是为了解决中国发展中不平衡、不协调、不可持续的突出问题。

问题倒逼理论创新，理论创新从直面问题开始，又在解决问题中不断深化。习近平指出："要深入研究世界经济和我国经济面临的新情况新问题，为马克思主义政治经济学创新发展贡献中国智慧。"① 也正是从问题开始，习近平意识到了学好、用好政治经济学的重要性，号召各级党委政府要用马克思主义政治经济学分析研究中国经济发展中存在的问题。同时，对经济学理论界提出了建构中国特色社会主义政治经济学的重大任务，要求必须坚持中国特色社会主义政治经济学的重大原则。

二、唯物辩证法：习近平经济思想的方法创新

唯物辩证法是马克思主义政治经济学的方法论武器。习近平经济思想，始终坚持用马克思主义立场、观点和方法来认识和指导经济实践，特别注意运用唯物辩证法结合中国的经济实践进行方法创新。习近平强调："要学习掌握唯物辩证法的根本方法，不断增强辩证思维能力，提高驾驭复杂局面、处理复杂问题的本领。我们的事业越是向纵深发展，就越要不断增强辩证思维能力。"②

（一）以唯物辩证法关于全面系统的观点指导方法创新，把握整体和局部的辩证关系，部署推进全面深化改革

习近平强调："全面深化改革，全面者，就是要统筹推进各领域改革"，"这项工程极为宏大，零敲碎打的调整不行，碎片化修补也不行，必须是全面的系统的改革和改进，是各领域改革和改进的联动和集成"。③ 全面，是和系统、统筹、整体等相连，以唯物辩证法的思维创新改革思路，全面深化改革就包含"统筹"推进、"系统"推进、联动集成。从思维创新的层面来讲，这显然是对"摸着石头过河"思维方式的重大超越和创新。

有鉴于此，习近平指出："全面深化改革，要突出改革的系统性、整体性、

① 《习近平在十八届中共中央政治局第二十八次集体学习时的讲话》，《人民日报》2015年11月25日。

② 《习近平在十八届中共中央政治局第二十次集体学习时的讲话》，《人民日报》2015年1月25日。

③ 《习近平在省部级主要领导干部学习贯彻十八届三中全会精神全面深化改革专题研讨班的讲话》，中共中央文献研究室：《习近平关于全面深化改革论述摘编》中央文献出版社2014年版。

协同性"，善于处理局部和全局、当前和长远、重点和非重点的关系。①

习近平曾指出，全面深化改革"必须从纷繁复杂的事物表象中把准改革脉搏，把握全面深化改革的内在规律，特别是要把握全面深化改革的重大关系，处理好解放思想和实事求是的关系、整体推进和重点突破的关系、顶层设计和摸着石头过河的关系、胆子要大和步子要稳的关系、改革发展稳定的关系"②。

这是习近平用唯物辩证法的方法阐述改革宏观层面上的五大关系，其中提出的整体推进和重点突破、顶层设计和摸着石头过河，都已经涉及全面深化改革所需要的系统性、整体性。关于全面深化改革政策层面的五个关系，习近平指出："要弄清楚整体政策安排与某一具体政策的关系、系统政策链条与某一政策环节的关系、政策顶层设计与政策分层对接的关系、政策统一性与政策差异性的关系、长期性政策与阶段性政策的关系。既不能以局部代替整体、又不能以整体代替局部，既不能以灵活性损害原则性、又不能以原则性束缚灵活性。"③

上述关于全面深化改革的十大关系，是习近平运用唯物辩证法进行经济学创新思维的范例。

（二）以唯物辩证法的"两点论"指导方法创新，深刻分析中国面临的开放环境，提高对外开放质量和水平

习近平在分析中国开放发展面临的更深层次的风险挑战时，娴熟地运用了唯物辩证法的"两点论"。他指出，西方发达国家在经济、科技、政治、军事上的优势地位尚未改变；不少新兴市场国家和发展中国家经济持续低迷，世界经济还没有找到全面复苏的新引擎；我国在世界经济和全球治理中的分量迅速上升，但我国经济大而不强问题依然突出；我国对外开放进入引进来和走出去更加均衡的阶段。"这就是说，我们今天开放发展的大环境总体上比以往任何时候都更为有利，同时面临的矛盾、风险、博弈也前所未有，稍不留神就可能掉入

---

① 《习近平在十八届中共中央政治局第二十次集体学习时的讲话》，《人民日报》2015 年 1 月 25 日。

② 《习近平在湖北考察改革发展工作时的讲话》，《人民日报》2013 年 7 月 24 日。

③ 《习近平在省部级主要领导干部学习贯彻十八届三中全会精神全面深化改革专题研讨班的讲话》，中共中央文献研究室：《习近平关于全面深化改革论述摘编》中央文献出版社 2014 年版。

别人精心设置的陷阱。"①

理解了这样的"两点论"创新思维方法，我们也就能够深刻理解和领会习近平一直强调的要提高利用国际国内两个市场、两种资源的能力问题，以提高把握国内国际两个大局的自觉性和能力，提高对外开放质量和水平。

不仅如此，习近平基于唯物辩证法关于对立统一的观点，深刻分析中国开放面临的经济全球化的大变局后认为："20 年前甚至 15 年前，经济全球化的主要推手是美国等西方国家，今天反而是我们被认为是世界上推动贸易和投资自由化便利化的最大旗手，积极主动同西方国家形形色色的保护主义作斗争。这说明，只要主动顺应世界发展潮流，不但能发展壮大自己，而且可以引领世界发展潮流。"② 这一分析既鼓舞人心，也令人信服。对于中国来说，在全球化的世界格局中，由过去的被动全球化真正地转化为主动全球化，大大增强了全球化的国家主体性。

（三）以唯物辩证法的三大规律指导方法创新，深刻认识、适应、把握、引领经济发展新常态

中国现在处于并将长期处于社会主义初级阶段。这一基本国情的判断，根本上源自我们对生产力和生产关系这一对矛盾的认识。社会主义初级阶段是基本国情，具体到经济领域，判断中国当前和今后一个时期处于什么样的状态，直接关系到如何正确分析当前及今后一段时期中国经济存在的主要问题以及如何应对和解决由此产生的一系列问题，应当确定哪些具体目标和举措。

习近平以一个政治家特有的敏锐的眼光，准确地分析到："新常态是一个客观状态，是我国经济发展到今天这个阶段必然会出现的一种状态，是一种内在必然性。"③ 为了澄清一些模糊认识，他说得更清楚直白：新常态不是一个事件，不要用好或坏来判断。

新常态不是事件，是一个客观状态。从对立统一规律来看，事物的发展运动是其内在矛盾相互作用的必然结果，中国经济发展新常态这一状态，是原有

① 习近平：《在省部级主要领导干部学习贯彻党的十八届五中全会精神专题研讨班上的讲话》，《人民日报》2016 年 5 月 10 日。

② 习近平：《在省部级主要领导干部学习贯彻党的十八届五中全会精神专题研讨班上的讲话》，《人民日报》2016 年 5 月 10 日。

③ 习近平：《在省部级主要领导干部学习贯彻党的十八届五中全会精神专题研讨班上的讲话》，《人民日报》2016 年 5 月 10 日。

发展模式内在矛盾运动发展到今天的"一种内在必然性"，必然表现为新的矛盾、新的状态；从量变质变规律来看，之前高速增长的量的积累，带来了中国经济质的变化，这一量变和质变必然导入一个与之前不一样的经济发展新常态状态，而新常态下对经济发展的量和质也提出新的要求；从否定之否定规律来看，新常态不是对之前高速增长的简单否定，而是扬弃之后进入一种新的发展状态。这些分析表明，习近平表现出了高超的领导艺术。

（四）以唯物辩证法的对立统一规律指导方法创新，把握供给和需求的辩证关系，推进供给侧结构性改革

"供给侧结构性改革"一出，引来各方关注。善意而敏锐的人们对这一全新思想非常重视，并寄予厚望；也有人因为搞不清楚而误读，担忧是不是不再重视需求了；也有人将"供给侧结构性改革"进行简单分拆，说"供给侧"就是供给经济学，"结构性"等同于结构主义，"改革"就是制度主义。

习近平用唯物辩证法的对立统一规律，对推进供给侧结构性改革做了阐述："供给和需求是市场经济内在关系的两个基本方面，是既对立又统一的辩证关系，二者你离不开我、我离不开你，相互依存、互为条件。没有需求，供给就无从实现，新的需求可以催生新的供给；没有供给，需求就无法满足，新的供给可以创造新的需求。"①

推进供给侧结构性改革，是以习近平同志为总书记的党中央适应和引领经济发展新常态的重大理论创新和实践创新，是事关中国经济转型和经济发展的重大战略部署，是习近平经济思想的一大创新亮点。

推进供给侧结构性改革，当然也是基于问题导向，旨在解决当前的经济问题，但推进供给侧结构性改革，充满基于唯物辩证法的创新思维，不仅在于把握供给和需求的辩证关系，还涉及把握经济学中生产、分配、流通、消费四大环节。供给侧和需求侧是管理和调控宏观经济的两个基本手段，但供给侧结构性改革不只是一个税收和税率问题。因为社会主义的本质是解放生产力、发展生产力，而社会主义的生产目的是最大限度地满足整个社会增长的物质和文化需要。所以习近平指出："供给侧结构性改革，重点是解放和发展社会生产力，

---

① 习近平：《在省部级主要领导干部学习贯彻党的十八届五中全会精神专题研讨班上的讲话》，《人民日报》2016 年 5 月 10 日。

用改革的办法推进结构调整，减少无效和低端供给，扩大有效和中高端供给，增强供给结构对需求变化的适应性和灵活性，提高全要素生产率。""我们讲的供给侧结构性改革，既强调供给又关注需求，既突出发展社会生产力又注重完善生产关系，既发挥市场在资源配置中的决定性作用又更好发挥政府作用，既着眼当前又立足长远。从政治经济学的角度看，供给侧结构性改革的根本，是使我国供给能力更好满足广大人民日益增长、不断升级和个性化的物质文化和生态环境需要，从而实现社会主义生产目的。"①

（五）以唯物辩证法关于系统的观点和三大规律指导方法创新，对贯彻落实新发展理念进行科学设计和施工，推进落实创新、协调、绿色、开放、共享五大发展理念

五大发展理念的提出，当然是为了直面和解决原有发展模式存在的问题，但如何科学设计和施工，则颇费思量。

新发展理念的提出是运用唯物辩证法分析、研究中国经济发展问题的结果，新发展理念能不能在今后的经济实践中贯彻落实好，也必须运用唯物辩证法做指导。习近平从四个层面对这个问题进行了系统论述："要坚持系统的观点，依照新发展理念的整体性和关联性进行系统设计，做到相互促进、齐头并进，不能单打独斗、顾此失彼，不能偏执一方、畸轻畸重。要坚持'两点论'和'重点论'的统一，善于厘清主要矛盾和次要矛盾、矛盾的主要方面和次要方面，区分轻重缓急，在兼顾一般的同时紧紧抓住主要矛盾和矛盾的主要方面，以重点突破带动整体推进，在整体推进中实现重点突破。要遵循对立统一规律、质量互变规律、否定之否定规律，善于把握发展的普遍性和特殊性、渐进性和飞跃性、前进性和曲折性，坚持继承和创新相统一，既求真务实、稳扎稳打，又与时俱进、敢闯敢拼。要坚持具体问题具体分析，'入山问樵、入水问渔'，一切以时间、地点、条件为转移，善于进行交换比较反复，善于把握工作的时度效。"② 习近平的分析高屋建瓴，是指导我们推进中国特色社会主义建设的重要方法论。

中国特色社会主义的实践进入了一个崭新的历史阶段，国际国内的经济发

---

① 习近平：《在省部级主要领导干部学习贯彻党的十八届五中全会精神专题研讨班上的讲话》，《人民日报》2016 年 5 月 10 日。

② 习近平：《在省部级主要领导干部学习贯彻党的十八届五中全会精神专题研讨班上的讲话》，《人民日报》2016 年 5 月 10 日。

展都显示出新的特征，国际和国内的各种问题和矛盾相互交织，非线性特征非常明显。在这种情况下，任何单打一的措施都无济于事，必须注意战略和策略的协调性、系统性和整体性。

三、坚持、继承、集成、突破：习近平经济思想的创新形态

（一）在坚持中创新

在特定的条件下，特别是在纷繁复杂的"浮云遮望眼"背景下，廓清迷雾之后的坚持，本身就是一种难得的创新思维。改革开放取得巨大成功的一条重要经验，就是坚持"一个中心，两个基本点"的党的基本路线不动摇，其中"两个基本点"（坚持四项基本原则，坚持改革开放）都是讲"坚持"。

习近平经济思想的创新思维，关键是坚持马克思主义关于政治经济学的原理，并将之发展为中国特色社会主义政治经济学的重大原则。

习近平曾深刻指出："实际工作中，在有的领域中马克思主义被边缘化、空泛化、标签化，在一些学科中'失语'、教材中'失踪'、论坛上'失声'。这种状况必须引起我们高度重视。"①

这种不正常现象，在经济学领域表现得尤其突出。习近平对此非常关注。早在 2012 年 6 月，习近平考察中国人民大学时就指出："《资本论》是最重要的马克思主义经典著作之一，经受了时间和实践的检验，始终闪耀着真理的光芒。"② 后来习近平又指出："有人说，马克思主义政治经济学过时了，《资本论》过时了。这个说法是武断的。远的不说，就从国际金融危机看，许多西方国家经济持续低迷、两极分化加剧、社会矛盾加深，说明资本主义固有的生产社会化和生产资料私人占有之间的矛盾依然存在，但表现形式、存在特点有所不同。"③ 习近平反复强调《资本论》对于理解当今世界的意义，就在于他始终坚持马克思主义的基本原理。在《资本论》中，马克思主义通过对资本主义生产方式的分析，通过对资本和雇佣劳动关系的揭示，透彻地剖析了资本主义固有的自身不可克服的矛盾，为世界社会主义运动指明了方向。

习近平在阐述中国经济发展思路时，从来不为各种光怪陆离的经济学思想

---

① 习近平：《在哲学社会科学工作座谈会上的讲话》，《人民日报》2016 年 5 月 19 日。
② 胡乃武、李佩洁：《一本马克思经学的简明读本》，《人民日报》2014 年 11 月 10 日。
③ 习近平：《在哲学社会科学工作座谈会上的讲话》，《人民日报》2016 年 5 月 19 日。

所左右，也不为各种所谓时髦的经济学概念所影响，而是自觉地坚持用马克思主义的政治经济学思想、分析方法直至论述、概念，进行理论创新。例如，在分析经济全球化是我们谋划发展所要面对的时代潮流时，习近平指出："'经济全球化'这一概念虽然是冷战结束以后才流行起来的，但这样的发展趋势并不是什么新东西。""《共产党宣言》指出：'资产阶级，由于开拓了世界市场，使一切国家的生产和消费都成为世界性的了。'马克思、恩格斯的这些洞见和论述，深刻揭示了经济全球化的本质、逻辑、过程，奠定了我们今天认识经济全球化的理论基础。"① 在谈到绿色发展时，习近平引用了恩格斯的名言："我们不要过分陶醉于我们人类对自然界的胜利。对于每一次这样的胜利，自然界都对我们进行报复。每一次胜利，起初确实取得了我们预期的结果，但是往后和再往后却发生完全不同的、出乎预料的影响，常常把最初的结果又消除了。"② 习近平对经典作家的这些经典著作的引用，都是对马克思主义基本观点的坚持，这种坚持又不是教条式地照搬，而是对中国目前经济发展现实的一种理论层面的根本分析和研究，把这些论述置于当下的语境中，显然超出了原有论述的语义学意义上的含义，而是具有了中国特色社会主义理论体系逻辑结构之中的特定的理论内涵，从而具有了理论创新的性质。例如，习近平援引的马克思、恩格斯关于经济全球化的论述，他看到的是这种论述对于资本主义主导下的全球化的本质、逻辑以及过程的揭示，这种揭示的意义为我们今天认识全球化问题提供了一种认识论的基础。我们要做的是在这个基础上，结合当下的实践进行理论创新，并以高度理论自觉的姿态参与全球化进程。例如，对恩格斯关于人与自然关系论述的援引，也是要求我们在坚持马克思主义基本原理的前提下，推进中国特色社会主义"五位一体"的建设。"绿色"作为新发展理念的一个重要内容，就有了马克思主义的经典根基，奠定在这一理论根基上的是中国特色社会主义的根本理念，这无疑又是一项重要创新。

（二）在继承中创新

理论创新，就是对原有理论中合理部分进行肯定、接续，对过时的成分进行否定，取中有舍，辩证扬弃。这样的继承，为创新发展奠定了基础，甚至也

---

① 习近平：《在省部级主要领导干部学习贯彻党的十八届五中全会精神专题研讨班上的讲话》，《人民日报》2016 年 5 月 10 日。

② 《马克思恩格斯选集》第 3 版第 3 卷，第 998 页。

会成为创新的一种类型。理论创新的实质，就是在继承的同时，以新理论代替旧理论，或者为旧理论赋予新的内容和生命力。

习近平在进行经济思想创新时，也秉持了"善于继承才能善于创新"的思维。习近平经济思想的理论来源可以概括为五个方面：马克思主义经典作家的著作、苏联东欧社会主义建设的理论遗产、中国传统文化的"基因"、非马克思主义经济学的文明成果和中国特色社会主义建设的理论成果。① 讲理论来源实际上就是讲理论的继承性。习近平经济思想的继承性，也主要体现在上述五个方面。

（三）在集成中创新

集成是指将某类事物中各个好的、精华的部分集中、组合在一起，达到整体最佳的效果。理论创新中，借鉴和运用集成思维，常常会增强理论的集成价值和集成效应，但前提是，不能简单地将理论概念连入、叠加、汇聚、捆绑和包装，而是需要将各种创新要素进行创造性融合、综合、一体化，使理论价值具备独特的创新能力而发生质变。

党的十八届五中全会首次提出创新、协调、绿色、开放、共享的新发展理念，这是习近平经济思想进行集成创新的生动范例。创新、协调、绿色、开放、共享这五个词汇都不是新的概念。在 20 世纪 50 年代中国社会主义建设道路的探索过程中就已经意识到了协调的重要性，统筹兼顾是那个时期的一个非常重要的经济思想。开放这个概念在改革开放的初期就已提出并成为中国共产党发展经济的一个重要政策工具。创新这个概念在 20 世纪 90 年代就已经上升到国家决策的层面。绿色和共享成为决策中的关键词要相对晚一些。如果我们把这五个词汇分开来看，它们也仅仅是一般的理论要素，但基于问题导向的基础上，将这五个概念要素进行优化组合、创新性融合，形成新的发展理念后，理论创新发生了质变。五大关键词各有侧重，有机整合，破解了经济发展新常态下各种问题，构建了全新的发展话语、发展模式和发展理念。此后，习近平对每个"理念"均增添了一个动词：崇尚创新、注重协调、倡导绿色、厚植开放、推进共享。这是对五大发展理念的进一步集成和丰富。

----

① 王立胜、郭冠清：《论中国特色社会主义政治经济学理论来源》，《经济学动态》2016年第 5 期。

（四）在突破中创新

习近平一直重视理论的主体性、原创性，反对理论跟在别人后面亦步亦趋。他指出："理论的生命力在于创新。""社会总是在发展的，新情况新问题总是层出不穷的，其中有一些可以凭老经验、用老办法来应对和解决，同时也有不少是老经验、老办法不能应对和解决的。如果不能及时研究、提出、运用新思想、新理念、新办法，理论就会苍白无力，哲学社会科学就会'肌无力'。"①

当老经验、老办法不能应对和解决新问题时，及时研究、提出、运用新思想、新理念、新办法，其实就是在突破中创新。

2013 年，党的十八届三中全会提出"使市场在资源配置中起决定性作用和更好发挥政府作用"。这是对政府与市场关系的突破性的理论表述。习近平曾就此说明："理论创新对实践创新具有重大先导作用，全面深化改革必须以理论创新为先导。进一步处理好政府和市场关系，实际上就是要处理好在资源配置中市场起决定性作用还是政府起决定性作用这个问题。""市场决定资源配置是市场经济的一般规律，市场经济本质上就是市场决定资源配置的经济。"②

使市场在资源配置中起决定性作用，是对"基础性作用"的重大突破。

党的十八届三中全会提出坚持和完善基本经济制度必须坚持"两个毫不动摇"，习近平指出："在产权保护上，明确提出公有制经济财产权不可侵犯，非公有制经济财产权同样不可侵犯"。③ 这也是一大突破性创新。

四、中国梦：习近平经济思想的目标创新

习近平经济思想之所以新意迭出，在于它有着鲜明的目标指向和强烈的使命意识。习近平经济思想的目标创新，归根结底就是中国梦。

2012 年 11 月，习近平和其他中央领导同志参观《复兴之路》展览时指

---

① 习近平：《在哲学社会科学工作座谈会上的讲话》，《人民日报》2016 年 5 月 19 日。

② 习近平：《关于〈中共中央关于全面深化改革若干重大问题的决定〉的说明》，《人民日报》2013 年 11 月 16 日。

③ 习近平：《关于〈中共中央关于全面深化改革若干重大问题的决定〉的说明》，《人民日报》2013 年 11 月 16 日。

出："现在，大家都在讨论中国梦，我以为，实现中华民族伟大复兴，就是中华民族近代以来最伟大的梦想。""我坚信，到中国共产党成立 100 年时全面建成小康社会的目标一定能实现，到新中国成立 100 年时建成富强民主文明和谐的社会主义现代化国家的目标一定能实现，中华民族伟大复兴的梦想一定能实现。"①

"中国梦"一经提出，举国振奋，世界关注。"中国梦"中"两个一百年"这一鲜明的时间节点，也伴随着确定的经济发展目标，中华民族伟大复兴当然也包括强大的经济复兴，这表明"中国梦"这一创新口号，蕴含明确的经济创新目标和经济创新使命。

但"中国梦"绝不单纯只是一个经济目标。"中国梦"的基本内涵，是实现国家富强、民族振兴、人民幸福。习近平经济思想的目标创新有一个清晰的逻辑："人民对美好生活的向往，就是我们的奋斗目标。"② "中国梦是民族的梦，也是每个中国人的梦。中国梦归根到底是人民的梦，必须紧紧依靠人民来实现，必须不断为人民造福。"③ 围绕实现"中国梦"，在发展思想上要坚持以人民为中心；在发展理念上坚持发展成果与人民共享；在社会主义本质上要坚持实现共同富裕。

习近平经济思想的创新，从马克思主义政治经济学中汲取了精髓和力量：都把以人民为中心的发展思想，作为根本立场，把增进人民福祉、促进人民全面发展、朝着共同富裕方向前进，作为发展的出发点和落脚点。"人民"这两个字，充满于习近平经济思想的字里行间。正如他指出的，"要坚持以人民为中心的发展思想，这是马克思主义政治经济学的根本立场。"④

（原载于《当代世纪与社会主义》2016 年第 5 期）

---

① 《习近平参观〈复兴之路〉展览时的重要讲话》，《人民日报》2012 年 11 月 30 日。

② 《习近平在十八届中共中央政治局常委同中外记者见面时的讲话》，《人民日报》2012 年 11 月 15 日。

③ 习近平：《在第十二届全国人民代表大会第一次会议上的讲话》，《人民日报》2013 年 3 月 18 日。

④ 《习近平在十八届中共中央政治局第二十八次集体学习时的讲话》，《人民日报》2015 年 11 月 25 日。

十八大以来需要进一步研究的
几个政治经济学重大理论问题[*]

我国的改革和发展，实际上是在中国特色社会主义政治经济学取得重大理论进展上推进的。其中最明显的是：确认社会主义初级阶段；确认社会主义的本质是发展生产力，贫穷不是社会主义；确认公有制为主体多种所有制经济共同发展的基本经济制度；确认社会主义市场经济及相应的改革方向；确认公有制可以有多种实现形式；确认按劳分配为主体多种分配方式补充等。这些重大理论突破推动了中国特色社会主义的伟大事业。这些得到确认的理论虽然还有进一步完善的必要，但可以成为研究中国特色社会主义政治经济学的基本理论前提。

中国特色社会主义事业还在进行中，中国特色社会主义政治经济学建设还在路上。十八大以来，经济改革和发展的深入不断提出新的深层次问题。这些问题有些是需要依据新情况新问题做出回答的，有些是在进入新的发展阶段后对已经熟知的理论进行重新认识。根据认识论，这些问题都不是孤立的，处于一定的相互关系中。这意味着中国特色社会主义政治经济学的创新和发展还需要回答并处理好以下几个重大的经济关系。

一、公有制为主体和混合所有制的关系

公有制为主体多种所有制经济共同发展已被确认为社会主义初级阶段基本经济制度。在基本经济制度框架内，所谓公有制为主体，不是指公有制企业为

---

　　* 本文作者：洪银兴，南京大学经济学院。

主体，而是指公有资本在社会总资本中占优势，国有经济控制国民经济命脉。社会主义公有制理论的这一重大突破，对发展非公有制经济和国有经济进行有进有退的战略性调整起到了重要作用。

十八届三中全会进一步提出，国有资本、集体资本和私人资本相互融合所形成的混合所有制是基本经济制度的实现形式。这个论断应该说是中国特色社会主义政治经济学的新突破。过去人们会把基本经济制度解释为公有制企业与多种非公有制企业的外部并存。现在则是在同一个企业中公有资本同非公有资本的内部融合。在这种基本经济制度框架内进行改革，包括允许更多国有经济和其他所有制经济发展成为混合所有制经济。国有资本投资项目允许非国有资本参股，而且鼓励发展非公有资本控股的混合所有制企业。与此相应，基本经济制度中公有制为主体如何实现就面临着新课题。前一时期着力于研究公有制在多种所有制经济共同发展的框架内如何实现主体地位，现在则需要研究在混合所有制的框架内公有制为主体如何体现。

对公有制在混合所有制中的主体地位需要从两个层面进行分析。现在对国有企业分为两类：一类是商业类，一类是公益类。不同类型的公有制企业的主体地位有不同的要求。

商业类企业主要身处竞争性领域，同其他所有制性质的资本一样，在这里的公有资本追求价值增值。这意味着进入混合所有制企业的公有资本并不追求在所在企业中控股，但要追求所在企业的增值能力。这样，总体数量仍然较大的公有资本分布在增值能力强的企业中，哪怕不控股，由于其增值和增值能力强，总体上还是居主体地位。

公益类企业保证公共利益，一般都是公有制企业经营，但公有资本也不可能独霸天下。在混合所有制中，公益性企业允许非国有资本参股入股，公益性项目也要吸引非公有资本参与。公有制在这里的主体地位就表现在其在混合所有制中的控股地位。只要保持公有资本在混合所有制经济中的控制力，实际上它所支配的资本就不只是自己的资本，还能支配参股和入股的非国有资本。其控制力和支配力不只在其控股地位，更重要的是以平等对待其他所有制经济并共享利益的吸引力，公有资本得到放大。在这里公有制的主体地位是显然的。

二、强市场和强政府的协同关系

经济体制改革的核心问题是处理好政府和市场的关系。新自由主义理论把政府和市场对立起来，以为搞市场经济就不能有政府作用，政府作用强大就不会有充分作用的市场。中国特色社会主义政治经济学依据中国的实践创造了强市场和强政府协同作用的理论。

已经建立的社会主义市场经济理论解决了社会主义经济制度与市场经济的结合问题。十八届三中全会又进一步确认使市场在资源配置中起决定性作用和更好发挥政府作用。这是社会主义市场经济理论的重大突破。明确市场对资源配置的决定性作用，实际是回归到市场经济本义。市场决定资源配置突出的是市场的自主性，这种自主性不仅表现为市场自主决定资源配置方向，也表现为市场调节信号即市场价格也是自主地在市场上形成，不受政府的不当干预。

在市场决定资源配置的场合所需要的政府作用，在不同的经济学家那里有不同的认识。[1] 新古典经济学认为，在市场失灵的领域需要政府发挥作用。其中包括克服贫富两极分化，克服环境污染之类的外部性。制度经济学则指出，政府（国家）作为制度变迁的重要基石，其基本功能是保护有利于效率的产权结构。宏观经济学明确指出，市场决定资源配置基本上是解决微观经济效益，宏观经济的总量均衡，克服高失业和高通货膨胀之类宏观失控，则要靠政府的宏观调控。所有这些政府作用，在社会主义市场经济中都需要。

明确市场对资源配置的决定性作用也就明确了在资源配置领域市场作用的"强"，但在社会主义经济中，不但不能像新自由主义认为的那样不要政府作用，而且还要求更好发挥作用，其前提是政府作用和市场作用有明确的边界。凡是市场能做的，比政府做得更好的都交给市场。

所谓强政府作用是指在应该发挥政府作用的领域，政府作用必须"强"。首先，不能把市场决定资源配置放大到决定公共资源的配置，公共资源的配置不能由市场决定，原因是公共资源配置要满足公共需求，遵循公平原则，只能由政府决定。其次，针对市场失灵的领域政府作用必须强。涉及国家安全和生态安全的，涉及环境保护的，涉及全国重大生产力布局、战略性资源开发和重大公共利益等项目政府不只是进入，而且应该充分并且强有力地发挥作用。再次，对于我们这样仍然处于社会主义初级阶段的发展中国家来说，发展仍然是硬道

---

① 斯蒂格利茨：《社会主义向何处去》，周立群等译，吉林人民出版社 1998 年版，第 48 页。

理。推动发展理应是政府的重要职能。例如：推动城乡发展一体化和城镇化，发展创新驱动型经济，经济结构调整，生态和环境建设，发展开放型经济等。这些都需要政府对公共资源的配置来推动和实现。政府配置公共资源主要是政策路径，其中包括利用收入分配政策促进社会公平正义；通过产业政策和负面清单引导产业结构转型升级；通过财政和货币政策调节宏观经济运行以及提供法制化的经济环境。

明确了市场对资源配置起决定性作用和政府作用的范围后，进一步的问题是如何更好发挥政府作用。其基本要求是政府行为本身也要遵守市场秩序。政府更好发挥作用的基本路径是政府作用机制要同市场机制衔接，政府配置公共资源同市场配置市场资源应该结合进行。在初次分配领域更多的是市场按效率原则条件，而在再分配领域则是政府按公平原则条件。在这种协同中政府强不会限制市场的强。

三、按劳分配为主体和要素按贡献和供求参与收入分配的关系

按劳分配是社会主义分配原则。公有制为主体多种所有制经济共同发展的社会主义初级阶段基本经济制度确立以后，按劳分配为主多种分配方式并存的基本分配制度也就得到了确认。这是中国特色社会主义政治经济学的重大理论突破。

生产要素参与收入分配是基于生产要素私人（或不同的所有者）所有的背景下提出的。目的是要让一切劳动、知识、技术、管理、资本的活力竞相迸发，让一切创造社会财富的源泉充分涌流。就多种生产要素参与收入分配来说，改革是不断深入的。从党的十四大到党的十六大明确提出，确立劳动、资本、技术和管理等生产要素按贡献参与分配的原则。党的十七大报告和十八大报告都提出，健全劳动、资本、技术、管理等生产要素按贡献参与分配的制度。十八届三中全会在坚持上述生产要素按贡献参与分配的基础上又提出，各种生产要素的报酬由各自的生产要素市场决定。这些提法表明，包括劳动在内的各种生产要素参与收入分配不再完全按其投入分配，而是按各种要素的"贡献"，并且还要按各自要素市场的供求来决定。由此提出的问题是，按劳分配如何在这种收入分配体制中实现主体地位。

就要素市场供求对分配的影响来说，各个要素按贡献参与收入分配，资本、劳动力、技术、管理等生产要素的报酬分别在各自的生产要素市场上决定，各

种要素的市场供求关系，客观地体现在要素价格比例上。其效果是最稀缺的要素得到最节约的使用并且能增加有效供给，最丰裕的要素得到最充分的使用。对于有效地配置和使用生产要素起的积极作用是十分明显的。显然，要素参与分配，从总体上说是符合发展社会生产力这个社会主义本质要求的。由于多种要素充分发挥作用而增加了社会财富，劳动者绝对收入也较前明显增加。这也是符合劳动者利益的。

再就不同要素的贡献来说，在各种生产要素参与收入分配的情况下，不同的人拥有的要素存在很大差别。允许一部分人先富起来意味着储蓄能力强的、技术水平高的、经营能力强的，致富能力也强。再加上这些要素的叠加，非劳动要素收入和劳动报酬的差距明显扩大。因此提出的理论问题是，如何体现按劳分配为主体。先需要澄清，不是像有些学者认为的，在公有制企业中实行按劳分配，而在非公有制企业中实行按非劳动要素投入分配。而是要明确，所谓按劳分配为主体指的是在可分配收入中劳动报酬在数量上为主体，还是在多种分配方式中收入的较大部分用于按劳分配。

按劳分配的社会主义性质表现为消灭了对劳动者的剥削。在确定当前阶段按劳分配为主体时需要明确，正如生产资料所有制可能混合一样，生产要素也是混合的。就是说，劳动投入不仅涉及直接生产过程中的劳动者的劳动，也包括不在生产现场但对生产起作用的技术人员，管理人员的劳动，其中也包括企业经营者从事的经营活动，即使是直接劳动者，也不完全只是简单的劳动力支出，也可能拥有技术等要素。通常讲的人力资本在马克思主义经济学中就是指的这种复杂劳动。基于这种考虑只要坚持两个原则：一是复杂劳动得到更高的报酬，以体现劳动贡献；二是劳动报酬增长与劳动生产率提高同步。这样就能在收入分配总量上体现按劳分配为主体。

实际上，现在讨论按劳分配为主体更多的是关注生产一线的劳动者的报酬在收入中所占比重呈明显下降趋势的问题。这涉及体现社会公平正义的要求，缩小收入差距问题。在这方面需要明确的是，首先，在初次分配阶段就要根据社会主义要求处理好公平和效率的关系，不能忽视劳动的复杂程度不高的劳动者在企业效率提高中的贡献。其次，根据马克思经济学原理，社会主义社会之所以实行按劳分配，原因是劳动还是谋生的手段。① 作为谋生手段，劳动报酬的增长不只是限于劳动者的劳动贡献，还应该包含体现谋生要求的内容。谋生的范围就是必要劳动的范围。必要劳动的范围有历史的和道德的因素。随着社会的进步，文化的发展，劳动者的必要劳动范围也扩大，相应的劳动报酬也有增长的趋势。最后，从社会主义的公平观考虑，劳动收入的差距主要由各自拥有的包括技术等方面的要素差异所致。因此通过教育公平等途径缩小各个分配主体所拥有的要素差异，坚持机会的公平，分配结果的差距也可能缩小。②

四、解放生产力和发展生产力的关系

坚持解放和发展生产力是马克思主义政治经济学的基本原理，也是中国特色社会主义政治经济学的重大原则。邓小平指出，一个是解放生产力，一个是发展生产力。需要把两个方面讲全了。中国特色社会主义政治经济学也需要把这两方面讲全，这与政治经济学研究对象和任务相关。马克思主义政治经济学研究对象是生产关系，对生产力也只是放在联系的地位，即联系生产力研究生产关系。这与其研究任务是解放生产力相关：揭示资本主义生产关系阻碍生产力发展，从而揭示其被社会主义所替代的必然性。现实中社会主义替代资本主义的最大的制约性是生产力落后，而不是生产关系的落后。因此中国特色社会主义政治经济学研究社会主义建设和发展，不仅要研究生产关系，也要研究生产力。相应的不仅要研究解放生产力，还要研究发展生产力。在这一领域的一系列重大突破，推动了中国特色社会主义经济制度的建立和完善。

明确社会主义的本质就是发展生产力，体现了中国特色社会主义政治经济学的重大进展。生产力和生产关系的矛盾分析，是马克思主义政治经济学的基本方法论。经济落后的国家在进入社会主义社会后，生产力和生产关系的矛盾主要表现在生产力的相对落后，需要以发展生产力来发展社会主义生产关系。因此，中国特色社会主义政治经济学需要把对生产力的研究放在重要位置，以增进国民财富作为目标和归宿。如果政治经济学不研究生产力，也就放弃了自己对现实的经济建设的指导作用。

① 《马克思恩格斯选集》第 3 卷，人民出版社 2012 年版，第 365 页。
② 世界银行：《世界发展报告：公平与发展》，清华大学出版社 2006 年版。

就解放生产力来说，涉及的是改革，涉及的是生产关系的调整。在这里，解放生产力的改革是动力，发展生产力是目的。就发展生产力来说，涉及的是经济发展。尽管改革解放了被束缚的生产力，从而极大地推动了生产力的发展，但它不能代替对发展生产力从而经济发展的研究。原因是发展生产力有自身的规律，也有自身的理论体系。因此，中国特色社会主义政治经济学的重要特征是既注重完善生产关系，又突出发展社会生产力。

研究经济发展问题要从中国所处的发展阶段出发。可从两个方面去界定：一是生产关系的界定，处于社会主义初级阶段，由此出发在解放生产力方面取得一系列理论突破；二是经济发展阶段的界定，当前中国的经济发展不是低收入阶段的发展问题，而是进入中等收入阶段的发展问题。这意味着中国的发展已不是摆脱贫困问题，而是在实现全面小康基础上向现代化迈进的问题。

30多年以来，中国特色社会主义政治经济学对经济发展做出了重大理论贡献。其中包括：中国特色社会主义现代化理论；经济发展方式及其转变理论；科学技术是第一生产力理论；新型工业化和城镇化理论等。十八大以来取得的新的重大理论贡献包括：经济新常态理论；创新驱动经济发展理论；创新、协调、绿色、开放、共享的发展理念；绿水青山就是金山银山理论等。中国特色社会主义政治经济学从一定意义上说是解放和发展生产力的系统性经济学说。

五、需求侧和供给侧的关系

在经济学中供给和需求是不可分割的两个方面。两者不只是平衡问题。供给和需求两侧有不同的运行规律和机制，因此政治经济学对这两侧都需要分别进行研究。

在我国不同的发展阶段，改革的侧重点会有不同。30多年来，转向市场经济体制的改革，侧重点在需求侧。其内容包括：强化市场竞争机制，突出市场需求导向，取消指令性计划等，并且在进入买方市场背景下宏观经济转向消费需求、投资需求和出口需求三驾马车拉动增长，宏观调控也转向财政和货币政策的总量需求调控。

实践证明，在发展中国家，即使转向市场经济，只是靠需求并不能有效地拉动经济增长。在多年的需求侧改革并取得明显成效基础上，要从规模速度型发展方式转向质量效率型发展方式，实现可持续的增长，就需要在供给侧推动经济增长。突出在两个方面。首先是推动有效供给。结构性供给短缺是发展中国家的特征。产品的质量问题，技术档次问题，效率问题，服务问题，食品卫生问题，产品安全问题都反映这种结构性短缺。与此同时又存在无效的和低端的供给，如某些产品产能严重过剩。这些供给侧的问题需要通过供给侧的结构性改革来解决。其次是供给侧提供增长的动力。不能以为转向市场经济后，相应的经济增长的动力就由供给推动力转换为需求推动力，因而轻视供给侧的动力作用。增长的动力，不仅有需求侧要素，也有供给侧要素。在供给侧要素中，除了物质要素投入外，还有技术，结构，效率，制度等要素。在物质资源和低成本劳动力方面的供给推动力消退时，不至于在供给侧就没有其他动力。创新驱动，结构调整，提高效率都可以成为新的供给推动力。尤其是在需求拉动没有充分的力量阻止经济下行的压力时，更要供给侧形成推动经济增长的动力。

坚持解放和发展社会生产力，坚持调动各个方面积极性。这是中国特色社会主义政治经济学的重大原则，也是供给侧结构性改革的重大原则。按此要求，供给侧结构性改革的着力点还在于发展，即增加有效供给，目标是提高供给体系的质量和效率，增强供给结构对需求变化的适应性和灵活性，提高全要素生产率。相应的供给侧改革主要涉及科技创新体制，精细化管理和激励性制度等方面的制度建设。

强调供给侧的结构性改革决不否认需求侧的作用。促进经济增长需要两侧共同发力。针对无效供给和低端供给，去产能、去库存、去杠杆、降成本，需求侧靠的是优胜劣汰的市场机制，供给侧则采取化解和优化重组的方式。再如对速度下行压力，需求侧采取的是扩张性货币政策，供给侧则是采取给实体经济企业减税减负，调动积极性的办法。目的是释放企业活力。这样，中国特色社会主义政治经济学对供给侧和需求侧的研究，前者突出发展动力研究，后者突出发展压力研究；前者突出激励机制研究，后者突出选择机制研究。

基于以上关于中国特色社会主义政治经济学重大进展的分析，可以发现中国特色社会主义事业在进行中，其理论也在发展中。新的实践产生新的理论，新的理论说明新的实践。由此形成的理论成果，是适应当代中国国情和时代特点的政治经济学，不仅有力指导了我国经济发展实践，而且开拓了马克思主义政治经济学新境界。

（原载于《南京大学学报》2016年第2期）

十八大以来党中央对我国经济发展新常态的判断和思考[*]

发展是党执政兴国的第一要务。党的十八大以来，以习近平同志为总书记的党中央从我国经济发展的阶段性特征出发，根据国际国内发展大势的变化，提出了我国经济发展进入新常态的重要判断，阐述了经济发展新常态的主要特征和基本内涵，提出要认识新常态、适应新常态、引领新常态的战略要求，为我们更好地把握经济发展规律，加快转变经济发展方式，提高经济发展质量和效益，把"四个全面"战略布局落到实处，提供了重要的理论指导。

一、从我国经济发展新的阶段性特征出发，运用辩证唯物主义基本原理和方法论，提出经济发展新常态的重要思想

2013 年是我国改革发展进程中的重要一年。这年 10 月召开的党的十八届三中全会，对全面深化改革做了总部署、总动员，为中国经济发展指明了方向。在这次全会召开前，我国的经济发展面临着来自国际国内的不小压力。国际市场持续低迷，国内需求增速趋缓，我国部分产业供过于求矛盾日益凸显，传统制造业产能普遍过剩。[①] 2013 年 6 月，中国出口出现了负增长，规模以上工业企业利润仅增长 6.3%。[②] 在 2012 年 GDP 增速回落到 7.8% 的情况下，经济下行压力仍然持续增大。这一突如其来的变化，是中国改革开放 30 多年来并不多见的。对此，一些人对中国经济前景产生担忧，提出中国经济会不会"硬着

---

[*] 本文作者：赵宇，中共中央文献研究室研究实习员。

[①] 《十八大以来重要文献选编》上，中央文献出版社 2014 年版，第 419 页。

[②] 《人民日报》2014 年 1 月 2 日。

陆"、中国经济能不能持续健康发展、中国又将如何应对等问题。

对于这些质疑和担忧，习近平做了及时回应。他指出："中国经济基本面是好的，经济增长及其他主要经济指标保持在预期目标之内，一切都在预料之中，没有什么意外发生。"① "支撑中国经济发展的内生因素很充分。我们对中国经济保持持续健康发展抱有信心。中国不会落入所谓中等收入国家陷阱。"② 同时，他也表示，"我们对问题和挑战保持着清醒认识，正在采取稳妥应对举措，防患于未然"。③ 习近平对中国经济发展的坚定信心，来自这一时期我们党对发展的重要战略机遇期和发展基本面的科学判断。党中央认为，我国发展仍处于重要战略机遇期的基本判断没有变。我国发展的重要战略机遇期在国际环境方面的内涵和条件发生了很大变化。④ 我国经济发展总体向好的基本面没有改变，改变的是经济发展方式和经济结构。⑤

这样的战略判断，是中央根据国际国内发展大势得出的。十八大以来，党中央强调，观察当前和今后世界经济形势，必须联系国际金融危机的大背景⑥；准确研判未来走势，必须历史地、辩证地认识我国经济发展的阶段性特征⑦。2008 年国际金融危机发生以来，世界和中国都发生了深刻的变化。从国际环境看，当今世界和平与发展的时代主题没有变、世界多极化和经济全球化大势没有变，但世界经济仍然处于深度调整期，经济复苏曲折乏力，市场需求持续不振，新一轮科技革命和产业变革正在孕育兴起。当前，世界各国都在进行结构调整、再平衡以及体制改革，一些发达经济体加快构建全球治理新秩序，制定全球经贸投资的新规则。这些，正在改变着世界经济格局，使国际市场竞争、综合国力竞争越来越激烈。从国内发展看，作为世界第二大经济体，中国新型工业化、信息化、城镇化、农业现代化持续推进，经济发展具备了雄厚的物质基础和广阔空间。经济发展在形态、分工、结构等方面产生了新变化，经济结构调整和经济体制改革的潜力巨大，中国的发展已经站在了更高的起点上。同

---

① 《习近平谈治国理政》，外文出版社 2014 年版，第 345 页。
② 《人民日报》2013 年 11 月 3 日。
③ 《人民日报》2013 年 10 月 8 日。
④ 《人民日报》2012 年 12 月 17 日。
⑤ 《人民日报》2014 年 12 月 12 日。
⑥ 《人民日报》2013 年 12 月 14 日。
⑦ 《人民日报》2014 年 12 月 12 日

时，我国正处在全面建成小康社会的决定性阶段，发展不平衡、不协调、不可持续问题仍然突出，环境资源人口的约束加强，传统比较优势正在弱化，以出口和投资驱动型为主的经济增长乏力。总之，在经济全球化和我国市场经济深入发展的今天，世界经济格局的剧烈变动和我国经济的深刻调整这两种大势相互叠加，正在改变着我国发展的外部环境和内在因素，中国实现新的发展目标，赢得发展的新机遇，必须深刻把握国际国内发展大势，准确判断经济发展的阶段性特征。2012年底，在党的十八大结束后不久，习近平在广东考察工作时指出："加快推进经济结构战略性调整是大势所趋，刻不容缓。国际竞争历来就是时间和速度的竞争，谁动作快，谁就能抢占先机，掌控制高点和主动权；谁动作慢，谁就会丢失机会，被别人甩在后边。"① 2012年的中央经济工作会议分析了我国战略机遇期在国际环境方面的内涵和条件等具体变化，指出"我们面临的机遇，不再是简单纳入全球分工体系、扩大出口、加快投资的传统机遇，而是倒逼我们扩大内需、提高创新能力、促进经济发展方式转变的新机遇"。②

仍然处于发展重要战略机遇期，但是又面对产能严重过剩和持续经济下行压力的中国经济，处在什么样的发展阶段，发生了什么样的新变化？在科学分析我国经济发展阶段性特征的基础上，习近平和党中央对我国经济发展形势的新概括、新判断逐步酝酿形成。2013年10月，习近平在出席亚太经合组织工商领导人峰会时，概述了当前中国经济发展的主要特点，强调"中国经济已经进入新的发展阶段，正在进行深刻的方式转变和结构调整"。③ 2013年底，中央经济工作会议做出中国经济正处在"经济增长速度换挡期、结构调整阵痛期、前期刺激政策消化期三期叠加"特定阶段的重要判断。④ 2014年5月，习近平在河南考察工作时首次提出了"新常态"的概念。他指出："我们要增强信心，从当前我国经济发展的阶段性特征出发，适应新常态，保持战略上的平常心态。"⑤ 7月29日，在中央召开的党外人士座谈会上，习近平又一次提到新常态，强调"正确认识我国经济发展的阶段性特征，进一步增强信心，适应新常

---

① 《人民日报》2012年12月11日。

② 《人民日报》2012年12月17日。

③ 《习近平关于全面深化改革论述摘编》，中央文献出版社2014年版，第39页。

④ 《人民日报》2013年12月25日。

⑤ 《人民日报》2014年5月11日。

态，共同推动经济持续健康发展"。①

从对我国发展重要战略机遇期的战略判断，到对我国发展阶段性新特点、新变化的准确把握，再到经济发展新常态的提出，我们可以清楚地看到，中央做出经济发展进入新常态的战略判断，是具有科学的理论方法和实践依据的，它不是对我国经济发展增速下降的简单诠释，而是对我国经济发展阶段性新的历史定位。对于新常态的提出，习近平强调："我们提出要准确把握、主动适应经济发展新常态，就是适应国际国内环境变化、辩证分析我国经济发展阶段性特征作出的判断。准确把握我国不同发展阶段的新变化新特点，使主观世界更好符合客观实际，按照实际决定工作方针，这是我们必须牢牢记住的工作方法。"②

二、经济发展新常态，具有丰富的思想内涵，体现了党中央引领发展大势、应对风险挑战的信心和能力

经济发展新常态一经提出，就引起了社会的普遍关注。但是经济发展新常态的"新"在哪里、又是如何形成的？对此，人们理解一时莫衷一是。2014 年11 月，在亚太经合组织工商领导人峰会开幕式上，习近平分析了中国经济发展新常态三个方面的特点。他指出："中国经济呈现出新常态，有几个主要特点。一是从高速增长转为中高速增长；二是经济结构不断优化升级，第三产业、消费需求逐步成为主体，城乡区域差距逐步缩小，居民收入占比上升，发展成果惠及更广大民众；三是从要素驱动、投资驱动转向创新驱动。"③ 2014 年 12 月，中央经济工作会议对经济发展新常态做出了更为全面的阐述。会议分析了我国经济在消费需求和投资需求、生产供给、产业形势、经济增长动力、市场竞争、资源环境约束、经济风险、宏观调控等九个方面的趋势性变化，做出我国经济正在向形态更高级、分工更复杂、结构更合理的阶段演化的重要判断，得出了我国经济发展新常态下正在发生的"四个转向"重要结论，即："经济发展进入新常态，正从高速增长转向中高速增长，经济发展方式正从规模速度型粗放增长转向质量效率型集约增长，经济结构正从增量扩能为主转向调整存量、做优

---

① 《人民日报》2014 年 7 月 30 日。
② 《人民日报》2015 年 1 月 25 日。
③ 《人民日报》2014 年 11 月 10 日。

增量并存的深度调整，经济发展动力正从传统增长点转向新的增长点"。① 中央提出的"九个趋势性变化""一个阶段演化"和"四个转向"，是我们认识和理解经济发展新常态的根本依据。至此，中央关于经济发展新常态已经有了比较深入全面的阐述：中国经济发展的新常态主要特征就是增长速度换挡、发展方式转变、经济结构调整、增长动力转换；经济发展新常态的基本内涵就是向形态更高级、分工更复杂、结构更合理的阶段演化。经济发展新常态思想的提出和深化，准确定义了当前中国经济发展形成的长期性、趋势性、规律性的新特征，深刻揭示了中国经济在形态、结构、动力等方面的历史性变化，指明了中国经济的未来发展方向。

新常态下，人们讨论最多的是中国经济增速的下降。如何看待这个变化，是认识经济发展新常态首先要解决的问题。改革开放以来，中国经济实现了30多年的高速增长。然而，自2012年中国经济增速降为7.8%后，中国经济已经告别两位数的增长，进入中高速增长的阶段。中央认为，"正确看待经济增长速度，对做好经济工作至关重要，对做好各方面工作影响很大"。② 对于经济增长速度的变化，习近平首先强调要全面客观地看待。他指出："中国经济增速虽然放缓，实际增量依然可观。"③ "我们看中国经济，不能只看增长率，中国经济体量不断增大，现在增长7%左右的经济增量已相当可观，集聚的动能是过去两位数的增长都达不到的。"④ 习近平还指出，这样的经济增速处于合理区间、符合我们的预期目标。他强调："实现我们确定的到2020年国内生产总值和城乡居民人均收入比2010年翻一番的目标，只要7%的增速就够了。"对于经济增速趋缓的主要原因，习近平强调，这是中国主动调控的结果："为了从根本上解决中国经济长远发展问题，必须坚定推动结构改革，宁可将增长速度降下来一些。任何一项事业，都需要远近兼顾、深谋远虑，杀鸡取卵、竭泽而渔式的发展是不会长久的。"⑤ 从这些论述中，我们可以认识到，当前中国经济增速趋缓，虽然受到世界经济发展周期性波动的影响，但更主要的还是我们党顺应国际国内

---

① 《人民日报》2014年12月12日。
② 《人民日报》2014年7月30日。
③ 《人民日报》2014年11月10日。
④ 《人民日报》2015年3月29日。
⑤ 《习近平谈治国理政》，外文出版社2014年版，第345页。

发展大势，主动推进经济结构改革的结果。一方面，从世界一些地区和国家工业化的历程看，没有哪一个地区和国家能够一直保持高速增长，进入中等收入阶段，后发优势逐步减弱，潜在的生产要素效率逐步下降，经济增长速度随之回落，这是符合世界经济发展规律的。另一方面，2008年国际金融危机发生以来，中国出口和投资对经济增长的拉动力明显降低，资源环境的约束不断增强，原有的粗放型外延式的增长方式难以为继，引导产业结构转型升级、转换发展动力，提高经济发展质量和效益，成为今后中国发展的主要目标。寻找速度、结构、质量之间"黄金平衡点"，实现调速不减势、量增质更优的更高水平的发展，已经成为中国经济发展的基本走向。习近平在2013年中央经济工作会议上强调："我们要的是实实在在、没有水分的速度，是民生改善、就业比较充分的速度，是劳动生产率同步提高、经济活力增强、结构调整有成效的速度，是经济发展质量和效益得到提高又不会带来后遗症的速度。"① 这一论述集中阐明了经济发展新常态下，我们党对于经济增速变化的深刻理解。

正确认识经济发展新常态，还需要关注其形成的深层次原因。事实上，随着我国经济总量的扩大，尤其是2008年国际金融危机的倒逼机制作用下，中国经济结构已经出现了积极变化，形成了长期向好的趋势。这种变化并不再是单纯的三次产业的调整，还涉及消费、供给、市场竞争、科技创新、宏观调控等深层次、全方位和多领域的经济因素，中国经济向形态更高级、分工更复杂、结构更合理的方向演化，是不以人的意志为转移的客观实际。经济结构调整、发展方式转变、增长动力转换是形成经济发展新常态的主要动因，是我国进入新的发展阶段后，实现经济提质增效的必然要求。同时我们还要清醒地认识到，经济发展新常态的形成是一种趋势性的变化，并不意味着经济发展会自然而然地达到我们的预期目标，实现新常态下的新发展，还需要付出更大努力，以顺应和引领这些趋势性变化，完成中国经济的转型升级。这样的变化，对于长期依靠规模速度和增量扩能实现高速增长的中国经济来说，无疑是一次历史性变革。2015年9月，习近平在美国西雅图发表演讲时，用"凤凰涅槃、浴火重生"来形容新常态下中国经济发展的未来前景，是很有深意的。总之，正确认识经济发展新常态思想，必须历史地、辩证地认识我国经济发展的阶段性特征，全

---

① 《习近平总书记系列重要讲话读本》，学习出版社、人民出版社2014年版，第59页。

面准确地把握其中的科学内涵，不能以偏概全、一叶障目，只看到当前经济增长速度的调整，看不到新常态下中国经济发生的结构性、趋势性的积极变化。因此，习近平提出："风物长宜放眼量。分析中国经济，要看这艘大船方向是否正确，动力是否强劲，潜力是否充沛。在大海上航行，再大的船也会有一时的颠簸。"① 这是很有针对性的。

经济发展新常态伴随消化过剩产能和经济增速下降等方面的阵痛，使经济发展面临不少困难和挑战。在阐述经济发展新常态的过程中，习近平还特别强调了保持战略定力和守住风险底线、加强风险防范意识这个问题。他指出："当今世界，机遇和挑战并存。风云变幻，最需要的是战略定力。"② "我们必须保持战略定力，主动适应增长速度换挡、发展方式转变、经济结构调整、增长动力转换的新形势，坚持用发展的办法解决前进中的问题。"③ 他还要求把我们的战略定力、我们对经济发展的信心通过稳定的政策传导给全社会。④ 根据这些要求，中央坚持稳中求进工作总基调，没有采用大规模的经济刺激政策，在保持宏观政策稳定性的同时，持之以恒地推动经济结构战略性调整。习近平还提出，要把难点和复杂性估计得更充分一些，把各种风险想得更深入一些，把各方面情况考虑得更周全一些。⑤ 按照这些要求，中央统筹稳增长、促改革、调结构、惠民生、防风险的各项工作，及时创新宏观调控思路和方式，适当进行预调微调，使经济运行处在合理区间，保持了经济持续健康平稳运行。

三、适应新常态、把握新常态、引领新常态，是当前和今后一个时期我国经济发展的大逻辑，必须有新理念、新思路、新举措

适应新常态、把握新常态、引领新常态，是当前和今后一个时期我国经济发展的大逻辑，必须有新理念、新思路、新举措。习近平指出："中国经济发展已经进入新常态，向形态更高级、分工更复杂、结构更合理阶段演化，这也是我们做好经济工作的出发点。"⑥ "要适应和把握我国经济发展进入新常态的趋

① 《人民日报》2014 年 9 月 23 日。
② 《人民日报》2014 年 1 月 1 日。
③ 《人民日报》2015 年 5 月 28 日。
④ 《人民日报》2015 年 7 月 31 日。
⑤ 《人民日报》2015 年 5 月 29 日。
⑥ 《人民日报》2015 年 3 月 30 日。

势性特征，保持战略定力，增强发展自信，坚持变中求新、变中求进、变中突破，走出一条质量更高、效益更好、结构更优、优势充分释放的发展新路。"①

发展理念是发展行动的先导，是发展思路、发展方向、发展着力点的集中体现。习近平和党中央对此做出了很多重要论述。中央提出了"要把有质量、有效益的发展作为发展是硬道理战略思想的内在要求"② 的新理念，认为"我国发展必须保持一定速度，不然很多问题难以解决。同时，发展必须是遵循经济规律的科学发展，必须是遵循自然规律的可持续发展，必须是遵循社会规律的包容性发展"。③ 习近平指出，适应和引领我国经济发展新常态，关键是要依靠科技创新转换发展动力。他提出"创新是引领发展的第一动力。抓创新就是抓发展，谋创新就是谋未来"④ 的新思想。习近平指出，我国经济发展进入新常态，更加需要扩大对外开放，建设开放型经济新体制。他强调，在参与国际经贸规则制定和争取全球经济治理制度性权力中，"我们不能当旁观者、跟随者，而是要做参与者、引领者"。"在国际规则制定中发出更多中国声音、注入更多中国元素，维护和拓展我国发展利益。"⑤ 习近平指出："国家建设是全体人民共同的事业，国家发展过程也是全体人民共享成果的过程"。"要始终实现好、维护好、发展好最广大人民根本利益，让改革发展成果更多更公平惠及人民"，⑥ "让人民群众有更多的获得感"⑦。他还强调，"协调发展、绿色发展既是理念又是举措，务必政策到位、落实到位"。⑧ 这些发展的新理念不但有力地指导了我们适应新常态、把握新常态、引领新常态的实践进程，也深化了我们党对社会主义建设规律的认识。2015 年 10 月 29 日，党的十八届五中全会把这些发展思想总结归纳为创新、协调、绿色、开放、共享五大发展理念，并写入了《中共中央关于制定国民经济和社会发展第十三个五年规划的建议》中。

---

① 《人民日报》2015 年 7 月 19 日。
② 《人民日报》2015 年 5 月 1 日。
③ 《人民日报》2014 年 7 月 30 日。
④ 《人民日报》2015 年 3 月 6 日。
⑤ 《人民日报》2014 年 12 月 7 日。
⑥ 《人民日报》2015 年 4 月 29 日。
⑦ 《习近平关于协调推进"四个全面"战略布局论述摘编》，中央文献出版社 2015 年版，第 88 页。
⑧ 《人民日报》2015 年 5 月 29 日。

思路决定出路。为主动适应经济发展新常态，中央坚持稳中求进工作总基调，坚持以提高经济发展质量和效益为中心，坚持宏观政策要稳、微观政策要活、社会政策要托底的总体思路，保持了宏观政策连续性和稳定性。更为重要的是，面向中国的未来发展，中央紧紧围绕"四个全面"战略布局，为新常态下的中国经济谋划更为长远的发展思路。2014 年 12 月，习近平在第一次提出"四个全面"战略布局的时候，就把经济发展新常态与之联系在了一起。他指出："主动把握和积极适应经济发展新常态，协调推进全面建成小康社会、全面深化改革、全面推进依法治国、全面从严治党，推动改革开放和社会主义现代化建设迈上新台阶。"① 习近平和党中央阐述了"四个全面"战略布局对主动适应和引领经济发展新常态的重大意义，强调："在新常态下，要实现新发展、新突破，制胜法宝是全面深化改革，全面依法治国。"② 习近平指出："能不能适应新常态，关键在于全面深化改革的力度。"③ 经济发展新常态下，根据全面从严治党的战略部署，中央要求"党领导经济工作的观念、体制、方式方法也要与时俱进"④；"要摆脱旧的路径依赖，掌握认识发展趋势和准确分析经济形势、营造良好市场环境"等新本领⑤；要"更加注重按'三严三实'要求做好经济工作，精准分析和深入判断经济发展趋向、基本特征和各方面影响，提高政策质量和可操作性，扎扎实实把事情办好"⑥。

新常态下要有新作为。中国经济体量大、韧性好、潜力足、回旋空间大、政策工具多，这为主动适应和引领经济发展新常态提供了有利条件。党的十八届三中全会为全面深化改革确定了行动纲领，十八届四中全会为法治中国建设按下了快进键，全面建成小康社会、全面深化改革、全面依法治国、全面从严治党的战略布局逐步展开，这为主动适应和引领经济发展新常态提供了坚强战略保障。当前，围绕保持中高速增长和迈向中高端水平"双目标"，坚持稳政策稳预期和促改革调结构"双结合"，打造大众创业、万众创新和增加公共产品、公共服务"双引擎"的一系列政策措施相继出台，中国经济正在向提质、增效、

---

① 《人民日报》2014 年 12 月 15 日。
② 《人民日报》2015 年 3 月 30 日。
③ 《人民日报》2014 年 11 月 10 日。
④ 《人民日报》2014 年 12 月 12 日。
⑤ 《人民日报》2015 年 5 月 1 日。
⑥ 《人民日报》2015 年 7 月 31 日。

升级的发展之路迈进。

通过全面深化改革获得发展红利，通过扩大开放提高竞争力。十八大以来，《关于深化国有企业改革的指导意见》《关于全面深化农村改革加快推进农业现代化的若干意见》《深化财税体制改革总体方案》《关于深化预算管理制度改革的决定》等关系改革发展全局的一系列重大举措制定出台。利率、汇率市场化的改革力度增大，一些重要领域和关键环节取得新进展。新一届政府加快职能转变，加快推进简政放权，已经取消和下放了 600 多项行政审批事项，为经济发展创造了公平健康高效的市场环境。① 十八大以来，我国积极构建开放型经济新体制，加快实施新一轮高水平对外开放。在设立中国（上海）自由贸易试验区的基础上，又新增了广东、天津、福建自由贸易试验区，为新时期改革开放培育了新的试验田。《关于加快培育外贸竞争新优势的若干意见》的颁布，为推动外贸由"大进大出"转向"优进优出"、提升我国对外贸易国际竞争力提出了明确思路。同时，我国积极推动"一带一路"建设，开展国际产能合作，以开放的主动赢得发展的主动。

通过调整结构增强发展后劲，通过创新驱动转换发展动力。十八大以来，国家推出了《中国制造 2025》《关于积极推进"互联网＋"行动的指导意见》《关于加快科技服务业发展的若干意见》等一系列推动产业升级和经济结构调整的重大举措。加强信息基础设施建设，发展现代服务业等措施相继实施。我国移动互联网、集成电路、高端装备制造、新能源汽车等战略性新兴产业加快发展，互联网金融、电子商务、物流快递等新业态快速成长。"一带一路"建设、京津冀协同发展、长江经济带三大战略加快推进，新型城镇化和区域发展总体战略的深入推进，释放出中国巨大的内需潜力。新常态下，以创新为主要引领和支撑的经济体系和发展模式加快推进。十八大以来，《关于深化体制机制改革加快实施创新驱动发展战略的若干意见》《关于大力推进大众创业万众创新若干政策措施的意见》等推动创新创业的政策措施相继出台，全国创业浪潮喷涌而起，新登记企业呈现井喷式增长，文化创意产业蓬勃发展。2015 年上半年，我国第三产业增加值同比增长 8.4%，占国内生产总值的比重为 49.5%。消费对经

---

① 《人民日报》2015 年 3 月 23 日。

济增长的贡献率为60%，比上年同期提高5.7个百分点。①

加强以改善民生为重点的社会建设，加快生态文明制度建设。《关于进一步推进户籍制度改革的意见》《关于深化收入分配制度改革的若干意见》《生态文明体制改革总体方案》等关系社会民生和生态文明建设的重大政策措施密集出台。围绕群众最关心的教育、医疗、社会保障、食品安全等问题做了大量工作，通过推进就业创业，发展社会事业，打好扶贫开发攻坚战，努力打通民生保障和经济发展相得益彰新路子。扎实推进以环境质量改善为核心的环境保护管理制度改革，落实国有林场林区改革，用制度保障生态文明。2015年上半年，全国城镇新增就业718万人，完成全年目标任务的71.8%，31个大城市城镇调查失业率稳定在5.1%左右。2015年上半年，我国单位国内生产总值能耗同比下降5.9%，清洁能源消费量占能源消费总量的比重达到17.1%，比上年同期提高1.6个百分点。②

科学实施精准调控，确保经济形势缓中趋稳、稳中向好。十八大以来，经济运行中的"两难"问题增多，迫切需要宏观调控在稳增长和调结构中找到最佳结合点。党中央、国务院针对经济运行的不断变化，加强和改善宏观调控，在区间调控基础上加大定向调控力度，多次采用"定向降准＋降息"组合方式，主动实施减税降费，努力把握好保持适度流动性与防范化解金融风险的平衡。国家把投资的着力点投向了大气污染防治、中西部铁路建设、加强健康养老服务等经济发展的薄弱环节和短板行业。经过努力，2015年上半年我国国内生产总值同比增长7%③，国民经济运行处在合理区间，主要指标增速企稳向好，经济发展活力动力不断增强。

新常态下的中国经济正处在爬坡过坎的关口，奋力向转型升级的目标迈进。习近平指出："我国经济发展已经进入新常态，如何适应和引领新常态，我们的认识和实践刚刚起步，有的方面还没有破题，需要广泛探索。"④ 经济发展新常态思想的提出，为我们提供了一把认识中国经济未来发展的钥匙，也给我们党领导经济工作提出了新要求、新任务、新挑战。当前，中华民族的伟大复兴已

---

① 《人民日报》2015年7月17日。

② 《人民日报》2015年7月17日。

③ 《人民日报》2015年7月17日。

④ 《人民日报》2015年5月28日。

处于关键阶段，我国发展仍处于重要战略机遇期，但也面临诸多矛盾相互叠加的严峻挑战。在这一关键时期，我们要准确把握中央关于经济发展新常态思想的科学内涵，把思想和行动统一到中央认识上来，坚持用新常态的重大战略判断看待形势、推动发展。只要我们紧紧围绕"四个全面"的战略布局，抓住和用好经济发展新常态下的重要战略机遇期，保持发展定力，增强发展信心，破解发展难题，厚植发展优势，牢固树立并切实贯彻创新、协调、绿色、开放、共享的发展理念，把党的十八届五中全会的各项决策部署和工作要求落到实处，就一定能够在新的历史起点上，不断开创发展的新局面。

（原载于《党的文献》2015 年第 6 期）

习近平经济思想：当代马克思主义
政治经济学的重大创新[*]

习近平经济思想源于中国发展实践，又指导着中国发展实践，是当代马克思主义政治经济学理论的重大创新。那么，我们应该从哪些方面来认识习近平经济思想？如何理解习近平经济思想的深刻内涵，进而回答我国经济发展的理论和实践问题？如何理解习近平经济思想对当代中国马克思主义政治经济学的发展做出的创造性贡献？对此，本文从七个方面加以讨论。

习近平经济思想的理论来源

习近平经济思想的理论来源，是马克思主义政治经济学。尽管中国大量翻译、介绍、引进并普及了西方经济学，也十分开放地学习、消化、吸收各种学派的理论，但马克思主义政治经济学始终是中国改革开放经济社会发展实践的理论基础。邓小平同志推动改革开放的过程就是根据马克思主义政治经济学的基本原理，并与社会主义现代化建设这一宏大实践相结合，不断丰富和发展马克思主义政治经济学的过程。1978 年 12 月党的十一届三中全会公报就明确指出，"实现四个现代化，要求大幅度地提高生产力，也就必然要求多方面地改变同生产力发展不适应的生产关系和上层建筑，改变一切不适应的管理方式、活动方式和思想方式，因而是一场广泛、深刻的革命"。全会还前瞻性地指出，只有坚持解放思想、实事求是的思想路线，我们党才能"正确改革同生产力迅速

---

* 本文作者：胡鞍钢，清华大学国情研究院院长，清华大学公共管理学院教授、博导；杨竺松，清华大学国情研究院博士后。

发展不相适应的生产关系和上层建筑"。

党中央关于中国经济体制改革的第一个正式决定也是基于马克思主义政治经济学。1984 年，党的十二届三中全会通过的《中共中央关于经济体制改革的决定》指出，社会主义社会的基本矛盾仍然是生产关系和生产力、上层建筑和经济基础之间的矛盾。我们改革经济体制，是在坚持社会主义制度的前提下，改变生产关系和上层建筑中不适应生产力发展的一系列相互矛盾的环节和方面。这种改革是在党和政府的领导下有计划、有步骤、有秩序地进行的自我改造和发展。邓小平对该决定给予高度评价，称写出了一个政治经济学的初稿，是马克思主义基本原理和中国社会主义实践相结合的政治经济学。

马克思主义政治经济学，不仅是改革开放时期中国共产党人政治经济思想一以贯之的主要理论来源，保证了改革开放始终沿着中国特色社会主义道路前进，既没有固守"老路"，更没有走上"邪路"；还指导着中国在经济改革与发展实践中不断创造新的理论。诚如习近平总书记所指出的："党的十一届三中全会以来，我们党把马克思主义政治经济学基本原理同改革开放新的实践结合起来，不断丰富和发展马克思主义政治经济学，形成了当代中国马克思主义政治经济学的许多重要理论成果。"

习近平既高度重视推动全党全国学习马克思主义政治经济学，更高度重视推动中国共产党人对当代中国马克思主义政治经济学的创新发展，要求全党在这一科学理论基础上，提炼和总结我国经济发展实践的规律性成果，把实践经验上升为系统化的经济学说，体现了中国共产党人追求从"必然王国"向"自由王国"飞跃的主动性、自觉性。2014 年 7 月，习近平在主持经济形势专家座谈会时就曾要求，"各级党委和政府要学好用好政治经济学，自觉认识和更好遵循经济发展规律"；2015 年 11 月，他又在中共中央政治局关于马克思主义政治经济学基本原理和方法论专题的集体学习上讲话指出，"关于树立和落实创新、协调、绿色、开放、共享的发展理念的理论"等一系列重要理论成果，"是适应当代中国国情和时代特点的政治经济学"，凸显了马克思主义政治经济学对中国国家治理特别是经济治理的指导意义。习近平经济思想也充分体现了当代马克思主义政治经济学理论的最新成果，并为中国经济社会发展指明了最优路径。

习近平"新常态"论

习近平经济思想的新判断，是中国经济发展新常态。步入 21 世纪之后，中国进入了中等收入阶段，其中第一个十年处于下中等收入阶段，仍然保持了高速经济增长；第二个十年进入上中等收入阶段，除了受国际金融危机影响之外，也呈现了与以往大为不同的新的发展趋势和发展特点。2013 至 2014 年，党中央提出了"三期叠加"的判断，即当前我国经济发展同时处于经济增长速度换挡期、结构调整阵痛期、前期刺激政策消化期。习近平同志强调必须坚持稳中求进、改革创新，切实把推动发展的立足点转到提高质量和效益上来。

在面临中国经济增长下行压力的背景下，怎样看待经济增长？要不要像以往那样"踩大油门"扩大内需？2013 年 10 月 7 日，习近平在亚太经合组织工商领导人峰会发表演讲时明确表示："中国不再简单以 GDP 增长率论英雄，而是强调以提高经济增长质量和效益为立足点。"2013 年底，他在中央经济工作会议上进一步谈了对经济增长率的看法："我们要的是实实在在、没有水分的速度，是民生改善、就业比较充分的速度，是劳动生产率同步提高、经济活力增强、经济结构调整有成效的速度，是经济发展质量和效益得到提高、又不会带来后遗症的速度。"

而后，习近平于 2014 年 5 月考察河南时首次提出新常态的判断，要求"从当前我国经济发展的阶段性特征出发，适应新常态，保持战略上的平常心态"。

同年 12 月，习近平在中央经济工作会议上首次系统地阐述了中国经济新常态在消费需求、投资需求、出口和国际收支、生产能力和产业组织方式、生产要素相对优势、市场竞争特点、资源环境约束、经济风险积累和化解以及资源配置模式和宏观调控方式方面的九大基本趋势。进而又概括为四大特点：经济增长速度从高速转向中高速，经济发展方式从规模速度型粗放增长转向质量效率型集约增长，经济结构从增量扩能为主转向调整存量、做优增量并存的深度调整，经济发展动力正从传统增长点转向新的增长点。这是习近平对我国经济发展的规律性认识和判断。他明确提出，"认识新常态，适应新常态，引领新常态，是当前和今后一个时期我国经济发展的大逻辑"。

这就是所谓"穷则变，变则通，通则久"的政治经济学辩证法。他在中央经济工作会议上还特别告诫全党：把经济新常态仅仅理解为数量增减、简单重复，是形而上学的发展观。如果看不到甚至不愿承认新变化、新情况、新问题，仍然想着过去那种粗放型高速发展，习惯于铺摊子、上项目，就跟不上形势了。用老办法，即使暂时把速度抬上去了，也不会持久，相反，会使发展的矛盾和问题进一步积累、激化，最后总爆发。这是一针见血、一语中的的深刻警示。

在中国经济发展进入新常态条件下，应当采取什么样的宏观调控目标？是否能够既超越国际上通行的五大目标、五大指标，又能够不断地创新中国经济升级版？根据历年中央经济工作会议精神，中国逐渐形成了"2.0 版本"的年度经济社会发展目标体系：国内生产总值增长率；居民消费价格涨幅；城镇新增就业人数，城镇登记失业率；进出口增长率，国际收支；财政赤字率；居民收入增长与经济发展同步；能耗强度下降；主要（四项）污染物排放减少；减少绝对贫困人口。这是一个相互促进又相互协调的多目标体系，并与国家五年规划的核心目标相匹配，从而成为引领中国经济发展新常态的"指挥棒"，再次演奏了中国经济行稳致远的新乐章。

习近平"两手合力"论

习近平经济思想最重要的创新之一，是"两手合力"论，即使市场在资源配置中起决定性作用和更好发挥政府作用。

如何正确认识并处理好政府与市场的关系，始终是中国经济体制改革的核心问题。这是因为政府和市场是目前中国发展的两大推手，二者在不同领域、不同层面发挥不同作用。改革开放以来，中国共产党人对这一关系进行了长期的探索、实践和理论创新，这本身也是对经济与政治、生产力与生产关系、经济基础与上层建筑重大关系的探索、实践和理论创新，前人并没有给我们提供现成的答案，因而必须创新当代中国马克思主义政治经济学。

1992 年，党的十四大提出我国经济体制改革目标是建立社会主义市场经济体制，提出要使市场在国家宏观调控下对资源配置起基础性作用。基于此，1993 年党的十四届三中全会通过了《中共中央关于建立社会主义市场经济体制若干问题的决定》（简称"五十条"）。而后党的十五大、十六大、十七大以及十八大都对政府与市场的关系在认识上不断深化。直到 2013 年党的十八届三中全会，通过了《中共中央关于全面深化改革若干重大问题的决定》（简称"六十条"），明确将市场在资源配置中的"基础性作用"修改为"决定性作用"。对此习近平指出，处理好政府与市场的关系，实际上就是要处理好在资源配置中市场起决定性作用还是政府起决定性作用这个问题。理论和实践都证明，市场配置资源是最有效率的形式，市场决定资源配置是市场经济的一般规律，市场经济本质上就是市场决定资源配置的经济。健全社会主义市场经济体制，必须遵循这条规律。同时他也指出，我国实行的是社会主义市场经济体制，我们仍然要坚持发挥社会主义市场经济制度的优越性，发挥党和政府的积极作用。

针对围绕政府与市场关系的激烈辩论，习近平不仅从中国的具体实践，而且还从唯物辩证法的视角，提出了"两手合力"论。2014年5月26日，习近平在主持中共中央政治局第十五次集体学习时指出，在市场作用和政府作用的问题上，要讲辩证法、两点论，"看不见的手"和"看得见的手"都要用好，努力形成市场作用和政府作用有机统一、相互补充、相互协调、相互促进的格局，推动经济社会持续健康发展。

事实上，中国在发展市场经济方面，还只有比较短的历史，不是一个长期演进、高度成熟、法治完备、充分竞争的现代市场经济国家，还存在着许多问题。对此，习近平有着深刻认识。2013年11月党的十八届三中全会上，他在做关于全面深化改革决定的说明时指出，"市场秩序不规范，以不正当手段谋取经济利益的现象广泛存在；生产要素市场发展滞后，要素闲置和大量有效需求得不到满足并存；市场规则不统一，部门保护主义和地方保护主义大量存在；市场竞争不充分，阻碍优胜劣汰和结构调整，等等"。我们既不能因为存在这些缺陷而放弃社会主义市场经济体制改革的方向，也不能对此自由放任，这就需要不断完善社会主义市场经济体制。

中国作为东方巨人，的确需要"两只手"，即"看得见的政府之手"和"看不见的市场之手"。"两只手"总是优于"一只手"。政府和市场"两只手"要协调配合，政府"看得见的手"与市场"看不见的手"之间不是相互对立的，而是相辅相成的，要统筹把握、优势互补、有机结合、协同发力，要各安其位、各得其所、各发所长。"两只手都要硬"，硬而不僵，更加尊重市场作用，更好发挥政府作用；"两只手都要活"，活而不乱，充分发挥"两只手"各自的优势。

习近平"基本经济制度"论

坚持公有制为主体、多种所有制经济共同发展的基本经济制度是社会主义市场经济体制的根基。经过三十余年经济改革，我国已形成了公有制经济为主体、不同所有制经济成分共存，公有制经济和非公有制经济相互联系、相互外溢、相互合作、相互竞争的独特的社会主义混合所有制经济，公有制经济与非公有制经济"你中有我，我中有你，和谐有序发展"。作为公有制经济载体的国有企业"总体上已经同市场经济相融合，运行质量和效益明显提升"，但也仍然存在一些亟待解决的突出矛盾和问题。

关于国有企业，一直存在着很大的争议，是否要加强国有企业？如何更好体现和坚持公有制主体地位？又如何进一步探索基本经济制度的有效实现形式？对此习近平给出了明确的回答。2014年3月，他在参加十二届全国人大二次会议上海代表团审议时讲话指出，"国企不仅不能削弱，而且要加强"，并且是"在深化改革中通过自我完善"实现加强；2014年8月，他在中央全面深化改革领导小组第四次会议发表重要讲话时又指出，"国有企业特别是中央管理企业，在关系国家安全和国民经济命脉的主要行业和关键领域占据支配地位，是国民经济的重要支柱，在我们党执政和我国社会主义国家政权的经济基础中也是起支柱作用的，必须搞好"。2015年7月，他在吉林调研时将国有企业定位为，"是推进现代化、保障人民共同利益的重要力量，要坚持国有企业在国家发展中的重要地位不动摇，坚持把国有企业搞好、把国有企业做大做强做优不动摇"；并提出了推进国有企业改革的"三个有利于"判断标准，即"有利于国有资本保值增值，有利于提高国有经济竞争力，有利于放大国有资本功能"。在上述思想指导下，十八届三中全会再次明确提出"坚持公有制主体地位，发挥国有经济主导作用，不断增强国有经济活力、控制力、影响力"，并明确了下一阶段积极发展混合所有制经济的前进方向。2015年9月，中央正式下发了"以解放和发展社会生产力为标准，以提高国有资本效率、增强国有企业活力为中心"的深化国有企业改革方案《中共中央、国务院关于深化国有企业改革的指导意见》。

实践是检验真理的标准。事实表明，中国国有企业不仅没有像2000年时任美国总统克林顿所预期的"如果中国能够加入世界贸易组织，外部竞争能够加速中国国有企业的消亡"，而且在国际竞争的大舞台上方显英雄本色，越做越强。在美国《财富》杂志世界500强企业的名单中，中国国有企业已经从2000年的9家，上升到2014年的84家，显示了中国国有企业的集体崛起、加速崛起、大规模崛起。

改革开放以来中国的实践表明：作为"经济巨人"，用"两条腿走路"总是优于"一条腿走路"，能走得更稳、走得更快、走得更长远。坚持"两条腿走路"，既要大力发展公有制经济，做优做强做大国有企业，还要积极支持非公有制经济，做精做细做活民营企业，使"两条腿"同等强壮、使两类企业都能健康成长，这就既不同于传统的计划经济体制下只有公有制经济的"一条腿"，也不同于西方自由市场经济下主要基于私有经济的"一条腿"。

习近平"共同富裕"论

习近平经济思想的核心，是全面建成小康社会与坚持走共同富裕道路。

中国作为发展中国家，曾经是世界上绝对贫困人口最多的国家，如何才能富裕起来？通过什么路径才能富裕起来？富裕起来之后要不要共同富裕？对此，中国共产党人也做出了不断探索。改革之初，邓小平明确提出了"先富论"，从而为摆脱贫困，实现温饱，进而实现小康找到了一条务实之路。后来邓小平也多次谈到，共同富裕是中国发展的最终方向，也是中国特色社会主义的本质。进入 21 世纪，党中央明确提出了到 2020 年，实现"全面建设惠及十几亿人口的更高水平的小康社会"，开启了共同富裕之路，也为后来缩小地区发展差距、城乡居民收入差距、基尼系数创造了条件。

根据党的十八大提出的"全面建成小康社会"的总目标的要求，明确必须坚持走共同富裕道路。坚持社会主义基本经济制度和分配制度，调整国民收入分配格局，加大再分配调节力度，着力解决收入分配差距较大的问题。

如何确保实现全面建成小康社会总目标？其薄弱环节在哪里？2012 年底，习近平在河北调研时指出，"没有农村的小康，特别是没有贫困地区的小康，就没有全面建成小康社会"；2013 年 3 月，习近平在十二届全国人大一次会议闭幕会上发表重要讲话时再次强调，"使发展成果更多更公平惠及全体人民，在经济社会不断发展的基础上，朝着共同富裕方向稳步前进"。2013 年至 2015 年，他在海南、云南、陕西等地调研时多次论及"小康不小康，关键看老乡"，"全面实现小康，一个民族都不能少"，这就为全面建成小康社会奋斗目标定下了重在"全面"的基调。

习近平共同富裕思想，特别突出全面建成小康社会"补短板"的重要性。就是要在"四化同步"过程中补农业现代化的短板，以工业化、信息化补农促农，让农业强起来；要在城乡一体化进程中补农村社会发展的短板，大力加强农村基础设施和公共服务设施建设，明显改善农村生产生活条件，提高乡村规划和管理水平，特别是支持农村环境综合治理，让农村美起来；要在城乡居民人均收入比 2010 年翻一番的进步中补农民收入增长的短板，确保农民人均收入增长速度继续高于经济增长速度和城镇居民收入增长速度，提高农村医疗和社会保障水平，让农民富起来；要在新型城镇化建设过程中补 1 亿农民工身份转换的短板，鼓励各地方创新人口管理和户籍改革，推动城镇基本公共服务、社会保障、基本保障住房等常住人口全覆盖，让农民工落户城镇。在"补短板"的过程中，还要特别重视对农村人口中的各类贫困人口，对残疾人口中的贫困人口，对革命老区、少数民族地区和聚居区、边疆地区、生态脆弱地区的贫困人口进行精准扶贫，采取有针对性的做法，因地制宜、因贫施策，补"短板之短板"，为经济极弱势群体也带去小康生活，在全面建成小康社会的过程中更好地保障和改善民生，促进共同富裕。

2015 年 10 月 16 日，习近平在 2015 减贫与发展高层论坛上的讲话中指出，中国是全球最早实现千年发展目标中减贫目标的发展中国家，为全球减贫事业做出了重大贡献。他同时向全世界宣布，未来 5 年将使中国现有标准下 7000 多万贫困人口全部脱贫。由于中国贫困线标准已经高于世界银行刚刚宣布的国际贫困线标准，那么中国如果能够实现这一目标，就意味着提前十年实现世界减贫目标（指贫困发生率小于 10%）。在所有的发展中国家，特别是发展中人口大国里，也只有社会主义中国，才敢于做出这一庄严的政治承诺。

习近平"人民主体"论

习近平经济思想的宗旨，是坚持人民主体地位，以人的全面发展为根本目的。

习近平提出，坚持人民主体地位。人民是推动发展的根本力量，实现好、维护好、发展好最广大人民根本利益是发展的根本目的。

这个大写的"人"不是抽象意义的"人"，而是十三亿多"人民"，是无数个人汇集而成的中华人民共和国"发展共同体""利益共同体""命运共同体"。

2013 年 8 月，习近平在沈阳会见参加全国群众体育先进单位和先进个人表彰会、全国体育系统先进集体和先进工作者表彰会的代表时指出，"人民身体健康是全面建成小康社会的重要内涵，是每一个人成长和实现幸福生活的重要基础"。同年 9 月，他在"教育第一"全球倡议行动一周年纪念活动上发表视频贺词时又指出，中国要"努力发展全民教育、终身教育，建设学习型社会，努力让每个孩子享有受教育的机会，努力让 13 亿人民享有更好更公平的教育，获得发展自身、奉献社会、造福人民的能力"。2014 年 12 月，他在江苏调研时又指出，"没有全民健康，就没有全面小康"，要"推动城乡基本公共服务均等化"。这些论述，充分体现了习近平对国家发展与人民发展内在联系的深刻认识，也反映出国家对人民进行人力资本投资是着眼于扩大人的"总能力集"，即从延长人的自然生命和提高人的发展能力两个维度，实现社会人力资本总量的不断积累，进而获得社会进步、全民进步。

党中央谋划推动经济社会发展，实际上就是谋划如何更好地对十几亿人民进行人力资本投资。这就使宏观上的国家发展规划与微观上的人民发展规划统一起来，将发展的社会主义本质具体化。中央关于制定"十三五"规划的建议将坚持人民主体地位作为发展的首要原则，体现促进人的全面发展的指导思想，因此在国家"十一五""十二五"规划基本公共服务有关篇章的基础上进一步提出，要实现"就业、教育、文化、社保、医疗、住房等公共服务体系更加健全，基本公共服务均等化水平稳步提高"，更好地发挥人民发展规划的应有作用。

习近平"五大发展"论

习近平经济思想的理念创新，集中体现为"五大发展"。

发展理念是发展行动的先导，是发展思路、发展方向、发展着力点的集中体现。

中央关于制定"十三五"规划的建议（以下简称《建议》）首次提出"五大发展"新理念：创新发展、协调发展、绿色发展、开放发展、共享发展，这是具体指导制定"十三五"规划的思想灵魂和谋篇布局的主线，是习近平经济思想的行动纲领。《建议》提出的创新发展、协调发展、绿色发展、开放发展和共享发展五大理念，每一方面都熔铸了习近平经济思想的有关内容；《建议》文本对五大理念加以展开，又为习近平经济思想指导经济发展实践提出了具体的行动方案。

坚持创新发展，就是把创新摆在国家发展全局的核心位置，使创新真正成为发展主动力。坚持协调发展，就是要使区域、城乡、经济和社会、物质文明和精神文明、经济建设和国防建设等关系更趋平衡。坚持绿色发展，就是在推动经济社会发展同时进行"绿色革命"，维护良好生态环境，给人民以绿水蓝天、美丽中国。坚持开放发展，就是在共赢主义原则下，进一步提高对外开放水平，与世界深度融合、互利共赢，积极参与全球经济治理，成为全球经济发展的引领者。坚持共享发展，就是突出人民主体地位，着力增强人民在发展中的获得感，切实保障民生、增进人民福祉，实现社会公平正义。

"五大发展"理念源于世界最大规模的改革开放发展实践，既总结了以往中国五年规划之创新和精髓、集前人之大成，又与时俱进。它倡导创新发展，将创新视为经济增长最重要的动力，认为增长质量比经济体量更重要，这就超越了以往"三驾马车"的经济增长动力理论；它倡导绿色发展，推动经济社会"绿色革命"，这就超越了以往可持续发展的理念；它倡导开放发展，开创共赢主义新型大国外交时代，这就超越了以往中国与世界互动的角色和定位；它倡导协调发展、共享发展，这就超越了以往包容性增长的理念。"五大发展"理念是中国原创性的发展新理念，是中国五年规划设计中的重大突破，指明了如期实现全面建成小康社会的基本路径，极大地丰富了科学发展观，使得科学发展的内涵进一步具体化，更具指导性、针对性、可操作性；同时又是一个宏大的发展框架，有着严密的发展逻辑、务实的发展思路，各方面发展之间相互关联、相互促进、相互支撑。"五大发展"理念是中国版的发展经济学最新理论成果，不仅解决中国的发展道路问题，也为21世纪全球南方国家寻找发展道路提供了具有重要借鉴意义的知识和理念，必将对世界产生巨大的影响。

参考文献：

[1]《十八大以来习近平同志关于经济工作的重要论述》，新华网，2014年2月22日。

[2] 中共中央宣传部：《习近平总书记系列重要讲话读本》，学习出版社、人民出版社2014年版。

[3] 习近平：《关于〈中共中央关于全面深化改革若干重大问题的决定〉的说明》，新华网，2013年11月15日。

（原载于《人民论坛》2016年第1期）

习近平国有经济思想研究略论*

围绕"完善和发展中国特色社会主义制度，推进国家治理体系和治理能力现代化"的全面深化改革总目标，以习近平同志为核心的党中央提出了一系列治国理政的新理念、新思想、新战略。国家改革和发展的基础是经济改革和发展；国家治理体系和治理能力现代化，首先是经济治理体系和治理能力要现代化。其中，国有经济和国有企业如何定位、如何改革，是重中之重、关键的关键。习近平国有经济思想是中国特色社会主义政治经济学的核心理论，是习近平治国理政思想的重要根基部分，是新常态下中国经济改革和发展的重要指导思想。本文试就习近平国有经济思想的确立依据、研究意义、基本内容框架和方法论原则做出概略阐析，旨在为深入学习研究这一宝贵的理论创新成果提供参考，推动国企改革实践全面贯彻落实。

一、确立和研究习近平国有经济思想意义重大

在中国特色社会主义理论体系中，坚持中国特色社会主义基本经济制度居于决定性的基础地位。以公有制为主体、国有经济为主导，是中国特色社会主义基本经济制度的核心和基石，是多种所有制经济共同发展的前提和保证。能否旗帜鲜明地坚持和巩固公有制主体地位，毫不动摇地发展壮大国有经济，理直气壮地做强做优做大国有企业，决定并标志着中国共产党是否真正代表最广大人民的根本利益。

---

* 本文作者：宋方敏，笔名"昆仑岩"，解放军少将，经济学教授，昆仑策研究院常务副院长，国务院国资委国企理论宣传特约研究员。

党的十八大以来，习近平在坚持和巩固公有制主体地位、搞好国有企业、发展壮大国有经济问题上，发表了一系列重要讲话，做出了许多重要指示。仅笔者所见，从 2013 年 7 月在武汉考察国有企业的讲话，到 2016 年 10 月在全国国有企业党的建设工作会议上的讲话，公开发表的代表性论述就有 20 多篇。还有大量未公开发表的关于国企改革的内部讲话、工作批示和指示。此外，在习近平亲自主持下制定的中央有关指导文件，如 2015 年 9 月发布的《中共中央、国务院关于深化国有企业改革的指导意见》（以下简称《指导意见》）等，也应作为习近平国有经济思想研究的基本依据。这一系列重要讲话和指示，次数之多、容量之巨，反映出其对国企重视程度之高、问题针对性之强、涉及面之广、要害把握之准、思想之深刻、内涵之丰富，在我们党历届中央领导中是前所未有的。

习近平同志坚持科学社会主义的基本原则，从当今中国具体实际出发，深刻而系统地回答了在我国全面深化改革和经济转型发展的新的历史进程中"如何更好地体现和坚持公有制主体地位，如何搞好国有企业、发展壮大国有经济"的一系列基本问题，形成了一套内容完整、逻辑严密、思想精深、实践管用的科学体系，对中国特色社会主义国有经济理论做出了重大创新。这一成果，充分体现了坚持中国特色社会主义道路、理论和制度的根本要求，是中国特色社会主义理论体系的重要组成部分。坚持中国特色社会主义道路、理论和制度，就必须确立习近平国有经济思想。只有确立、研究、宣传和贯彻习近平国有经济思想，才能够从经济基础的理论根基上支撑起中国特色社会主义道路、理论和制度的巍巍大厦。

在经历 30 多年高速发展之后，中国经济进入了新常态发展时期。今后较长一段时期，面临着经济速度放缓、发展驱动转换、经济结构调整、环境压力增大、国际竞争加剧、社会矛盾凸显等多重叠加的风险和挑战。在这种错综复杂的形势下，习近平同志明确提出了"坚持和发展中国特色社会主义政治经济学"的重大历史使命。① 习近平国有经济思想是中国特色社会主义政治经济学的核心和灵魂。它从市场资源配置机制与社会主义经济制度优势相结合的大思维，

---

① 《习近平主持召开经济形势专家座谈会》，新华网，http：//news. xinhuanet. com/politics/2016 - 07/08/c_1119189505. htm，2016 年 7 月 8 日。

从微观经济与宏观经济相衔接的大领域，从国内问题与国际问题相联系的大视野，深刻揭示了代表全民利益的社会主义生产关系的性质和实现形式，及其适应社会生产力现代化、与国民经济协调发展的规律性要求。它既回答了国有经济地位作用和国有企业改革的重大问题，又回答了国有企业和国有经济与市场、与政府、与其他所有制经济的关系问题，还回答了国有企业和国有经济在整个国家供给侧结构性改革和新常态经济发展大局中的使命担当问题，形成了具有鲜明中国特色、国际视野、学术高度和时代特征的经济改革和经济发展理论。确立习近平国有经济思想，就抓住了引领中国经济持续健康发展的牛鼻子，就抓住了破解发展中国家中等收入"魔咒"的金钥匙，也抓住了奠定中国模式、中国道路的基石。

在我国全面深化改革的总体布局中，国企改革可以说是最重要、最敏感，也是最纠结的一项改革。自20世纪80年代启动国企改革以来，国有经济理论就处于不断地创新和验证、总结和反思之中。应当承认，在很长一段时间内，我们在对待国有企业和国有经济问题上，认识还不是那么深刻和到位，态度还不是那么明确和坚定，改革的具体举措还不是那么系统和精准，有时候还会受到这样或那样的干扰，改革的成效还不能令全国人民满意。特别是由于新自由主义思潮的长期浸淫，某些打着"改革"旗号、披着"权威"外衣鼓吹国企私有化的论调在一定程度上控制了媒体和学术话语权，误导和曲解党中央的大政方针；体制内外不少干部群众也因长期受错误舆论宣传的影响，对国企存在种种偏见，缺乏搞好国企的信心。还需要警惕，随着国企改革被推上"快车道"，以及供给侧结构性改革的展开，一些新自由主义的政策主张改头换面沉渣泛起，一些偏离中国特色社会主义道路的"改革"行为公开或隐蔽地启动蔓延。习近平国有经济思想正是指导我国国有企业改革和国有经济发展的指挥棒。它不是纯理论的学术演绎，而是来自改革实践的理性总结和提炼，为当今中国国企改革和国有经济发展提供了根本的科学指南。抓紧确立、研究、宣传和贯彻习近平国有经济思想，是全面深化改革的大棋局中非常必要、非常关键的一招，是统一思想、明确方向、化解危机、推进改革的有力举措，是具有重大现实意义和长远战略意义的理论建设紧迫任务。

二、习近平国有经济思想是博大精深又切合实际的科学体系

习近平关于国有经济和国有企业的思想是一个科学的理论体系。本节将从

研究的角度详细地从五个方面予以梳理阐释。

（一）国有企业和国有经济的重要地位和作用

2013 年 11 月，习近平在三中全会决定说明中重申："必须毫不动摇巩固和发展公有制经济，坚持公有制主体地位，发挥国有经济主导作用，不断增强国有经济活力、控制力、影响力。"① 在此基础上，他先后从"支柱""命门""实体""力量"等多个角度，对国有企业和国有经济在我国经济政治全局中的特殊重要性做了更加全面深刻的定位表述。

（1）"支柱"论。2014 年 8 月，习近平在中央深改领导小组第四次会议上深刻指出，我国国企"是国民经济的重要支柱，在我们党执政和我国社会主义国家政权的经济基础中也是起支柱作用的，必须搞好"。② 这是我们党在社会主义建设史上，第一次从国民经济发展、共产党执政和社会主义国家政权的经济基础相统一的高度，全面准确地定位我国国有企业的支柱作用。从"主导"到"支柱"，在定义上不仅有质的内涵，而且还有量的要求；在定域上不仅指经济领域，而且上升到政治领域，这是对社会主义国有经济理论的一个重大发展和完善，与一些人竭力鼓吹照搬西方国企的"辅助性原则"划清了界限。

（2）"命门"论。2014 年间，习近平在有关国企改革的批示中，用"命门"一词比喻国企对于党和国家的重要性，③ 这是第一次从经济和政治相统一的高度，来定位中国国有企业性质。"命门"者，生命之根本也。国企是社会主义国民经济的命根所在，也是社会主义政权的命根所在，是我们党、国家和人民的命运所系。改革必须确保强我命门，而不是灭我命门，或衰我命门。当时笔者撰文《国企改革必须强我"命门"》，发表于当年 9 月 15 日《企业观察报》，应属首次公开披露。年底中央经济工作会议上，习近平进一步指出，国有企业是我国经济发展的重要力量，也是我们党和国家事业发展的重要物质基础，一定要搞好。西方一些人把矛头对准我们的国企，抹黑国企，说是要"公平竞争"，实际上醉翁之意不在酒，是要搞垮中国共产党领导和我国社会主义政权的重要

---

① 习近平：《关于〈中共中央关于全面深化改革若干重大问题的决定〉的说明》，http://www. gov. cn/ldhd/2013－11/15/content_2528186. htm，2013 年 11 月 15 日。

② 《习近平主持召开中央全面深化改革领导小组第四次会议》，http://www. gov. cn/xin-wen/2014－08/18/content_2736451. htm，2014 年 8 月 18 日。

③ 昆仑岩：《国企改革必须强我"命门"》，《企业观察报》2014 年 9 月 15 日。

物质基础和政治基础。我们不能上当!① 可以说是对"命门"含义的一个最好诠释。

（3）"实体"论。习近平强调国有企业的重要性，是与国家实体经济的重要性联系在一起的，没有强大的国企，就没有强大的国家实体经济。2013年7月在武汉调研时强调，"国家强大要靠实体经济，不能泡沫化"。② 8月在辽宁考察老工业基地时再次强调，"实体经济是国家的本钱"。③ 2015年7月在同吉林省国企职工座谈时又指出，"国有企业是国民经济发展的中坚力量。""我们要向全社会发出明确信息：搞好经济、搞好企业、搞好国有企业，把实体经济抓上去。"④ 这就说明，国有企业是我国实体经济最重要的载体，只有把国企搞好，才能把实体经济抓上去。如果只管国资、不抓国企，后果极其危险。

（4）"力量"论。这是对国企重大作用的展开阐述。习近平曾经多次用我国经济发展的"重要力量"和"中坚力量"概括国企作用。习近平2016年10月在全国国有企业党的建设工作会议上发表重要讲话，又进一步提出了"一个依靠力量、五个重要力量"的新定位、新要求。⑤ 其中，"最可信赖的依靠力量"是与"支柱""命门"分不开的，将党和国家的政治命运和经济命运系于国企一身，一个"最"字何其了得，责任如天、无可替代! 从贯彻执行党中央决策部署、贯彻新发展理念和全面深化改革、实施"走出去"和"一带一路"战略、壮大国力和改善民生、党赢得具有许多新的历史特点的伟大斗争胜利这五个方面定位的"重要力量"，是"依靠力量"的具体展开，反映了在新形势下"天降大任于国企"的重大战略使命要求。这说明，我们党在国际国内错综复杂的新的斗争背景下，要领导人民完成新的伟大历史跨越，实现强国富民战略目标，让中国特色社会主义在全世界立于不败之地，关键还是要依赖国企发

① 宋方敏：《警惕"国企低效论"为私有化开路》，http：//news. cnr. cn/native/gd/20161025/t20161025 _ 523220962_2. shtml，2016年10月24日。

② 《习近平：国家强大要靠实体经济不能泡沫化》，《京华时报》，http：//www. js. xinhuanet. com/2013－07/22/c_116637181. htm，2013年7月22日。

③ 《习近平：技术和粮食一样要端自己的饭碗》，新华网，http：//politics. people. com. cn/n/2013/0830/c70731_ 22752229. html，2013年8月30日。

④ 《习近平：中央领导是人民的大勤务员实体经济要搞上去》，http：//news. youth. cn/sz/201507/t20150718_6880227. htm。

⑤ 《习近平在全国国有企业党的建设工作会议上强调：坚持党对国企的领导不动摇》，http：//news. xinhuanet. com/politics/2016－10/11/c_1119697415. htm。

挥好顶梁柱作用。

（二）国有企业和国有经济的改革方向

习近平国有经济思想集中体现在他对国企改革的指导中，强调首要的问题就是如何规范国企改革设计的大方向和大原则，这主要体现在改革的出发点、底线保证、基本目标和检验标准四个方面。

（1）"问题导向"论。"奔着问题去"是习近平指导国企改革的着眼点。由计划经济体制转向市场经济体制的改革过程中，我国国企面临的最大课题，就是如何适应市场资源配置方式，将自己打造成为真正的市场主体。国企是社会主义市场经济中最重要的市场主体，国企如果不是市场主体，社会主义市场经济体制就不可能确立。多年来，国企改革走过了从扩大自主权、厂长负责制、内部经营承包制，到实行公司制、股份制改造的道路，虽然取得了一定成效，但也伴随着一系列问题。习近平在三中全会决定说明中指出："经过多年改革，国有企业总体上已经同市场经济相融合。同时，国有企业也积累了一些问题、存在一些弊端，需要进一步推进改革。"[1] 后来他在经济工作会议上列举了国企存在的主要问题：一些国企市场主体地位未真正确立，现代企业制度尚不健全，国资监管体制需要完善，国有资本运行效率有待进一步提高，内部人控制、利益输送、国有资产流失严重，企业办社会职能和历史遗留问题还很多。其中，最大的问题就是借改制名义侵吞国有资产。2014 年 1 月习近平在中纪委第三次全会上愤批"国有企业改制，又肥了多少人？"[2] 3 月两会期间，他在上海和安徽代表团有两段振聋发聩的讲话，一段是"深化国企改革是大文章，国有企业不仅不能削弱，还要加强"[3]；一段是"要吸取过去国企改革经验和教训，不能在一片改革声浪中把国有资产变成谋取暴利的机会"。[4] 年底中央经济工作会议上，又明确指出，"推进国企改革要奔着问题去"，"以增强企业活力、提高效率

---

① 习近平：《关于〈中共中央关于全面深化改革若干重大问题的决定〉的说明》，http://www.gov.cn/ldhd/2013 – 11/15/content_2528186.htm，2013 年 11 月 15 日。

② 中共中央文献研究室：《习近平关于全面深化改革论述摘编》六，http://cpc.people.com.cn/n/2014/0806/c164113 – 25413247 – 3.html，2014 年 8 月 6 日。

③ 缪毅容、谈燕：《习近平总书记参加上海代表团审议侧记》，《解放日报》2014 年 3 月 6 日。

④ 习近平：《不能在一片改革声浪中把国有资产变成谋取暴利的机会》，新华网，http://cpc.people.com.cn/n/2014/0310/c64094 – 24583612.html，2014 年 3 月 9 日。

为中心，提高国企核心竞争力"。① 可见，国企不是没有问题，改革就是为了解决问题，但"国企存在的问题"与"国企存在就是问题"完全是两码事！国企改革，应当解决为自身更好发展排除障碍、开辟前景的问题，不能"种他人的田，荒自己的地"。

（2）"底线思维"论。这是国企改革的风险防范原则。十八大以来，习近平多次强调，要运用底线思维的方法，凡事从坏处准备，努力争取最好的结果。2013 年 10 月，他在 APEC 工商领导人峰会上指出："中国是一个大国，决不能在根本性问题上出现颠覆性错误，一旦出现就无法挽回、无法弥补。"② 而且一再强调，"我们的改革开放是有方向、有立场、有原则的。我们当然要高举改革旗帜，但我们的改革是在中国特色社会主义道路上不断前进的改革，既不走封闭僵化的老路，也不走改旗易帜的邪路"。③ 习近平用"底线"思维规范国企改革，防止颠覆性失误，突出抓住了两头：一头是抓"不变质"，即坚持党的领导，加强党的建设，这是保证国企改革不改变国有性质；一头是抓"不流失"，即加强对国有资产的监督，防止国资流失。这两条都是保证国企改革不走私有化道路的根本之策。

（3）"三做四力"论。这是国企改革的总目标。最早是在 2014 年底中央经济工作会议上，习近平明确提出：要坚定不移把国企做强做优做大，不断增强国有经济活力、控制力、影响力、抗风险能力。次年 7 月在吉林调研期间公开发表，而且把"做大"放在了前面。④ "三做四力"国企改革总目标的确立，是确保国企支柱性、命门性地位作用的必然逻辑，也是通过改革解决国企发展存在问题要达到的目的和结果，可谓"一语定乾坤"，从大方向、大根基上将我国国有企业立于不可撼动的国鼎之位。这个基本目标，在中央《指导意见》中得到了体现。2016 年 7 月习近平对全国国企改革座谈会做出重要指示，又一次强

---

① 黄锐：《习近平提出 2015 年经济工作总体要求和主要任务》，http：//news. enorth. com. cn/system/2014/12/11/012321845_01. shtml，2014 年 12 月 11 日。

② 习近平：《深化改革开放共创美好亚太——在亚太经合组织工商领导人峰会上的演讲》，2013 年 10 月 7 日。

③ 中共中央文献研究室：《习近平关于全面深化改革论述摘编》，中央文献出版社 2014 年版。

④ 张懿：《习近平吉林调研如何定调国企改革》，http：//finance. people. com. cn/n/2015/0730/c1004 - 27382195. html，2015 年 7 月 30 日。

调："国有企业是壮大国家综合实力、保障人民共同利益的重要力量，必须理直气壮做强做优做大，不断增强活力、影响力、抗风险能力，实现国有资产保值增值。"① 10 月在全国国企党建工作会议上再次强调，"坚定不移把国有企业做强做优做大"，② 可见决心之坚定。

（4）"三个有利于"论。这是国企改革指导方针和检验标准。2015 年 7 月，习近平在吉林调研时指出，"推进国有企业改革，要有利于国有资本保值增值，有利于提高国有经济竞争力，有利于放大国有资本功能"。③ 2016 年 10 月，在全国国企党建工作会议上进一步表述为要坚持"三个有利于"的"方针"。"三个有利于"是指导国企深化改革的基本方针，也是检验国企改革成功与否的基本标准。国有企业如何打造适应市场的产权组织形式，如何完善经营管理机制，都得看是否"三个有利于"，必须用"三个有利于"标准来倒逼改革方案设计和操作过程，防止离经叛道。

（三）国有企业和国有经济的制度建设问题

国有企业完善现代企业制度、增强自身活力，是国企改革的主要任务，但以往的失误教训很沉重。习近平在这方面有一系列论断和决策，保证国企改革的正确方向和原则落到企业制度这个微观基础上。

（1）"制度自信"论。这是个大原则。完善现代企业制度，是个讲了 20 多年的老话题。以往改革中，一个普遍性的教训，就是照搬西方公司制那一套，不讲中国特色，不讲社会主义原则。这些年暴露出的国企高管腐败、内部人控制、利益输送、国有资产流失严重等问题，在很大程度上就是在企业改制过程中食洋不化、机制脱节的后遗症。习近平 2014 年底在中央经济工作会议上分析国企存在的问题时严肃指出，特别是有的国企内部管理混乱，侵吞、贪污、输送、挥霍国企资产现象大量发生，从近期揭露出来的一些国企中发生的腐败案件看，问题触目惊心！有的案件涉及的金额不是几十万、几百万，而是几千万、

① 《习近平对国有企业改革作出重要指示强调理直气壮做强做优做大国有企业》，《人民日报》海外版 2016 年 7 月 5 日。

② 《习近平在全国国有企业党的建设工作会议上强调：坚持党对国企的领导不动摇》，http://news. xinhuanet. com/politics/2016 – 10/11/c_ 1119697415. htm，2016 年 10 月 11 日。

③ 张燚：《习近平吉林调研如何定调国企改革》，http://finance. people. com. cn/n/2015/0730/c1004 – 27382195. html，2015 年 7 月 30 日。

几个亿、十几个亿！有的人很会"靠山吃山、靠水吃水"那一套，侵吞国企资产就如探囊取物，太方便了，如入无人之境。由此可见，从西方照搬的那套服从私人资本利益及其代理人意志的公司法人治理结构，不可能自动适应公有财产维护、经营和管理的要求，相反，一旦与官僚利益集团、私有资本利益集团相结合，极易变成一种"公权私用"的制度工具，为财产的"化公为私"提供便捷之径。如果此轮改革继续削足适履、自废武功，只会重蹈覆辙，使问题愈加严重。习近平在重要关头把握要津，2015 年在吉林考察时明确指出，"对国有企业要有制度自信。深化国有企业改革，要沿着符合国情的道路去改"。① 这就意味着要把"制度自信"落实到企业制度这个微观基础上，走切合中国实际的路子，绝不能照搬西方模式。2016 年 10 月在全国国企党建工作会议上，进一步明确提出了"中国特色现代国有企业制度"的概念，② 这是对改革以来被人们顶礼膜拜的那套西方现代企业制度模式的一个重大突破，具有重大现实指导意义和深远战略意义。

（2）"党组织核心"论。坚持党的领导是中国特色国有企业制度的根本原则和不变灵魂，也是中国国有经济立于不败之地的成功之源和最大优势。改革以来，在一些企业现实管理中，党委集体领导制度被严重削弱，甚至名存实亡。习近平拨乱反正，一再强调："坚持党要管党、从严治党，加强和改进党对国有企业的领导，充分发挥党组织的政治核心作用。"③ 2014 年 12 月，习近平在中央经济工作会议上指出，要加强和改进公司法人治理机制，把加强党的领导和完善公司治理统一起来。2015 年 6 月，他主持召开中央深改组第十三次会议首先通过的就是《关于在深化国有企业改革中坚持党的领导加强党的建设的若干意见》，提出"两个同步"（党的建设与国有企业改革同步谋划、党的组织及工作机构同步设置）、"四个对接"（体制对接、机制对接、制度对接、工作对接）

---

① 《习近平：对国有企业要有制度自信》，新华网，http：//news. cnr. cn/native/gd/20150717/t20150717_519243691. shtml，2015 年 7 月 17 日。

② 《习近平在全国国有企业党的建设工作会议上强调：坚持党对国企的领导不动摇》，http：//news. xinhuanet. com/politics/2016 - 10/11/c_1119697415. htm，2016 年 10 月 11 日。

③ 《习近平对国有企业改革作出重要指示强调理直气壮做强做优做大国有企业》，《人民日报》海外版 2016 年 7 月 5 日。

的部署，"确保党的领导、党的建设在国有企业改革中得到体现和加强"。① 后来中央《指导意见》把"国有企业党组织在公司治理中的法定地位更加巩固，政治核心作用充分发挥"写进国企改革的主要目标。② 特别是 2016 年 10 月，习近平在全国国企党建工作会议上发表的重要讲话，是加强新形势下国企党的建设的纲领性文献。其新的理论贡献，可概括为六个定位。③ 一是根本性质定位。指出"坚持党的领导、加强党的建设，是我国国有企业的光荣传统，是国有企业的'根'和'魂'，是我国国有企业的独特优势"。可想而知，在一个被外资私资控制的企业，是无法实现党的领导和建设的，所以这一条，实际是给国企定性，是不允许国企改革改变国有性质、走私有化道路的根本制度保证。二是核心作用定位。提法上有一个重要变化，就是不仅讲是"政治核心"，而且明确讲是"领导核心"。提出"总的要求"是针对改革以来党组织核心作用被"弱化、淡化、虚化、边缘化问题"，做到"四个坚持"，即坚持党对国企的领导不动摇，发挥企业党组织的领导核心和政治核心作用，保证中央方针政策和重大部署在企业贯彻执行；坚持服务生产经营不偏离，把"三个有利于"落到实处；坚持党组织对选人用人的领导和把关不能变，打造高素质企业领导人员队伍；坚持建强基层党组织不放松，发挥好战斗堡垒作用，目的是为"做强做优做大"提供组织保证。三是制度特色定位。明确提出："中国特色现代国有企业制度，'特'就特在把党的领导融入公司治理各环节，把企业党组织内嵌到公司治理结构之中，明确和落实党组织在公司法人治理结构中的法定地位，做到组织落实、干部到位、职责明确、监督严格。"理论前提是两个"一以贯之"：坚持党对国有企业的领导是重大政治原则，必须一以贯之；建立现代企业制度是国有企业改革的方向，也必须一以贯之。四是领导职能定位。指出"党对国有企业的领导是政治领导、思想领导、组织领导的有机统一"，"国有企业党组织发挥领导核心和政治核心作用，归结到一点，就是把方向、管大局、保落实"。为此，要明确党组织在决策、执行、监督各环节的权责和工作方式，处理好党组织和其

① 《深改组：深化国企改革要坚持党的领导》，新华网，http：//news. xinhuanet. com/fortune/2015 - 06/06/c_127884778. htm，2015 年 6 月 6 日。

② 《中共中央、国务院关于深化国有企业改革的指导意见》，http：//finance. people. com. cn/n/2015/0913/c1004 - 27577727. html，2015 年 9 月 13 日。

③ 《习近平在全国国有企业党的建设工作会议上强调：坚持党对国企的领导不动摇》，http：//news. xinhuanet. com/politics/2016 - 10/11/c_1119697415. htm，2016 年 10 月 11 日。

他治理主体的关系，形成各司其职、各负其责、协调运转、有效制衡的公司治理机制。五是组织基础定位。强调"全面从严治党要在国有企业落实落地，必须从基本组织、基本队伍、基本制度严起"。提出同步建立党的组织、动态调整组织设置；把党员日常教育管理的基础性工作抓紧抓好，"三会一课"突出党性锻炼；让支部成为团结群众的核心、教育党员的学校、攻坚克难的堡垒，把解决思想问题同解决实际问题结合起来，既讲道理，又办实事等。六是责任落实定位。明确各级党委要抓好国企党建，把党要管党、从严治党落到实处。地方各级党委要把国企党建纳入整体工作部署和党的建设总体规划；国企党委（党组）要履行主体责任。要加强国企党风廉政建设和反腐败工作，把纪律和规矩挺在前面，抓好巡视发现问题的整改，严肃查处侵吞国有资产、利益输送等问题。可以说，在加强国企改革中党的领导和建设问题上，习近平是我们党的第一人，其理论贡献可载史册；更重要的是为建设中国特色现代国有企业制度，把握了核心、根基和灵魂，占领了超越西方现代企业制度的制高点。

（3）"内生动力"论。这是国企如何通过完善治理模式和经营机制，进一步解决好适应市场竞争的问题。习近平 2014 年两会期间在上海代表团讲国企要"在深化改革中自我完善，在凤凰涅槃中浴火重生"，① 就是指这一点。2016 年两会期间他参加黑龙江省代表团审议时，进一步明确提出："对国有企业发展，政府的作用更多体现在支持、扶持、杠杆作用，但没有现存的'金娃娃'摆在那里。在这种情况下，国有企业要深化改革，要'借东风'，激发内生动力，在竞争中增强实力。"② 这个"内生动力"是个系统的体制机制概念。联系他 2015 年 7 月考察东北老工业基地时的讲话，可以看出，从大的方面说，是"要深化国有企业改革，完善企业治理模式和经营机制，真正确立企业市场主体地位，增强企业内在活力、市场竞争力、发展引领力"，"坚决破除体制机制障碍，形成一个同市场完全对接、充满内在活力的体制机制"。③ 从具体细微处讲，是一套竞争性的经营管理机制，其中"创新是企业的动力之源，质量是企业的立身

---

① 缪毅容、谈燕：《习近平总书记参加上海代表团审议侧记》，《解放日报》2014 年 3 月 6 日。

② 霍小光：《习近平：国企发展既要借东风也要激发内生动力》，http：//finance. china. com. cn/news/gnjj/20160307/3617566. shtml，2016 年 3 月 7 日。

③ 《习近平：加大支持力度增强内生动力加快东北老工业基地振兴发展》，http：// www. gov. cn/xinwen/2015 - 07/19/content_2899607. htm，2015 年 7 月 19 日。

之本，管理是企业的生存之基，必须抓好创新、质量、管理，在激烈的市场竞争中始终掌握主动"。① 2016 年 7 月，他再次强调："要坚定不移深化国有企业改革，着力创新体制机制，加快建立现代企业制度，发挥国有企业各类人才积极性、主动性、创造性，激发各类要素活力。"②

（4）国资监管论。加强监管、防止国有资产流失，是习近平特别关注的重点。"不能在一片改革声浪中把国有资产变成谋取暴利的机会"，这既是以往国企改革的经验教训，也是检验这轮改革成败的一个基本标尺。为此，习近平2015 年 1 月在中纪委五次全会上强调："着力完善国有企业监管制度，加强党对国有企业的领导，加强对国企领导班子的监督，搞好对国企的巡视，加大审计监督力度。国有资产资源来之不易，是全国人民的共同财富。要完善国有资产资源监管制度，强化对权力集中、资金密集、资源富集的部门和岗位的监管。"③ 6 月，他主持召开中央深改组第十三次会议，通过《关于加强和改进企业国有资产监督防止国有资产流失的意见》④，做出具体部署，建立全面覆盖、分工明确、协同配合、制约有力的国有资产监督体系和责任追究制度，形成一个包括企业党委监督、职工民主监督、全民"出资人"监督审计、党的纪检部门巡视监督机制，以及公众、媒体等的社会监督在内的国企法人治理监督机制。与此相关的是，根据三中全会决定提出的"完善国有资产管理体制，以管资本为主加强国有资产监管，改革国有资本授权经营体制"的要求，中央《指导意见》将此确定为改革主要目标，明确了四条：以管资本为主推进国有资产监管机构职能转变；以管资本为主改革国有资本授权经营体制；以管资本为主推动国有资本合理流动优化配置；以管资本为主推进经营性国有资产集中统一监管。⑤ 类似的话，习近平在 2015 年底的中央经济工作会议上又说了一遍。但有

---

① 《习近平在吉林调研时强调保持战略定力增强发展自信》，新华网，http：//news. xin-huanet. com/politics/2015 - 07/18/c_1115967338. htm，2015 年 7 月 18 日。

② 《习近平对国有企业改革作出重要指示强调理直气壮做强做优做大国有企业》，《人民日报》海外版 2016 年 7 月 5 日。

③ 《习近平：搞好对国企的巡视加大审计监督力度》，人民网，http：//politics. people. com. cn/n/2015/0114/c1024 - 26381689. html，2015 年 1 月 14 日。

④ 《习近平主持召开中央全面深化改革领导小组第十三次会议》，http：//www. gov. cn/xin-wen/2015 - 06/05/content_2873969. htm，2015 年 6 月 5 日。

⑤ 《中共中央、国务院关于深化国有企业改革的指导意见》，http：//finance. people. com. cn/n/2015/0913/c1004 - 27577727. html，2015 年 9 月 13 日。

些舆论把这一条引申为今后国家就只管资本不管国企了，还说这是本轮改革最具实质意义的关键点，这并不符合习近平的观点。习近平讲国资监管，首先是从国有企业监管制度讲起，然后讲到完善整个国有资产资源监管制度，不是说今后国家只管资本、不管企业，相反加强企业监管是基础。习近平强调要抓好国企，抓好实体经济，所有权与经营权的分离从来都是相对的，任何国家、任何企业都不可能绝对分开。政府国资监管机构转变职能，以管资本为主，应该是为了从价值形态更加集中有效地加强对国有企业整体结构、经营发展方向和效益的调节、监督和管控。至于对国企本身，还是要按照习近平的要求，完善纵向多层次分级管理和横向各方面包括党委、纪委、职工、社会监督在内的一整套企业监督机制。要把国企管得更好、更科学。

（5）职工主体论。习近平对国企中工人阶级的重视，是与他对整个国家改革坚持"人民中心""人民主体"的思想相吻合的。他在2015年五一讲话中明确指出："在前进道路上，我们要始终坚持人民主体地位，充分调动工人阶级和广大劳动群众的积极性、主动性、创造性。""不论时代怎样变迁，不论社会怎样变化，我们党全心全意依靠工人阶级的根本方针都不能忘记、不能淡化，我国工人阶级地位和作用都不容动摇、不容忽视。""要推进基层民主建设，健全以职工代表大会为基本形式的企事业单位民主管理制度，更加有效地落实职工群众的知情权、参与权、表达权、监督权。"[1] 在7月吉林调研中，他特别强调，在国企改革中"大力弘扬劳模精神，充分发挥工人阶级主人翁作用，维护好职工群众合法权益，积极构建和谐劳动关系"。[2] 在2016年10月全国国企党建工作会议上，他又进一步明确："坚持全心全意依靠工人阶级的方针，是坚持党对国有企业领导的内在要求。要健全以职工代表大会为基本形式的民主管理制度，推进厂务公开、业务公开，落实职工群众知情权、参与权、表达权、监督权，充分调动工人阶级的积极性、主动性、创造性。企业在重大决策上要听取职工意见，涉及职工切身利益的重大问题必须经过职代会审议。要坚持和完

---

① 习近平：《在庆祝"五一"国际劳动节暨表彰全国劳动模范和先进工作者大会上的讲话》，《人民日报》2015年4月29日。

② 《习近平在吉林调研时强调保持战略定力增强发展自信》，新华网，http：//news. xinhuanet. com/politics/2015 – 07/18/c_1115967338. htm，2015年7月18日。

善职工董事制度、职工监事制度，鼓励职工代表有序参与公司治理。"① 这是"中国特色现代国有企业制度"不可或缺的一个鲜明特色，也是党的领导在企业实现的必然要求，因为群众路线是党领导工作的基本路线。

（6）国企领导论。习近平针对改革以来国企领导人员肩负的重大责任和出现的突出问题，做过一系列论述和指示，一再强调国企负责同志"肩负着搞好国有企业、壮大国有经济的使命，要强化担当意识、责任意识、奉献意识"。②特别是在全国国企党建工作会议上，系统阐述了对国企领导人员的要求。③ 一是职责定位。指明"国有企业领导人员是党在经济领域的执政骨干，是治国理政复合型人才的重要来源，肩负着经营管理国有资产、实现保值增值的重要责任"。这个定位非常关键，强调国企领导人员的党的干部属性，谁也不是特殊党员；同时又强调肩负经济领域治国理政的重大责任，必须不辱使命。二是素质要求。提出国企领导人员必须做到"对党忠诚、勇于创新、治企有方、兴企有为、清正廉洁"这五条标准。人的因素是决定因素，国企领导"要坚定信念、任事担当，牢记自己的第一职责是为党工作，牢固树立政治意识、大局意识、核心意识、看齐意识，把爱党、忧党、兴党、护党落实到经营管理各项工作中"；面对日趋激烈的国内外市场竞争，"要迎难而上、开拓进取，带领广大干部职工开创企业发展新局面"。如果一遇困境，就想把企业卖掉，这样的国企领导肯定是不合格的。三是选人用人原则。强调"要坚持党管干部原则，保证党对干部人事工作的领导权和对重要干部的管理权，保证人选政治合格、作风过硬、廉洁不出问题。要让国有企业领导人员在工作一线摸爬滚打、锻炼成长，把在实践中成长起来的良将贤才及时选拔到国有企业领导岗位上来"。坚持党管干部，就不能搞企业领导个人管干部。四是教育管理要求。强调"党和人民把国有资产交给企业领导人员经营管理，是莫大的信任"；要加强对国企领导人员的党性教育、宗旨教育、警示教育，严明政治纪律和政治规矩，"从思想深处拧

---

① 《习近平在全国国有企业党的建设工作会议上强调：坚持党对国企的领导不动摇》，新华网，http://news.xinhuanet.com/politics/2016-10/11/c_1119697415.htm，2016年10月11日。

② 《习近平主持召开中央全面深化改革领导小组第四次会议》，http://www.gov.cn/xinwen/2014-08/18/content_2736451.htm，2014年8月18日。

③ 《习近平在全国国有企业党的建设工作会议上强调：坚持党对国企的领导不动摇》，http://news.xinhuanet.com/politics/2016-10/11/c_1119697415.htm，2016年10月11日。

紧螺丝"；要突出监督重点，强化对关键岗位、重要人员特别是一把手的监督管理，完善"三重一大"决策监督机制；对国企领导人员，既要从严管理，又要关心爱护，树立正向激励的鲜明导向；大力宣传优秀国企领导人员的先进事迹和贡献，营造尊重企业家价值、鼓励企业家创新、发挥企业家作用的浓厚社会氛围。

（四）国有经济的产权形式探索

我国国有产权实现形式是与基本经济制度实现形式联系在一起的。混合所有制改革作为探索基本经济制度有效实现形式而在三中全会决定重点提出，成为这轮改革最敏感的话题。对于这一改革探索，习近平非常及时而审慎地给予了科学指导。

（1）"混改"目的论。混改不是国企改革的主要目的和中心任务，但它作为一种需要进一步探索的基本经济制度实现形式和国有产权实现形式，是改革的一个重大课题。习近平在三中全会决定说明中指出："改革开放以来，我国所有制结构逐步调整，公有制经济和非公有制经济在发展经济、促进就业等方面的比重不断变化，增强了经济社会发展活力。在这种情况下，如何更好体现和坚持公有制主体地位，进一步探索基本经济制度有效实现形式，是摆在我们面前的一个重大课题。""全会决定坚持和发展党的十五大以来有关论述，提出要积极发展混合所有制经济，强调国有资本、集体资本、非公有资本等交叉持股、相互融合的混合所有制经济，是基本经济制度的重要实现形式，有利于国有资本放大功能、保值增值、提高竞争力。这是新形势下坚持公有制主体地位，增强国有经济活力、控制力、影响力的一个有效途径和必然选择。"① 强调的是"基本经济制度有效实现形式"的"探索"，且明确混改目的是为了"更好体现和坚持公有制主体地位"，"有利于国有资本放大功能、保值增值、提高竞争力"，而不能把混改本身当作目的，这一点非常重要。习近平一再强调："各级党委和政府要牢记搞好国有企业、发展壮大国有经济的重大责任。"② 可见国企是要"搞好"，国有经济是要"发展壮大"，"混改"不能偏离这个目的、忘了

---

① 《习近平：关于〈中共中央关于全面深化改革若干重大问题的决定〉的说明》，新华网，http://www.chinanews.com/gn/2013/11-15/5509735.shtml，2013 年 11 月 15 日。

② 《习近平对国有企业改革作出重要指示强调理直气壮做强做优做大国有企业》，《人民日报》海外版 2016 年 7 月 5 日。

这个责任。

（2）"细则"决定论。习近平指出："发展混合所有制经济，基本政策已明确，关键是细则，成败也在细则。"① 这点非常重要，是理论原则向操作层面具体化的要求，决定着混改目的会不会偏移，会不会被借机搞私有化。习近平在三中全会决定说明中诠释的混合所有制经济，是指"国有资本、集体资本、非公有资本等交叉持股、相互融合的混合所有制经济"，要"有利于国有资本放大功能、保值增值、提高竞争力"。在 2014 年底中央经济工作会议上，针对改革中出现的一些倾向性、苗头性问题，他明确指出：发展混合所有制经济，提高国有资本利用效率，要严格程序、明确范围，做到公正透明，不能"一混了之"，也不是"一混就灵"，要切实防止国有资产流失。在具体推进过程中，要注意区别对待，注意把握好节奏和力度，在取得实效上狠下功夫。根据习近平指示精神，中央《指导意见》明确："以促进国有企业转换经营机制，放大国有资本功能，提高国有资本配置和运行效率，实现各种所有制资本取长补短、相互促进、共同发展为目标，稳妥推动国有企业发展混合所有制经济。"并且做了一系列切合实际、扶正纠偏的具体政策规定②：一是坚持国企在公益类和商业类领域都要发展，否定了把国企看作"与民争利"，要让国企退出完全竞争领域的主张；二是把构建国资监管机制和完善现代企业制度作为改革的重点，否定了把混合所有制当作改革主要任务的片面倾向；三是强调"混改"从实际出发，"因地施策、因业施策、因企施策，宜独则独、宜控则控、宜参则参，不搞拉郎配，不搞全覆盖，不设时间表，成熟一个推进一个"的指导方针，否定了为混而混，一刀切、一股风，搞"混改""大跃进"的错误做法；四是既鼓励非国有资本"混进来"，又鼓励国有资本"混出去"，否定了只要求国企向私资、外资敞开大门，用"单向混国资"使"交叉持股"沦为空话的倾向；五是在产权多元化中，明确国企根据不同功能定位把握不同力度的控股要求，否定了"只混不控""不设底线"的私有化危险倾向等。这些都是对国企理论的重要完善。

（3）"公开透明"论。习近平在 2014 年 3 月两会期间强调，"改革关键是公

---

① 《习近平：不能在一片改革声浪中把国有资产变成谋取暴利的机会》，新华网，http：//cpc. people. com. cn/n/2014/0310/c64094－24583612. html，2014 年 3 月 9 日。

② 《中共中央、国务院关于深化国有企业改革的指导意见》，http：//finance. people. com. cn/n/2015/0913/c1004－27577727. html，2015 年 9 月 13 日。

开透明"。① 因为混改是个筐，什么都可往里装，要有效防止有人在这个筐里揣私货、黑货，借改革化公为私谋暴利，就必须破除"神秘主义"，把改革的"暗筐"变成"玻璃筐"，置于全社会监督之下，让黑腐行为无处藏匿。根据习近平这一思想，方案细则、资产评估、实施过程、资本交易等，都应该公开透明，接受职工和社会监督。中央《指导意见》相应规定②：改革要依法依规、严格程序、公开公正；完善相关政策，健全审核程序，规范操作流程，严格资产评估，建立健全股权流转和退出机制，严禁暗箱操作，防止利益输送；完善国有资产和国有企业信息公开制度，设立统一的信息公开网络平台，及时准确披露国有资本整体运营和监管、国有企业公司治理以及管理架构、经营情况、财务状况、关联交易、企业负责人薪酬等信息，建设阳光国企。

（四）国有企业和国有经济的转型发展问题

新常态下中国经济面临的矛盾叠加深化，经济转型升级和供给侧结构性改革的任务很重，困难也很大，而解决这些问题，关键在于中国国企的主导和核心作用。2016 年 7 月习近平在为全国国企改革座谈会所做的重要指示中提出："要按照创新、协调、绿色、开放、共享的发展理念的要求，推进结构调整、创新发展、布局优化，使国有企业在供给侧结构性改革中发挥带动作用。"③ 这是对国企和国有经济在供给侧结构性改革和新常态经济发展中重大责任担当的一个精辟的总概括。

（1）"结构调整"论。早在 2012 年 12 月，习近平在广东考察时强调："加快推进经济结构战略性调整是大势所趋，刻不容缓。"④ 以后又在各种场合反复强调，将其作为新常态经济发展的一项重要任务。2015 年 7 月，在东北考察国企时提出了"结构优化要多策并举，'加减乘除'一起做"的著名论断。⑤ 11

① 《习近平：不能在一片改革声浪中把国有资产变成谋取暴利的机会》，新华网，http：//cpc. people. com. cn/n/2014/0310/c64094 - 24583612. html，2014 年 3 月 9 日。

② 《中共中央、国务院关于深化国有企业改革的指导意见》，http：//finance. peo-ple. com. cn/n/2015/0913/c1004 - 27577727. html，2015 年 9 月 13 日。

③ 《习近平对国有企业改革作出重要指示强调理直气壮做强做优做大国有企业》，《人民日报》海外版 2016 年 7 月 5 日。

④ 《习近平强调刻不容缓加快推进经济结构战略性调整》，中国广播网，http：//chi-na. cnr. cn/news/201212/t20121211_511529028. shtml，2012 年 12 月 11 日。

⑤ 习近平：《加大支持力度增强内生动力加快东北老工业基地振兴发展》，http：//www. gov. cn/xinwen/2015 - 07/19/content_2899607. htm，2015 年 7 月 19 日。

月，在中央财经领导小组会议上首次提出要"在适度扩大总需求的同时，着力加强供给侧结构性改革"。① 2016 年 1 月在省部级领导干部班上集中阐述了供给侧结构性改革问题，强调："我们讲的供给侧结构性改革，同西方经济学的供给学派不是一回事，不能把供给侧结构性改革看成是西方供给学派的翻版，更要防止有些人用他们的解释来宣扬'新自由主义'，借机制造负面舆论。""我们讲的供给侧结构性改革，既强调供给又关注需求，既突出发展社会生产力又注重完善生产关系，既发挥市场在资源配置中的决定性作用又更好发挥政府作用，既着眼当前又立足长远。从政治经济学的角度看，供给侧结构性改革的根本，是使我国供给能力更好满足广大人民日益增长、不断升级和个性化的物质文化和生态环境需要，从而实现社会主义生产目的。"② 在 5 月召开的中央财经领导小组第十三次会议上他再次强调：要准确把握基本要求，供给侧结构性改革的根本目的是提高供给质量满足需要，使供给能力更好满足人民日益增长的物质文化需要；主攻方向是减少无效供给，扩大有效供给，提高供给结构对需求结构的适应性，当前重点是推进"三去一降一补"五大任务。③ 这些都首先是国企要带头完成的任务。习近平还指出，国企要分类别多渠道解决历史遗留问题，建立成本合理分担机制，政府要承担责任，但不能全部依赖政府买单。

（2）"创新发展"论。习近平在 2013 年两会期间指出："实施创新驱动发展战略，是立足全局、面向未来的重大战略。在日趋激烈的全球综合国力竞争中，必须坚定不移走中国特色自主创新道路，增强创新自信，深化科技体制改革，不断开创国家创新发展新局面，发挥科技创新的支撑引领作用，加快从要素驱动发展为主向创新驱动发展转变，加快从经济大国走向经济强国。"④ 他强调，我国经济已由较长时期的两位数增长进入个位数增长阶段。在这个阶段，要突破自身发展瓶颈、解决深层次矛盾和问题，根本出路就在于创新，关键要

---

① 《习近平主持召开中央财经领导小组第十一次会议》，新华网，http：//news. xinhua-net. com/politics/2015 – 11/10/c_1117099915. htm，2015 年 11 月 10 日。

② 习近平：《在省部级主要领导干部学习贯彻党的十八届五中全会精神专题研讨班上的讲话》，《人民日报》2016 年 5 月 10 日。

③ 《习近平主持召开中央财经领导小组第十三次会议强调坚定不移推进供给侧结构性改革 在发展中不断扩大中等收入群体》，《人民日报》2016 年 5 月 17 日。

④ 《以"创新驱动"引领实现"中国梦"》，http：//news. xinhuanet. com/mrdx/2013 – 03/08/c_132217033. htm。

靠科技力量。要坚持自主创新、重点跨越、支撑发展、引领未来的方针,以全球视野谋划和推动创新,改善人才发展环境,努力实现优势领域、关键技术的重大突破,尽快形成一批带动产业发展的核心技术。8月在辽宁考察时进一步提出,"要深入实施创新驱动发展战略","要抓住新一轮世界科技革命带来的战略机遇,发挥企业主体作用,支持和引导创新要素向企业集聚,不断增强企业创新动力、创新活力、创新实力"。① 2015 年两会期间,他在上海代表团再次强调:"抓创新就是抓发展、谋创新就是谋未来。关键是依靠科技创新转化发展动力。"② 同年 10 月,他在十八届五中全会上围绕"十三五"规划建议特别指出:"创新发展注重的是解决发展动力问题。我国创新能力不强,科技发展水平总体不高,科技对经济社会发展的支撑能力不足,科技对经济增长的贡献率远低于发达国家水平,这是我国这个经济大个头的'阿喀琉斯之踵'";强调"发展动力要从主要依靠资源和低成本劳动力等要素投入转向创新驱动"。2016 年初,他在省部级班讲话进一步强调,我国关键核心技术受制于人的局面尚未根本改变,产业还处于全球价值链中低端,所以"我们必须把发展基点放在创新上,通过创新培育发展新动力、塑造更多发挥先发优势的引领型发展"。③

(3)"布局优化"论。习近平对经济布局战略性调整的思考,是一个视野很开阔的系统筹划。第一,国有经济的资源整合和产业重组。他在 2013 年考察辽宁时提出,要通过实施创新驱动发展战略,"形成战略性新兴产业和传统制造业并驾齐驱、现代服务业和传统服务业相互促进、信息化和工业化深度融合的产业发展新格局,为全面振兴老工业基地增添原动力"。④ 这一指示的核心,就是高新技术与传统产业的整合。在 2016 年 5 月省部级班等许多场合都强调,通过供给侧结构性改革,"促进产业优化重组,降低企业成本,发展战略性新兴产业和现代服务业"。"要以重大科技创新为引领,加快科技创新成果向现实生产

---

① 《习近平在辽宁考察时强调:深入实施创新驱动发展战略》,新华网,http://news.xinhuanet.com/politics/2013 - 09/01/c_117178960.htm,2013 年 9 月 1 日。

② 缪毅容、谈燕:《习近平总书记参加上海代表团审议侧记》,《解放日报》2014 年 3 月 6 日。

③ 习近平:《在省部级主要领导干部学习贯彻党的十八届五中全会精神专题研讨班上的讲话》,《人民日报》2016 年 5 月 10 日。

④ 《习近平在辽宁考察时强调:深入实施创新驱动发展战略》,新华网,http://news.xinhuanet.com/politics/2013 - 09/01/c_117178960.htm,2013 年 9 月 1 日。

力转化，加快构建产业新体系，做到人有我有、人有我强、人强我优，增强我国经济整体素质和国际竞争力。"① 第二，服务国家战略，通过国资合理流动优化国有资本布局。反映在中央《指导意见》中，就是要"坚持以市场为导向、以企业为主体，有进有退、有所为有所不为，优化国有资本布局结构，增强国有经济整体功能和效率。""优化国有资本重点投资方向和领域，推动国有资本向关系国家安全、国民经济命脉和国计民生的重要行业和关键领域、重点基础设施集中，向前瞻性战略性产业集中，向具有核心竞争力的优势企业集中"。② 第三，促进区域经济布局的均衡发展。习近平指出："要发挥各地区比较优势，促进生产力布局优化，重点实施'一带一路'建设、京津冀协同发展、长江经济带发展三大战略，支持革命老区、民族地区、边疆地区、贫困地区加快发展，构建连接东中西、贯通南北方的多中心、网络化、开放式的区域开发格局，不断缩小地区发展差距。"③ 第四，经济布局与国防布局的深度融合。习近平一再强调，"同心协力做好军民融合深度发展这篇大文章"，"把经济布局调整同国防布局完善有机结合起来"。④ "建立全要素、多领域、高效益的军民深度融合发展格局，推进国防和军队建设同全面建成小康社会进程相一致，使两者协调发展、平衡发展、兼容发展"。⑤ 第五，经济布局与资源环境的协调优化。习近平指出："要按照人口资源环境相均衡、经济社会生态效益相统一的原则，整体谋划国土空间开发，科学布局生产空间、生活空间、生态空间，给自然留下更多修复空间。""要牢固树立生态红线的观念。在生态环境保护问题上，就是要不能越雷池一步，否则就应该受到惩罚。"⑥ 所有这些布局优化的要求，都是中国

① 习近平：《在省部级主要领导干部学习贯彻党的十八届五中全会精神专题研讨班上的讲话》，《人民日报》2016年5月10日。

② 《中共中央、国务院关于深化国有企业改革的指导意见》，http://finance.people.com.cn/n/2015/0913/c1004 - 27577727.html，2015年9月13日。

③ 习近平：《在省部级主要领导干部学习贯彻党的十八届五中全会精神专题研讨班上的讲话》，《人民日报》2016年5月10日。

④ 习近平：《为实现强军目标提供体制机制和政策制度保障》，http://news.xinhuanet.com/politics/2014 - 03/11/c_119721067.htm，2014年3月11日。

⑤ 习近平：《在省部级主要领导干部学习贯彻党的十八届五中全会精神专题研讨班上的讲话》，《人民日报》2016年5月10日。

⑥ 《习近平：坚持节约资源和保护环境基本国策努力走向社会主义生态文明新时代》，新华网，http://news.xinhuanet.com/fortune/2013 - 05/24/c_115901657.htm，2013年5月24日。

国企和国有经济责无旁贷，要带头承担的责任。

从上述框架可见，习近平国有经济思想是一个博大精深又切合实际的完整思想体系，有很强的针对性、指导性和战略性。各级党政部门、国有企业、大专院校和社会科学研究机构应当引起高度重视，广大社会科学工作者应当积极行动起来，广泛掀起学习、研究、宣传和贯彻习近平国有经济思想的热潮。

三、研究习近平国有经济思想的方法论

研究习近平国有经济思想，必须遵循科学的马克思主义方法，实事求是，坚持理论和社会主义实践的互动和统一。

姓马与姓中的统一。习近平国有经济思想是立足我国实际，揭示新特点新规律，把实践经验上升为系统化的经济学说，开拓当代中国马克思主义政治经济学新境界的典范。研究这一思想，应当坚持马克思主义政治经济学的指导，坚持马克思主义与当今中国实际相结合，坚持运用马克思主义的立场观点方法进行中国特色社会主义国有经济理论阐析和实践总结，在新的历史条件下推进马克思主义中国化。绝不能拉大旗作虎皮，落入资产阶级经济学的西化语境陷阱。

继承与创新的统一。坚持党的创新理论一脉相承的连续性，坚持"两个三十年"社会主义历史探索的连续性，在继承以往的马克思主义中国化创新成果的基础上，着眼于当今中国实践中遇到的新情况、新问题，研究和阐述习近平对社会主义国有经济理论的丰富完善和创新发展。但在这个过程中，要坚持实事求是，坚持实践标准，对以往的认识进行具体比较鉴析和科学扬弃，根据新的实践检验，达到新的认识高度。

经济与政治的统一。站在政治高度考虑经济问题，是习近平经济思想的最大特点，尤其是他对国有企业、国有经济问题，更是站在当今中国政治大局和国际斗争战略全局的高度，来进行研判和考量。这也是中国特色社会主义政治经济学的应有特点和内涵。所以我们研究习近平国有经济思想，不能陷入学究式圈子，必须以政治家、战略家的眼光，跳出思维定式。

理论与实践的统一。习近平国有经济思想不是为理论而理论的产物，不是纯理论的学术性阐述，而完全是工作实践的产物，是改革实际工作中的理性总结和提炼。其最突出的特点，就是源于改革、指导改革。我们的研究不能脱离

其认识产生的实践背景，不能认为实际工作指导不是理论，不能离开现实的情况、现实的矛盾、现实的问题，甚至是现实的斗争，去抽象地演绎理论。只有与实践紧密结合、融会贯通的理论，才是管用的理论。我们的研究也不是为了制造理论，而是为了指导实践，特别是要结合改革实际，准确理解和阐释习近平国有经济思想，并以此为武器，澄清各种曲解和错误认识，批评和纠正实践中的偏差和问题倾向。从国企改革实际情况看，五花八门，乱象很多，说到底，是因为指导思想并不统一。有的部门、有的企业、有的做法，实际上是偏离习近平国有经济思想的，人民群众很不满意，社会舆论质疑和负评价很多。要以习近平国有经济思想为武器，正本清源、扶正祛邪，为端正改革方向提供根本依据和指针。

总结与探索的统一。我国社会主义国有经济理论和整个中国特色社会主义理论体系一样，都还在实践探索过程中。习近平国有经济思想也是一个开放的体系，实践没有穷尽，认识也不可能穷尽。特别是我国国企改革长期以来一直不同程度地存在头痛医头、脚痛医脚的问题，积累了很多矛盾。要系统解决影响国企发展的深层次、实质性矛盾，还需要探索和完善一系列相关的理论和实践问题，系统重构中国特色社会主义国有经济治理体系，包括：在国家宏观层面，如何完善所有制结构理论，不能"有主体无补充，有主导无随从"，解决保证和支持国有经济发展的法律政策体系问题；在产权实现层面，如何完善国有经济产权制度理论，探索全民所有权实现形式与真正的所有者对接的问题；在微观层面，如何完善中国特色现代企业制度理论，解决国企法人治理结构既适应市场运行又发挥社会主义优势的许多重要问题等。我们研究的任务，既要总结、阐释好习近平国有经济思想，又重在把握其思想精髓，运用这个理论的基本立场、观点和方法，去研究分析改革实际中尚未解决的新问题，把实践探索和理论完善推向前进。

（原载于《政治经济学评论》2017 年第 1 期）

拓展中国特色社会主义政治经济学的崭新境界

——对习近平经济思想的初步梳理*

马克思主义政治经济学是在实践中发展的经济科学。中国特色社会主义政治经济学作为其发展的新阶段，主要回答了社会主义大国在新时代如何持续健康发展和长治久安并在世界上发挥更大作用的重大历史课题。习近平面对中国和世界新时期复杂的矛盾和更重大的历史任务，立足实践运用马克思主义，开拓了中国特色社会主义政治经济学的崭新境界。习近平经济思想博大精深，并在中国特色社会主义实践中继续发展。本文初步梳理了习近平经济思想，重点概括为六个方面的内容。

一、以一切为人民的共享发展深化社会主义本质论

在坚持科学社会主义的基础上发展中国特色社会主义政治经济学，是习近平经济思想的首要特征。他多次申明，"中国特色社会主义是社会主义而不是其他什么主义"。[1] 他着力深化了社会主义本质论，提出了一切以人民为中心的共享发展观念，并强调共产主义信仰大如天。

为了有力推进共同富裕的目标，习近平提出"创新、协调、绿色、开放、共享"五大理念，出发点和落脚点在于推进共享发展："让广大人民群众共享改革发展成果，是社会主义的本质要求，是社会主义制度优越性的集中体现，是

---

* 本文作者：杨承训，河南省经济学会会长，河南财经政法大学经济伦理研究中心研究员，中原经济区城乡协调研究中心顾问。

[1] 《习近平总书记系列重要讲话读本》，学习出版社、人民出版社 2014 年版。

我们党坚持全心全意为人民服务根本宗旨的重要体现。"① 共享发展在理论和实践结合上回答了在新常态下如何深化贯彻落实社会主义本质论的进程问题，是中国特色社会主义政治经济学的立足点。共享发展要求处理好三个关系：一是"五大理念"中前四个理念同第五个理念的关系。如果说"创新、协调、绿色、开放"主要是解决怎样发展的问题，那么"共享"则是解决为谁发展、靠谁发展的问题。就是说，发展是为了人民，当然也就必须依靠人民，两者是辩证地统一。二是"共享发展"概念的内部关系。发展是手段和过程，共享是目的和动力。没有"共享"的发展不是社会主义的发展；没有发展的"共享"，共享就成了空谈。三是个人消费品分配收入与社会保障的关系。以共享为宗旨的新民生观涵盖了这两个方面，加强了社会保障及更多方面的共享内容。

共享发展的核心是以人民为中心，一切为了人民的幸福。习近平指出："带领人民创造幸福生活，是我们党始终不渝的奋斗目标。我们要顺应人民群众对美好生活的向往，坚持以人民为中心的发展思想，以保障和改善民生为重点，发展各项社会事业，加大收入分配调节力度，打赢脱贫攻坚战，保证人民平等参与、平等发展权利，使改革发展成果更多更公平惠及全体人民，朝着实现全体人民共同富裕的目标稳步迈进。"

这一根本立场表明，掌握社会主义本质必须在更广大的领域中鉴别是否真正坚持科学社会主义原则。要经常检验自身是否偏离科学社会主义道路，避免走僵化的老路和改旗易帜的邪路；要认清社会主义制度也可能异变为其他制度，或蜕变为新资本主义制度，或落入狭隘民族主义等，危害了自身，也破坏了国际社会主义阵线。对世界上出现的多种"社会主义"，必须认真辨别。

对社会主义本质论的深化，是习近平提出的新民生观的主要内涵。他说："我们将以保障和改善民生为重点，促进社会公平正义，推动实现更高质量的就业，深化收入分配制度改革，健全社会保障体系和基本公共服务体系。"② 这就使中国特色社会主义基本分配制度覆盖面更加全面，成为实现共同富裕的托底保障，是对马克思主义政治经济学分配理论的创新。为了实现共同富裕，习近平提出："共享发展注重的是解决社会公平正义问题。""我国经济发展的'蛋

① 习近平：《在党的十八届五中全会第二次全体会议上的讲话（节选）》，《求是》2016 年第 1 期。

② 《习近平谈治国理政》，外文出版社 2014 年版，第 347 页。

糕'不断做大，但分配不公问题比较突出，收入差距、城乡区域公共服务水平差距较大。""绝不能出现'富者累巨万，而贫者食糟糠'的现象。"① 针对这一问题，必须深化分配领域改革。为了落实共享发展，他拓展了扩大消费和促进发展的良性循环思想，"让老百姓过上好日子是我们一切工作的出发点和落脚点。"② 从经济规律上看，经济发展是提高人民生活水平的基础，增加消费是繁荣市场、扩大再生产的条件和指南针。只有在社会主义条件下，才能真正实现这种良性循环。对于我国来说，尤其要扩大内需，提高消费对经济增长的推动力。到2016年上半年，我国消费对经济增加的贡献率达到60%，③ 势头很好。

在习近平的系列论述中，新民生观有什么特点呢？第一，新民生观同社会主义平等正义相联系，是共同富裕的体现。改革"以促进社会公平正义、增进人民福祉为出发点和落脚点"，④ 是中国特色社会主义的内在要求，体现人民的共同利益。在现阶段，民生的平等正义并非像资产阶级政治家所讲的抽象地为社会服务，而是针对不同的对象实施不同的政策，这就是"扩中、提低、限高、打非"，重点是支持广大工农群众富裕起来，实施以"先富"带"共富"。第二，随着经济发展不平衡采取民生公平正义的措施。实现共同富裕的公平正义，"并不是说就等着经济发展起来了再解决社会公平正义问题。一个时期有一个时期的问题"，"不论处在什么发展水平上，制度都是社会公平正义的重要保证。"⑤ 第三，新民生观包含的内容覆盖有关人民生计的全部需求，并贯彻于全过程。这就是"在学有所教、劳有所得、病有所医、老有所养、住有所居上持续取得新进展"。⑥ 根据习近平的一贯思想，还应加上一个"安有所保"。他还提出一个具体原则："社会政策要托底。"⑦

共同富裕的基础是公有制。习近平多次强调："毫不动摇地坚持我国基本制

---

① 习近平：《在党的十八届五中全会第二次全体会议上的讲话（节选）》，《求是》2016年第1期。

② 《习近平总书记系列重要讲话读本》，学习出版社、人民出版社2014年版，第109页。

③ 数据来源于国家统计局《2016年统计公报》，http：//www. stats. gov. cn/tjsj/zxfb. /201702/t20170228_ 1467424. html。

④ 《习近平谈治国理政》，外文出版社2014年版，第204页。

⑤ 《习近平谈治国理政》，外文出版社2014年版，第96－97页。

⑥ 《习近平谈治国理政》，外文出版社2014年版，第41页。

⑦ 《习近平总书记系列重要讲话读本》，学习出版社、人民出版社2014年版，第110页。

度。实行公有制为主体、多种所有制经济共同发展的基本经济制度，是我们党确立的一项大政方针。公有制经济和非公有制经济都是社会主义市场经济的重要组成部分，都是我国经济社会发展的重要基础。必须毫不动摇巩固和发展公有制经济，坚持公有制主体地位，发挥国有经济主导作用，不断增强国有经济活力、控制力、影响力、抗风险能力。必须毫不动摇鼓励、支持和引导非公有制经济发展，激发非公有制经济活力和创造力。任何想把公有制经济否定掉或者想把非公有制经济否定掉的观点，都是不符合最广大人们根本利益的，都是不符合我国改革发展要求的，因此也都是错误的。要建立完善现代产权制度，积极稳妥发展混合所有制经济，深化国有企业改革，完善现代企业制度，支持非公有制经济健康发展。"①

对于科学社会主义中国化，他具体提出实现中华民族复兴要分步骤实现两个一百年，即建党一百年全面建成小康社会和新中国成立一百年全面实现现代化。这个宏伟的目标，鼓舞着中国人民努力奋斗。

二、以系统经济学立论治国理政新思想新战略

习近平的治国理政新思想新战略，是中国特色社会主义政治经济学发展进程中具有里程碑意义的重大创新。就政治经济学视阈考量，它是治理社会主义社会各类矛盾的深化，具有系统论、整体论的特质，是经济科学中新的篇章。它所涉及的不只是狭义的经济领域，而且也包括影响经济生活的政治、法律、党的建设以及生态等重要因素，可谓系统经济学、整体经济学、广义经济学。可以表述为全面反映和把握现实社会主义经济运行的综合经济学，体现经济规律、政治规律、社会规律、自然规律的交叉融合，同邓小平理论、"三个代表"重要思想、科学发展观一道，进一步显示了中国特色社会主义道路、理论、制度自信的统一，是新历史阶段的新发展，在马克思主义理论发展史上具有里程碑意义。

"实际上，怎样治理社会主义社会这样全新的社会，在以往的世界社会主义中没有解决得很好。马克思、恩格斯没有遇到全面治理一个社会主义国家的实

---

① 《习近平总书记系列重要讲话读本》，学习出版社、人民出版社 2016 年版，第 148 - 149 页。

践，他们关于未来社会的原理很多是预测性的；列宁在俄国十月革命后不久就过世了，没来得及深入探索这个问题；苏联在这个问题上进行了探索，取得了一些实践经验，但也犯下了严重错误，没有解决这个问题。我们党在全国执政以后，不断探索这个问题，虽然也发生了严重曲折，但在国家治理体系和治理能力上积累了丰富经验、取得了重大成果，改革开放以来的进展尤为显著。我国政治稳定、经济发展、社会和谐、民族团结，同世界上一些地区和国家不断出现乱局形成了鲜明对照。这说明，我们的国家治理体系和治理能力总体上是好的，是适应我国国情和发展要求的。"①

"同时，我们也要看到，相比我国经济社会发展要求，相比人民群众期待，相比当今世界日趋激烈的国际竞争，相比实现国家长治久安，我们在国家治理体系和治理能力方面还有许多不足，有许多亟待改进的地方。真正实现社会和谐稳定、国家长治久安，还是要靠制度，靠我们在国家治理上的高超能力，靠高素质干部队伍。我们要更好发挥中国特色社会主义制度的优越性，必须从各个领域推进国家治理体系和治理能力现代化。"②

治国理政的新思路新战略，是在实现全面小康伟大目标的最后阶段提出来的。其宗旨就是坚持把完善和发展中国特色社会主义制度，推进国家治理体系和治理能力现代化作为全面深化改革的总目标。③ 要完成邓小平提出的在各方面形成一套更加成熟、更加定型的制度。其基本要求和内容是：国家治理体系是在党领导下管理国家的制度体系，包括经济、政治、文化、社会、生态文明和党的建设等各领域体制机制、法律法规的制定和实施，也就是一整套紧密相连、相互协调的国家制度；国家治理能力则是运用国家制度管理社会各方面事务的能力，包括改革、发展、稳定、内政、外交、国防、治党、治国、治军等各个方面。国家治理体系和治理能力是一个有机整体，相辅相成，有了好的国家治理体系才能提高治理能力，提高国家治理能力才能充分发挥国家治理体系的效能。这是习近平提出的发挥政治优势，正是公有制得以完善的灵魂和保障。这是因为，公有制经济本身就是一个高度系统性和层次性很强的复合体，同政治的保证作用关系极为密切。这正是整体经济学的要谛。

---

① 《习近平谈治国理政》，外文出版社 2014 年版，第 91 页。

② 《习近平谈治国理政》，外文出版社 2014 年版，第 91 - 92 页。

③ 《习近平谈治国理政》，外文出版社 2014 年版，第 104 页。

　　治国理政包括许多重要内容，是处理复杂问题的系统集成。如"五大战略部署""四个全面""五大发展理念"等，是治国理政的具体化。其中"四个全面"是建设小康社会的最后阶段，是治国理政的总方略。"四个全面"战略布局适应了我国发展的现实需要。当今世界正处在一个加快演变的历史性进程中，和平与发展仍然是时代主题，同时全球治理体系深刻变革，不同制度模式、发展道路正处于深层较量和博弈中，能否在世界大变动中把握机遇、在国际大棋局中赢得主动，需要胸怀全局、统筹谋划的大思考、大智慧。当代中国正处于全面建成小康社会的决胜阶段，中华民族正处于走向伟大复兴的关键时期，我国发展所处的重要战略机遇期没有改变，仍然具有许多有利的发展条件。同时面临着诸多矛盾叠加、风险隐患增多的严峻挑战，改革发展稳定任务之重前所未有，矛盾风险挑战之多前所未有，对党治国理政的考验之大前所未有。习近平指出："'时和势总体有利，但艰和险在增多。'如何更好把握发展机遇、赢得新的发展优势、战胜各种风险挑战，迫切需要我们党从战略层面提出治国理政的大格局大韬略。'四个全面'战略布局，正是党中央适应我国发展新要求，站在时代最前沿进行的战略谋划和部署。"① 社会主义市场经济是法制经济，强化和完善依法治国包括依法治市。

　　治国理政的整体性还表现在对经济政策的要求标准上：宏观政策要稳，产业政策要准，微观政策要活，改革政策要实，社会政策要把底。这可以视为经济政策的系统性，有很强的创新性和实践性。

　　从严治党作为治国理政的重头戏，不仅关系政治建设，而且是政治经济学中的新篇章。它涉及整个国家永不变色、永葆青春的核心问题，是中国特色社会主义最本质的特征。而反腐败（经济学中称之为"寻租"）又同时是重大经济问题，可视为根本治愈经济发展中这一癌症的良方，是保证社会主义经济整体强大的医疗保健举措，保护和增强了社会主义经济的生命线。

三、以五大发展理念揭示社会主义发展的规律体系

　　中国特色社会主义政治经济学就发展问题上应当有三个转变：一是由主要

---

① 《习近平总书记系列重要讲话读本》，学习出版社、人民出版社 2016 年版，第 42 -
　　43 页。

研究生产关系到研究生产关系与研究生产力兼行，用更多精力研究生产力的发展；二是由研究生产力发展的个别规律到全面研究生产力发展的规律体系；三是生产力发展主要从量的增长到利用社会主义生产关系的优势突出发展先进生产力，以质量和效益带动数量的增长，引领时代潮流。习近平总结历史经验，运用社会科学和自然科学交叉优势，提出了创新发展、协调发展、绿色发展、开发发展、共享发展的五大发展理念，超越前人，促进三个转变，实现了认识上的飞跃。

为了明确五大发展理念的地位和贯彻要求，习近平又特别指出了各大发展要领和实施方向，即崇尚创新、注重协调、倡导绿色、厚植开放、推进共享。这涵盖了生产力与生产关系的统一、经济基础与上层建筑的互动、人与自然的和谐，体现了遵循和驾驭经济规律、自然规律和社会规律的辩证统一。根据习近平的系统论述着重阐述在中国特色社会主义制度下，如何全方位、立体式发展生产力的理论和方略。

综合考量，这五大发展理念是一个经济规律的合力体系，加上对社会主义市场经济规律的论述，就涵盖了中国特色社会主义发展规律的综合系统。主要包括以下八个方面内容：一是扩展生产力存量，增加市场现实需求的产品数量并提高质量，淘汰落后产业和产品，简单式的扩大外延再生产在任何时候都是必要的，但不能提升质量和档次。二是解放生产力，通过深化改革，扫除发展生产力的障碍，不断增强发展的新动力，这是邓小平的概括，即"发展"生产力与"解放"生产力并提。三是创新生产力，主要是利用科技创造更先进的生产力，引领经济高质量整体发展。这是发展动力路径的转换，是时代的特殊要求。四是协调生产力，使产业间平衡互动、优化生产力布局，重要的是消除城乡二元结构，实现城镇化，优化生产力的空间结构，还要优化微观经济与宏观经济的整体协同。五是绿色生产力，即保持和优化生态环境，发展生态生产力，这是可持续发展的重要保证，也是社会发展理论中的最新要求，体现人与自然的和谐。六是保护生产力，主要是实现安全发展，并且要使这种保护机制系统化，这是现代经济生活中一个越来越突出的新问题。七是开放发展生产力，即面向世界，参与全球生产力发展，发现并吸收国外最先进的要素，更要逐渐领跑全球。八是共享发展生产力，即将完善生产关系和发展生产力结合起来，实现共同富裕，体现社会主义本质要求。

在实际运行中，这八个方面互相渗透交叉、融合，全面体现了社会主义本质要求、时代特点和客观趋势。这种全方位、多维度地发展生产力，是对发展经济学和生产力学说的丰富，也是大国经济的特殊需求。下面按序论述，主要谈创新发展、协调发展、绿色发展。

第一，创新发展。这是重要的动力转换理论。创新指全面创新，其中起引领作用的是科学技术创新，意味着经济发展最根本的要靠科学技术创新。习近平继承了马克思关于科学技术也是生产力、邓小平关于"科学技术是第一生产力"的思想，在新时代创造性地提出：科技创新是发展第一动力。他说："创新是引领发展的第一动力。抓创新就是抓发展，谋创新就是谋未来。适应和引领我国经济发展新常态，关键是要依靠科技创新转换发展动力。"① 又说："科技创新，就像撬动地球的杠杆，总能创造令人意想不到的奇迹。"② 习近平全面总结了世界历史经验，揭示了发展规律："历次产业革命都有一些共同特点：一是有新的科学理论作基础，二是有相应的新生产工具出现，三是形成大量新的投资热点和就业岗位，四是经济结构和发展方式发生重大调整并形成新的规模化经济效益，五是社会生产生活方式有新的重要变革。这些要素，目前都在加快积累和成熟中。即将出现的新一轮科技革命和产业变革与我国加快转变经济发展方式形成历史性交汇，为我们实施创新驱动发展战略提供了难得的重大机遇。"③

从理论上说，"第一动力论"有重大创新。一是"第一动力论"突破了"发展极限论"等绝对化观点。二是"第一动力论"突破了单纯以供给或需求拉动增长的发展路径。三是"第一动力论"将社会经济循环的"四环节"丰富为"五环节"。人类社会经济循环包括生产、分配、交换、消费四个环节，其中生产是第一环节。提出"第一动力论"，表明随着人类社会发展进步，原来蕴含在生产之中的科学技术独立出来，成为推动生产发展以及其他环节发展的第一动力。四是"第一动力论"有利于发挥社会主义经济的发展优势。

崇尚创新意味着科技占据领先位置。我们追求的创新发展，不是一般的科

---

① 《习近平关于科技创新论述摘编》，中央文献出版社2016年版，第7页。
② 《习近平关于科技创新论述摘编》，中央文献出版社2016年版，第81页。
③ 《习近平关于科技创新论述摘编》，中央文献出版社2016年版，第24页。

技进步，而是"塑造更多依靠创新驱动、更多发挥先发优势的引领性发展"。①这表明我国科技创新进入了新阶段、站上了新平台，在经济社会发展全局中的地位和作用更加突出。以往我们讲得较多的是发挥后发优势，相应的是追赶型发展；现在要更多地发挥先发优势，从追赶型发展逐步转变为引领型发展。这是一个大转型、大提升，是适应和引领经济发展新常态的新谋划、新动力。

由此必然带来发展战略上的转变，这里要处理好"并联式"发展和"非对称"发展的辩证关系。习近平指出，西方发达国家经过了一个"串联式"发展过程，工业化、城镇化、农业现代化、信息化顺序发展，用了200多年时间；我国则用几十年赶上它们，必须是一个"并联式"过程，其中科技要发挥重要作用。②"我国科技如何赶超国际先进水平？要采取'非对称'战略，更好发挥自己的优势，在关键领域、卡脖子的地方下大功夫。"③这里"并联式"发展和"非对称"发展是辩证的关系：一个全面，两个突破。一个全面是指现代化整体；两个突破，一是科技首先突破，二是科技中又要先重点突破，以此带动全面现代化。

第二，协调发展。应当说这是生产社会化规律的要求，是发挥社会主义整体优势的重要理念和机制。100多年前，恩格斯从历史的大趋势出发，提出：社会主义要"按照一个统一的大的计划协调地配置自己的生产力"。④今天，我们在社会主义市场经济条件下，更应构建新的协调机制，因为不平衡发展是市场经济的客观规律。这就需要通过"两只手"的功能在发挥市场经济优势的同时，又发挥好社会主义能够集中力量办大事的优势，使一个整体的各个部分形成合力。习近平正是针对经济社会发展的新形势新体制，提出注重协调发展理念的。实质上，协调发展是社会主义市场经济的发展规律。

从习近平对协调发展的阐释也可看出，他没有再完全搬用以往"有计划按比例"的提法，而是主要包含四层意思：其一，协调既是发展手段又是发展目标，同时还是评价发展的标准和尺度，即贯穿于发展的始终；其二，协调是发展两点论和重点论的统一，一个行业、一个地区乃至一个国家在其发展时期既

---

① 习近平：《为建设世界科技强国而奋斗》，《人民日报》2016年6月1日。
② 《习近平关于科技创新论述摘编》，中央文献出版社2016年版，第25页。
③ 《习近平关于科技创新论述摘编》，中央文献出版社2016年版，第42页。
④ 《马克思恩格斯选集》第3卷，人民出版社1995年版，第646页。

有发展优势，也存在制约因素，在发展思路上既要着手破解难题、补齐短板，又要考虑巩固和厚植原有优势。两方面相辅相成、相得益彰，才能实现高水平发展；其三，协调是平衡和不平衡的统一，由平衡到不平衡再到平衡是事物发展的基本规律。平衡是相对的，不平衡是绝对的。强调协调发展不是搞平均主义，而是更注重发展机会公平、更注重资源配置均衡；其四，协调是补齐短板和发掘潜力的统一，我国还处于由中等收入国家向高等收入国家迈进的阶段。国际经验表明，这个阶段是各种矛盾集中爆发的时期，发展不协调、存在多种短板也是难免的。协调发展首先要找出短板，随后在补齐短板上多用力，通过补齐短板挖掘发展潜力，增强发展后劲。上述四个方面的辩证统一，也表明协调不是恪守一个固定的比例关系，而是具有相对性、变动性和适应性，有利于集各种要素形成更大的合力，而又不统制过死。总括上述论证，从规律的表述上看，在社会主义市场经济条件下，"有计划按比例"提法，不如参照恩格斯的概括，适应社会主义市场经济特点，采用习近平"社会主义市场经济协调发展"规律的提法。

协调发展要求整体经济中的各个子系统、各种要素、各个层面相互适应，产生 $1+1>2$ 的整体组合效应，形成更大的合力，而不致因互相摩擦形成消耗差异过大的畸形化，造成内耗，即 $1+1<2$；而且这种状态又是经常变动的，需要经常协调。换句话说，既要实现协调要求，又不能规定过死的比例数量。

第三，绿色发展。主要遵循自然规律，实现人与自然的和谐共生，也体现了社会主义本质和时代要求。习近平指出："我们既要绿水青山，也要金山银山。宁要绿水青山，不要金山银山，而且绿水青山就是金山银山。"[1]"保护生态环境就是保护生产力，改善生态环境就是发展生产力。"[2]"绿色"不仅关系当代人的健康，还关系到子孙后代的健康和可持续发展，也为经济研究和建设实践提供了广阔的创新空间。现在应当首先打破西方教条，勇于从历史实际出发，遵循自然规律、经济规律和社会规律，实现中国特色社会主义政治经济学创新。

绿色发展要求系统保护生产力，这也是习近平的创新。他科学总结历史经

---

[1]　《习近平总书记系列重要讲话读本》，学习出版社、人民出版社 2016 年版，第 230 页。

[2]　《习近平总书记系列重要讲话读本》，学习出版社、人民出版社 2016 年版，第 234 页。

验，做出总体安全观的全面论述，特别指出"安全和发展是一体之两翼、驱动之双轮"，① "以经济安全为基础"，② "保护生态环境就是保护生产力"。③ 这是对马克思主义政治经济学的一大创新，体现了社会主义发展规律的要求，具有重要的现实意义和深远的指导意义，为中国社会主义治国理政、长治久安和持续发展提供了理论支撑。

四、以一般与特殊相结合推进社会主义市场经济全面改革

改革是决定中国命运的关键一招。坚持社会主义市场经济方向改革，是中国特色社会主义道路、理论、制度的重要内容。习近平在新阶段将社会主义市场经济论推进到新境界，全面深化改革。他把市场经济的一般规律同社会主义市场经济的特殊规律辩证地结合起来，从实际出发，提出了完善社会主义市场体制的新观点，将改革扩展到更广阔的领域，进一步深化，发掘更加巨大的发展活力。这也是治国理政新思想新战略的重要组成部分。

习近平依据市场经济的一般规律提出要发挥市场在配置资源中的决定性作用；又按照社会主义市场经济的特殊规律提出要更好地发挥政府的作用。对市场和政府这"两只手"的作用做了更科学的定位，发展了中国特色社会主义政治经济学。

习近平的这一论断，是在我国30多年实践经验基础上做出的新概括，紧紧抓住了处理好政府和市场的关系这一经济体制改革的核心问题。党的十四大提出建立社会主义市场经济体制的改革目标后，对政府和市场的关系，我们一直在根据实践拓展和认识新的科学定位。党的十五大提出"使市场在国家宏观调控下对资源配置起基础性作用"，④ 党的十六大提出"在更大程度上发挥市场在资源配置中的基础性作用"，⑤ 党的十七大提出"从制度上更好发挥市场在资源

---

① 习近平：《在第二届世界互联网大会开幕式上的讲话》，《人民日报》2015年12月17日。
② 《习近平谈治国理政》，外文出版社2014年版，第201页。
③ 《习近平谈治国理政》，外文出版社2014年版，第209页。
④ 《十五大以来重要文献选编》上，人民出版社2000年版，第18页。
⑤ 《十六大以来重要文献选编》上，人民出版社2005年版，第20页。

配置中的基础性作用"，① 党的十八大提出"更大程度更广范围发挥市场在资源配置中的基础性作用"。② 党的十八届三中全会把市场在资源配置中的"基础性作用"修改为"决定性作用"，这是我们党对中国特色社会主义建设规律认识的一个新突破，标志着社会主义市场经济发展进入了一个新阶段。这个重要判断有利于在全党全社会树立关于政府和市场关系的正确观念，有利于转变经济发展方式，有利于转变政府职能，有利于抑制消极腐败现象。

切实发挥市场在资源配置中的决定性作用。市场决定资源配置是市场经济的一般规律，市场经济本质上就是市场决定资源配置的经济。理论和实践都证明，市场配置资源是最有效率的形式。必须不失时机地加大改革力度，坚持社会主义市场经济改革方向，在思想上更加尊重市场决定资源配置这一市场经济的一般规律，在行动上大幅度减少政府对资源的直接配置，依据市场规则、市场价格、市场竞争推动资源配置，实现效益最大化和效率最优化，让企业和个人有更多活力和更大空间去发展经济、创造财富。健全现代市场体系，加快财税体制改革，加快金融体制改革，为优化资源配置、维护市场统一、促进社会公平提供制度保障。适应经济全球化新形势，加快培育参与和引领国际经济合作竞争新优势，加快实施自由贸易区战略，以开放促改革，构建开放型经济新体制。

要更好地发挥政府作用。市场在资源配置中起决定性作用，并不是起全部作用，不是说政府就无所作为，而是必须坚持有所为、有所不为，着力提高宏观调控和科学管理的水平。更好发挥政府作用，不是要更多发挥政府作用，而是要在保证市场发挥决定性作用的前提下，管好那些市场管不了或管不好的事情。我国实行的是社会主义市场经济体制，仍然要坚持发挥社会主义制度的优越性、发挥党和政府的积极作用。科学的宏观调控和有效的政府治理，是发挥社会主义市场经济体制优势的内在要求。政府的职责和作用主要是保持宏观经济稳定，加强和优化公共服务，保障公平竞争，加强市场监管，维护市场秩序，推动可持续发展，促进共同富裕，弥补市场失灵。

---

① 《高举中国特色社会主义伟大旗帜为夺取全面建设小康社会新胜利而奋斗》，人民出版社 2007 年版，第 21 页。

② 胡锦涛：《坚定不移沿着中国特色社会主义道路前进为全面建成小康社会而奋斗》，《人民日报》2012 年 11 月 18 日。

要讲辩证法、两点论，把"看不见的手"和"看得见的手"都用好。政府和市场的作用不是对立的，而是相辅相成的；也不是简单地让市场作用多一些、政府作用少一些的问题，而是统筹把握，优势互补，有机结合，协同发力。要划清政府和市场的边界，凡属市场能有效发挥作用的，政府要简政放权，要松绑支持，不要去干预；凡属市场不能有效发挥作用的，政府应当主动补位，该管的要坚决管，管到位，管出水平，避免出问题。要善于运用负面清单管理模式，实行市场准入负面清单制度，只告诉市场主体不能做什么，至于能做什么，该做什么，由市场主体根据市场变化做出判断。要找准市场功能和政府行为的最佳结合点，切实把市场和政府的优势都充分发挥出来，更好地体现社会主义市场经济体制的特色和优势，努力形成市场作用和政府作用有机统一、相互补充、相互协调、相互促进的格局。

为突出社会主义市场经济特殊规律的作用，以系统治理进一步发挥了邓小平关于四个坚持"成套设备"的思想，习近平深刻地指出："国有经济是共产党执政的经济基础和政治基础，坚持党的领导，发挥党总揽全局、协调各方的领导核心作用，是我国社会主义市场经济体制的一个重要特征。"[1] 这阐明了社会主义市场经济体制的经济根基和政治特征，深化了社会主义市场经济理论。习近平强调："中国共产党的领导是中国特色社会主义最本质特征。"[2] 从经济层面上理解，可以说党的领导也是社会主义市场经济体制"最本质的特征"。对于政府的作用概括为"放、管、服"三个字的辩证统一，对企业作为市场主体要放活，对市场运行秩序要加强管理，对各种经营实体提供服务。习近平要求严厉治理市场乱象，有力打击违法行为，使之依据社会主义法治和秩序有效运行。

习近平在全国网络安全和信息化工作座谈会上指出，以信息流"促进资源配置优化"。[3] 这就指明信息技术乃至整个科学技术应当参与资源配置，而资源配置的灵魂在于"优化"。如果以更宽广的视阈考量，还应探索以科技创新带动微观资源配置和宏观调控机制的创新。从亚当·斯密开始的"看不见的手"到凯恩斯的由一只"手"变为两只"手"，这种机制演变已有 200 多年。历史表

---

① 《习近平谈治国理政》，外文出版社 2014 年版，第 118 页。

② 习近平：《在庆祝全国人民代表大会成立 60 周年大会上的讲话》，《人民日报》2016 年 4 月 26 日。

③ 习近平：《在网络安全和信息化工作座谈会上的讲话》，《人民日报》2016 年 4 月 26 日。

明,"两只手"确实有巨大活力,尤其在社会主义制度下,能够将发挥市场在资源配置中的决定性作用和更好地发挥政府的作用辩证地结合起来。在理论上,习近平又进一步升华这一论断,即让科技推进资源配置优化。客观发展趋势表明,生产力水平愈高,经济规模愈广,其风险就愈大,正价值与负价值往往相伴而生。为防止或减少资源错配,必须引入信息科技来优化资源配置。实际上这是市场、政府、科技"三元机制"的雏形,即"网络 + X"的公式。

习近平关于深化社会主义市场经济的理论,对全面深化改革具有重要指导意义。我们必须坚持社会主义市场经济改革方向。在改革进程上,习近平提出三个主要观点:一是改革进入深水区,要敢啃硬骨头,主要政府职能存在许多障碍;二是改革无终点,要持续不断地深入,因为矛盾是层出不穷的;三是改革要区分哪些必改,哪些不能改,要改的是体制范围,不能改的是根本体制,即社会主义和党的领导,不能借改革之名改到资本主义私有化那里去。

在坚持社会主义市场经济全面深化改革中,经济体制改革仍然是主轴。习近平廓清了深化国有企业改革的方向,对于经济体制其他方面的改革也做了详细论述。其中最艰难、风险最大的是金融体系改革。在 2017 年 4 月 25 日中共中央政治局第四十次集体学习会上,他做出"金融活经济活,金融稳经济稳"的论断,指出了金融改革的方向。可以概括为三个方面的两分法:一是发挥作用与防范风险并重。金融是现代经济的中心,这是市场经济的一般规律,应使"金融成为资源配置和宏观调控的工具,成为推动经济社会发展的重要力量",[①]必须坚持为实体经济服务,发展普惠金融、科技金融、绿色金融;"在全面做好金融工作的基础上,又要着力深化金融改革,加强金融监管,科学防范风险,强化安全能力建设,不断提高金融业竞争力、抗风险能力、可持续发展能力,坚决守住不发生系统性金融风险底线","打击逃废债行为,控制好杠杆率,加大对市场违法行为打击力度,重点针对金融市场和网络金融全面摸排和查处"。[②] 二是参与国际金融活动和竞争与防范国际金融风险外溢效应兼顾,这蕴含着要提防国外金融资本干扰的要求,因为国际金融垄断资本主义还有强大的

---

① 《金融活经济活金融稳经济稳做好金融工作维护金融安全》,《人民日报》2017 年 4 月 27 日。

② 《金融活经济活金融稳经济稳做好金融工作维护金融安全》,《人民日报》2017 年 4 月 27 日。

冲击力，在世界金融领域的阶级斗争中，对社会主义国家有着很强的攻击力。三是借鉴国外经验和坚持自己道路的关系。"发展金融业需要学习借鉴外国有益经验，但必须立足国情，从我国实际出发，准确把握我国金融发展特点和规律，不能照抄照搬"。① 就是创造中国特色社会主义金融体系及其监控机制。以上三方面两点论体现了一般规律与特殊规律的辩证统一。

五、以发展的大逻辑演绎新常态及供给侧改革的论断和方略

习近平在新阶段提出："要把适应新常态、把握新常态、引领新常态作为贯穿发展全局和全过程的大逻辑。"② 历史的大逻辑就是客观行程。如果说治国理政是立足于社会主义长远历史发展的大逻辑，那么新常态理论判断则是立足于我国经济发展阶段性特征的大逻辑。新常态是近期我国社会主义生产力发展的部分质变，是马克思主义政治经济学的纵向思维和理论创新。

新常态下我国经济发展的主要特点是：增长速度要从高速转向中高速，发展方式要从规模速度型转向质量效率型，经济结构调整要从增量扩能为主转向调整存量、做优增量并举，发展动力要从主要依靠资源和低成本劳动力等要素投入转向创新驱动。这些变化是我国经济向形态更高级、分工更优化、结构更合理的阶段演进的必经过程。实现这样广泛而深刻的变化并不容易，对我们是一个新的巨大挑战。可以说，我国同资本主义大国的竞跑已进入"冲刺阶段"。新常态不是停滞，也不是倒退，而是有进有退，要登上更新的台阶，以创新引领、突出质量，将矛盾转化为新的动力。正是以问题为导向，我们才能实现理论创新。

如何适应、把握、引导新常态？习近平提出，一个新的观点和方略就是"供给侧结构性改革"。实际是"供给侧 + 结构性 + 改革"，三者缺一不可，同时兼顾扩大需求，重点是通过改革优化生产力结构。供给和需求是市场经济内在关系的两个基本方面，是既对立又统一的辩证关系，二者相互依存、互为条件。没有需求，供给就无从实现，新的需求可以催生新的供给；没有供给，需求就无法满足，新的供给可以创造新的需求。供给侧和需求侧是管理和调控宏

---

① 《金融活经济活金融稳经济稳做好金融工作维护金融安全》，《人民日报》2017 年 4 月 27 日。
② 《习近平总书记系列重要讲话读本》，学习出版社、人民出版社 2016 年版，第 141 页。

观经济的两个基本手段。需求侧管理，重在解决总量性问题，注重短期调控，主要是通过调节税收、财政支出、货币信贷等来刺激或抑制需求，进而推动经济增长。供给侧管理，重在解决结构性问题，注重激发经济增长动力，主要通过优化要素配置和调整生产力结构来提高供给体系质量和效率，优化生产力结构和布局，进而推动经济增长。

当前和今后的一个时期，我国经济发展面临的问题，是供给和需求两侧都有，但矛盾的主要方面在供给侧。"供给侧结构性改革"这一新的理论观点和方略，同西方供给学派有着根本区别。西方供给学派兴起于20世纪70年代。当时凯恩斯主义的需求管理政策失效，西方国家陷入经济"滞胀"局面。供给学派强调供给会自动创造需求，应该从供给着手推动经济发展，增加生产和供给首先要减税，以提高人们储蓄、投资的能力和积极性。这就是供给学派代表人物英国经济学家拉弗提出的"拉弗曲线"，即"减税曲线"。此外，供给学派还认为，减税需要有两个条件加以配合：一是削减政府开支，以平衡预算；二是限制货币发行量，稳定物价。供给学派强调的重点是减税，过分突出税率的作用，并且思想方法比较绝对，只注重供给而忽视需求，只注重市场功能而忽视政府作用。我们提的供给侧改革，完整地说是"供给侧结构性改革"。"结构性"三个字十分重要，简称"供给侧改革"也可以，但不能忘了"结构性"。供给侧结构性改革，重点是解放和发展社会生产力，用改革的办法推进结构调整，减少无效和低端供给，扩大有效和中高端供给，增强供给结构对需求变化的适应性和灵活性，提高全要素生产率。这不只是税收和税率问题，而是要通过一系列政策举措，特别是推动科技创新、发展实体经济、保障和改善人民生活的政策措施，用改革的办法来解决我国经济供给侧存在的问题。供给侧结构性改革，既强调供给又关注需求，既突出发展社会生产力又注重完善生产关系，既发挥市场在资源配置中的决定性作用又更好发挥政府作用，既着眼当前又立足长远。从政治经济学的角度看，供给侧结构性改革的根本是使我国供给能力更好地满足广大人民群众日益增长、不断升级和个性化的物质文化和生态环境需要，从而实现社会主义生产目的。

从新常态的具体要求看，稳中求进带有规律性，既把经济发展的渐进性与突出积累结合起来，又具体要求稳增长、促改革、调结构、惠民生、防风险，体现了理论和政策的统一性，有深刻的科学内涵。实质上，这一要求更好地把握了社会主义兴利除弊的功能，注重研究和管控市场的两面性，在深化改革进程中使政府"放、管、服"的职能具体化，并且增强民生的分量。这些论述和举措正是理论和实践紧密结合的产物。

六、以打造人类命运共同体、深植开放升华创新国际经济理论

国际政策是国内政策的继续，国内政策是国际政策的基础。习近平站在时代前沿，把握时代特点，坚持阶级分析原则和形势总体判断的统一，响亮地提出"打造人类命运共同体"，以鲜明的旗帜和高超的艺术对决霸权主义，以经济的和平发展为主战场，号召和团结全世界人民及各进步力量。这实际上也是基于对世界大形势的科学判断做出的国际经济理论创新，回答打造人类命运共同体的必然性、战略性和推进的层次性，并向世界人民提出中国方案，体现了长远目标和近期具体目标的结合，也便于各类国家、各方面、各阶层接受。

现在的世界仍然处于帝国主义时代，但力量对比发生了根本性变化，生产社会化已经扩展为经济全球化，需要用新的理论和策略指导开展人类解放的斗争。习近平以切实的号召力指出："当今世界，各国互相依存、休戚与共。我们要继承和弘扬联合国宪章的宗旨和原则，构建以合作共赢为核心的新型国际关系，打造人类命运共同体。"[①] 这正是经济全球化的客观逻辑转化为凝聚人心、指导发展的主观逻辑，以共同发展经济为主，同时做好两手准备。

这个理论和方略，首先把基点放在办好自己事情的基础上，再对外扩大开放。"厚植开放"是以习近平总书记为核心的党中央提出的五大发展理念之一，在马克思主义政治经济学视阈中升华到迄今为止的巅峰高度，是中国特色社会主义政治经济学的一个突破点。遵循这一理念，"现在的问题不是要不要对外开放，而是如何提高对外开放的质量和发展的内外联动性"。[②] 如何使对外开放走上新水平？需要在"厚植"上下功夫，处理好下面八个关系：一是坚持原则性和运作灵活性的辩证统一；二是增强内生动力与借助外生动力互动；三是提高扩大开放的广度、深度与防范、化解各种风险并行；四是"引进来"与"走出去"协调配合；五是深入研究、开拓、优化对外开放的格局及其相互关系；六

---

① 《习近平总书记系列重要讲话读本》，学习出版社、人民出版社 2016 年版，第 264 页。
② 习近平：《在党的十八届五中全会第二次全体会议上的讲话（节选）》，《求是》2016 年第 1 期。

是扩大开放的特区、试验区与广大正在扩大开放地区的引领与独创兼行；七是贸易与金融协同，争取更多的话语权；八是把握好积极因素与消极因素的消长对冲倾向。总之，"厚植开放"是一项极其复杂的系统工程，不仅是经济领域的大事，而且涉及国际政治、外交、国防、文化、生态等各个方面。它是政治经济学中的复杂系统，需要知识创新和高超的艺术。客观事物是复杂的，我们的头脑也要复杂一些。要善于辩证思维，打好组合拳，在国际经济、政治舞台中发挥更大的引领作用。中国对外开放的大门永远不会关上。"中国对外开放，不是要一家唱独角戏，而是要欢迎各方共同参与；不是要谋求势力范围，而是要支持各国共同发展；不是要营造自己的后花园，而是要建设各国共享的百花园。"① 这就是习近平宣布的中国对外开放宗旨。

其次，通过对国内的大力发展促进国际经济发展，引领经济全球化，开展国际治理。我国要积极参与全球治理，国际政策往往是国内政策的继续。习近平指出："多样性是世界前进的动力和源泉，各国必须走适合本国国情的发展道路。经济全球化既带来机遇和繁荣，也带来挑战和麻烦，需要加强全球治理，致力于打造人类命运共同体。"② 这是人类的共同要求，符合客观规律。然而，与多样化对立的垄断资本主义国家一定要主导世界，将自身的"国家利益"强加给世界，推行霸权主义，让它的模式和价值观统治人类。中国特色社会主义政治经济学揭示了这一矛盾的实质及根源，关注其发展态势，探索我国扩大开放、同各国合作共赢的路子。从长远说，还要研究怎样才能为人类提供新社会的中国经验和方案。在这个过程中，我们既要吸取国外有益的东西，又要剔除它的有害影响。我们要全面"推动改革全球治理体系中不公正不合理的安排"。③ 我们向全世界全面阐述我国的全球经济治理观，把创新作为核心成果，把发展议题置于全球宏观政策协调的突出位置，形成全球多边投资规划框架，把绿色金融列入国际议程。随着时代发展，现行全球治理体系不合理、不适应的地方越来越多，国际社会对变革全球治理体系的呼声越来越高。要继续向国

---

① 习近平：《在庆祝中国共产党成立 95 周年大会上的讲话》，《人民日报》2016 年 7 月 2 日。

② 《习近平会见联合国秘书长潘基文》，《人民日报》2016 年 7 月 8 日。

③ 《加强合作推动全球治理体系变革共同促进人类和平与发展崇高事业》，《人民日报》2016 年 9 月 29 日。

际社会阐述我们关于推动全球治理体系改革的理念，坚持要合作而不要对抗，要双赢、多赢、共赢而不要单赢，不断寻求最大公约数、扩大合作面，引导各方达成共识，加强协调合作，共同推动全球治理体系变革。要提高我国参与全球治理的能力，着力增强规则制定能力、议程设置能力、舆论宣传能力和统筹协调能力。中国处于世界社会主义运动探索的前列，中国要引导未来世界发展的方向，同各种逆流进行博弈。现在已经有越来越多的国家响应中国关于世界治理的倡议，并形成越来越大的影响力。

2013年，习近平在访问中亚和东南亚时，分别提出建设丝绸之路经济带和21世纪海上丝绸之路的倡议。建设"一带一路"，是党中央做出的重大战略决策，是实施新一轮扩大开放的重要举措。习近平形象地指出，这"一带一路""就是要再为我们这只大鹏插上两只翅膀，建设好了，大鹏就可以飞得更高更远"。① 最重要的是促进广大发展中国家更好更快地搞好经济建设，习近平指出："丝绸之路是各国人民的共同财富。中国发扬丝绸之路精神，提出'一带一路'倡议，以共商、共建、共享为原则，推动政策沟通、设施联通、贸易畅通、资金融通、民心相通，得到沿线国家广泛认同。中国愿同沿线国家一道，构建'一带一路'互利合作网络、共创新型合作模式、开拓多元合作平台、推进重点领域项目，携手打造'绿色丝绸之路''健康丝绸之路''智力丝绸之路''和平丝绸之路'，造福沿线国家和人民。"②

同时，要有防止和抵御侵略战争的准备，努力加强国防建设和军队治理，并促进军事工业与民用工业的融合，互相促进。面对复杂的国际斗争，必须研究国家总体安全与发展经济的互动。在帝国主义势力还比较强大的时候，国家主权的安全必须摆在首位，随时准备侵略战争突然压在社会主义国家的头上。这就必须加强国防力量，加强军工的研发和生产，军事力量越强，和平环境越有保证。目前我国军事力量同美国相差悬殊，必须加强军事力量，不仅保卫疆土，还要保护国外的安全，创新经济发展和对外开放的国际环境。然而，在战争到来之前，更多的时间只能是准备应对战争，增强力量。于是，产生了军工生产与民用生产的关系。习近平在推进协调发展时，强调要"推动经济建设和

---

① 《习近平总书记系列重要讲话读本》，学习出版社、人民出版社2016年版，第266页。
② 《2016"一带一路"媒体合作论坛召开习近平致贺信》，《人民日报》2016年7月27日。

国防建设融合发展"。① 在大力开展经济建设时必须注重军事工业、国防力量的发展，并且在相当多的产业、企业能够同民用经济互相兼容、转化。世界上不少国家把最先进的科研项目和高科技产品都放在军事工业上，尤其是美国，它的尖端武器领先，同时又与民用相连，促进民用经济升级。作为最大的发展中社会主义国家，必须构建并健全两大类产业的融合机制，发挥社会主义能够集中力量办大事的优势，以先进的军工经济带动民用经济，以民用经济的升级换代促进国防力量的强大。研究这类融合机制和产业链的结构形式，是整体经济学的一项重要内容。在军事发展到信息化时，必须以现代信息武装、提升国防工业、国防设施和指挥系统。这也是"打造人类命运共同体"的必要内容和坚实基础，体现了总体安全观的要求。

统揽以上论述，这六个方面是一个有机体，有着内在的关联。生产目的：共享发展深化社会主义本质论；系统集成：治国理政的新思想新战略；规律体系：五大发展理念揭示社会主义发展规律合力机制；发展动力：推动社会主义市场经济的全面深化改革；阶段方略：新常态及供给结构性改革大逻辑；国际经济：打造人类命运共同体和厚植开放。习近平经济思想博大精深，还会在中国特色社会主义实践中进一步发展和创新。关于社会主义实践进一步发展和创新，我们应当深入领会，继续贯彻。

（原载于《毛泽东邓小平理论研究》2017 年第 5 期）

---

① 习近平：《在省部级主要领导干部学习贯彻党的十八届五中全会精神专题研讨班上的讲话》，《人民日报》2016 年 5 月 10 日。

以人民为中心的政治经济学说[*]

党的十八大以来，以习近平为总书记的中央领导集体提出了一系列当代中国马克思主义政治经济学的基本思想，如关于社会主义本质的理论，关于社会主义初级阶段基本经济制度的理论，关于树立和落实创新、协调、绿色、开放、共享的发展理念的理论，关于发展社会主义市场经济、使市场在资源配置中起决定性作用和更好发挥政府作用的理论，关于我国经济发展进入新常态的理论，关于推动新型工业化、信息化、城镇化、农业现代化相互协调的理论，关于用好国际国内两个市场、两种资源的理论，关于促进社会公平正义、逐步实现全体人民共同富裕的理论，等等。这些理论成果，是适应当代中国国情和时代特点的政治经济学，不仅有力指导了我国经济发展实践，而且开拓了马克思主义政治经济学新境界。

这些经济学思想本质上属于政治经济学，而其"政治"从根本上体现为在经济实践和经济理论中要坚持以人民为中心。坚持以人民为中心的发展思想，坚持把促进人的全面发展作为"十三五"规划的核心理念，把坚持人民主体地位摆在发展的指导原则之首，充分彰显了习近平总书记经济思想的民本情怀。这也是对过去一些地方在经济实践和经济工作以及经济理论中背离以人民为中心的倾向的一种矫正。实际上，据《人民论坛》统计，在习近平总书记系列重要讲话中，"人民"是出现最多的字眼。

习近平经济思想的民本情怀，集中体现为把人民的期待变成我们的行动，把人民的希望变成生活的现实，让人民群众有幸福感、获得感。这是习近平总

* 本文作者：韩庆祥，中共中央党校副教育长兼哲学教研部主任、一级教授、博导。

书记致力于经济发展的价值取向和根本目的所在。

把人民当作目的，一切为了人民

习近平总书记在主持中央政治局第 28 次集体学习时强调指出，"要坚持把增进人民福祉、促进人的全面发展、朝着共同富裕方向稳步前进作为经济发展的出发点和落脚点。"这就从经济发展的出发点和落脚点上体现了其经济学思想的民本情怀。他强调指出，"要坚持和完善社会主义基本经济制度，毫不动摇巩固和发展公有制经济，毫不动摇鼓励、支持、引导非公有制经济发展，推动各种所有制取长补短、相互促进、共同发展，同时公有制主体地位不能动摇，国有经济主导作用不能动摇，这是保证我国各族人民共享发展成果的制度性保证"。又指出，"要坚持和完善社会主义基本分配制度，努力推动居民收入增长和经济增长同步、劳动报酬提高和劳动生产率提高同步，不断健全体制机制和具体政策，调整国民收入分配格局，持续增加城乡居民收入，不断缩小收入差距"。不仅如此，"十三五"规划中关于"创新、协调、绿色、开放、共享"的发展理念，也体现着把人民当作目的、一切为了人民的思想。比如协调、绿色、共享，就是如此。协调和共享，是为了解决"一切为了人民"中的短板问题；绿色，是为了解决人与自然的和谐关系问题。习近平总书记从基本经济制度与经济发展的出发点、落脚点上强调把人民当作目的、一切为了人民，体现了其经济思想的民本情怀。

把人民当作主体，一切依靠人民

当前我国正处在经济增速换挡期、结构调整阵痛期和前期刺激政策消化期，即进入经济发展新常态。经济发展新常态的实质，就是要适应转换发展模式进程所形成的新的状态。从哲学上讲，过去我国传统的发展模式主要是"物质驱动"，靠物质性要素来拉动经济增长。这种发展模式主要立足于消耗自然资源、物质资本投资、开办高投入高消耗高污染的工厂和廉价的劳动力成本。从历史上看，这种发展模式功不可没，为我国物质财富的积累做出了重要贡献。然而，这种发展模式，使我国的发展空间越来越小，发展支点越来越不牢固，发展道路越走越窄，发展的代价越来越大。由此，必须转变发展模式，由物质驱动走向创新驱动，进而由政府推动走向政府推动和人的创新活力推动相结合。

　　然而问题是，当下中国，人的创新活力不足，进而导致在发展模式转换中促进经济发展所需要的新动能也不足。这就把如何激发人民群众的创新活力问题凸显出来了。实现动力转换，培育新的经济增长点和经济发展动力，是新常态下我国所面临的一个新的重大时代性课题。在这种情况下，习近平总书记强调要坚持人民主体地位，充分依靠并激发广大人民群众的积极性、主动性和创造性。习近平总书记所谈到的"供给侧结构性改革"，实际上已涉及激发人的创新活力及经济增长动力转换问题，涉及把人民当作主体、一切依靠人民的问题。"十三五"规划中关于"创新"的发展理念，也体现着把人民当作主体、一切依靠人民的思想。习近平总书记从经济新常态下经济发展动力转换上强调把人民当作主体、一切依靠人民，也体现其经济思想的民本情怀。

把人民根本利益当作标准或尺度，一切尊重人民

　　以人民为中心，把人民根本利益当作标准或尺度，集中体现在习近平总书记关于全面建成小康社会的论述上。习近平总书记多次强调指出，人民对美好生活的向往，就是我们的奋斗目标，因而，要把人民放在我们心目中最高的位置。具体落实到全面建成小康社会上，就是习近平总书记多次强调的"小康不小康，关键看老乡"。为解决这里所讲的"老乡"问题，习近平总书记特别注重"扶贫开发"问题，提出了精准扶贫思想。这充分体现出习近平总书记把人民根本利益当作一切经济工作的根本标准或尺度，一切经济工作和经济发展都要尊重人民，以人民为中心。

　　由上可以看出，习近平的经济学思想既体现出"经济问题、哲学分析"，也体现出"经济问题、政治解决。"

参考文献：

[1]《立足我国国情和我国发展实践　发展当代中国马克思主义政治经济学》，《人民日报》2015 年 11 月 25 日。

（原载于《人民论坛》2016 年第 1 期）

中国特色社会主义政治经济学的重大现实价值[*]

2014 年以来，习近平总书记在多个重要场合阐述中国特色社会主义政治经济学的重要性。为何"政治经济学"尤其是"中国特色社会主义政治经济学"在现阶段会引起广泛关注呢？

一、中国特色社会主义政治经济学的形成

从理论与实践的关系上来说，一切经济学理论既是实践经验的总结与升华，反过来又会对经济实践产生反作用。因此，对于任何一个国家来说，运用什么样的经济学理论作为制定经济制度和经济政策的指导思想和依据，就显得尤为重要。历史的经验表明，在发展经济的过程中，经济理论选择的正确与否，直接关系到一个国家经济和社会发展的成败。例如，19 世纪 40 年代至 20 世纪初的德国产生了以李斯特、瓦格纳、布伦塔诺等为代表的政治经济学历史学派，提出了与英法古典政治经济学相对立的理论观点和政策主张，从而为德国经济的兴起发挥了巨大的推动作用。20 世纪 90 年代的苏联照搬美国推销的新自由主义经济学，实行"休克疗法"，结果导致了国家的解体和严重的经济衰退。同样是 20 世纪 80 年代及其以后，一些拉美国家例如巴西、阿根廷等，一些亚洲国家例如印度尼西亚、泰国等，长期奉行新自由主义经济政策，虽然在一定时期取得了较快的经济增长，但最终导致这些国家落入"中等收入陷阱"。

从我国的实践来看，我们党把马克思列宁主义理论创造性运用于中国实践，形成了中国特色的马克思主义理论、中国特色的革命道路和社会主义建设道路。在毛泽东思想领导下，先是取得新民主主义革命胜利，建立了新中国，通过三

* 本文作者：邱海平，中国人民大学经济学院。

大改造，完成了社会主义革命，开始了伟大的社会主义经济建设实践。从 1956 年社会主义改造完成以后，我们党一直在艰苦探索建设社会主义的道路，并取得了巨大的成就。但是，由于社会主义建设是一个前无古人的全新事业，所以，我们在较长一段时间内借鉴了苏联的社会主义建设经验，在理论上深受马克思关于社会主义和共产主义设想的影响，形成了高度集中的计划经济体制。几十年的实践表明，这样的一种经济制度和体制并不能最大限度地发展生产力和提高人民物质生活水平，必须进行改革。

面对传统的社会主义计划经济体制，不同的国家选择了不同的发展道路，并产生了完全不同的发展结果。在此方面，中国与苏联和原东欧社会主义国家形成了鲜明的对照。在西方发达国家的影响下，苏联和东欧国家通过激进式改革，彻底放弃了社会主义，走上了资本主义发展道路。这些国家 20 多年以来的发展事实证明，这条道路并不成功。与这些国家不同，中国选择的是渐进式的改革，而且坚持以马克思列宁主义为指导，坚持社会主义的基本原则和方向，创造性地形成了中国特色社会主义市场经济理论。30 多年的改革开放，使中国经济获得了持续的高速增长，并一跃而成为世界第二大经济体，可以说创造了人类经济发展的奇迹。在改革开放和发展的过程中，我们党不仅积累了丰富的实践经验，而且也积累了丰富的理论认识。邓小平理论、"三个代表"重要思想、科学发展观、习近平总书记系列重要讲话，正是当代中国马克思主义理论的一个个具体成果。在这些理论成果中，中国特色社会主义政治经济学方面的内容占据着核心的地位。

纵观中国现代革命史和社会主义建设史可以看出，我们党是一个富有创造精神的党，我们党在长期的革命和建设实践中，并没有受到教条主义的马克思主义政治经济学和西方主流经济学的束缚，勇敢地走出了一条中国特色新民主主义革命以及社会主义革命和建设道路，并且创造性提出了一系列不同于传统政治经济学和西方主流经济学的新观点，其中包括：在新民主主义时期创造性地提出了新民主主义经济纲领，在探索社会主义建设道路过程中对发展我国经济提出了独创性的观点，如提出社会主义社会的基本矛盾理论，提出统筹兼顾、注意综合平衡，以农业为基础、工业为主导、农轻重协调发展等重要观点。改革开放以来形成的关于社会主义本质的理论，关于社会主义初级阶段基本经济制度的理论，关于树立和落实创新、协调、绿色、开放、共享的发展理念的理论，关于发展社会主义市场经济、使市场在资源配置中起决定性作用和更好发挥政府作用的理论，关于我国经济发展进入新常态的理论，关于推动新型工业化、信息化、城镇化、农业现代化相互协调的理论，关于用好国际国内两个市场、两种资源的理论，关于促进社会公平正义、逐步实现全体人民共同富裕的理论，等等。这些都是我们党对马克思主义政治经济学的创造性发展。这些理论成果，构成了中国特色社会主义政治经济学的基本内容，不仅有力指导了我国经济发展实践，而且开拓了马克思主义政治经济学新境界。

正如政治经济学是整个马克思主义理论体系的核心组成部分一样，中国特色社会主义政治经济学在当代中国的马克思主义理论体系中也占据着核心地位。毫无疑问，中国特色社会主义政治经济学是经典马克思主义政治经济学的继承和发展，因而，马克思主义政治经济学以及中国特色社会主义政治经济学才是当代中国的主流经济学。

二、中国特色社会主义面临的挑战

20 世纪 90 年代以来，由于我国选择了建设社会主义市场经济的改革目标和进一步扩大对外开放的政策，为了借鉴西方发达国家的某些经验，我国开始引进当代西方经济学。本来，我们引进西方经济学的目的，只是为了更好地借鉴西方发达国家经济发展的某些经验，并不是要全盘照抄西方经济学。然而，由于西方经济学本身所固有的意识形态性，以及我的实践已经在事实上超越经典马克思主义关于社会主义的设想，于是，一些人对我国所取得的巨大成就视而不见，对于我国发展中存在的问题的解决不是寄希望于进一步坚持和发展马克思主义和中国特色社会主义，而是寄希望于西方主流经济学。于是，产生了西方主流经济学在许多高等院校成为事实上的主流经济学的怪现象。

自 2008 年金融危机以来，世界经济政治形势正在发生深刻的变化。一方面，世界经济的不景气给我国经济造成了一些负面影响，但是，我国经济仍然保持了中高速增长，从横向比较来看，我国仍然是经济发展最好的国家之一。另一方面，我国原有的经济增长和发展模式在取得巨大成就的同时也产生了一些问题。国际国内因素和条件的叠加，使我国经济发展进入"新常态"。正是由于客观形势具有一定的复杂性，于是，关于中国发展道路和模式及其发展前途的问题，再度引起了人们的关注和热议。必须看到，由于长期以来西方主流经济学在我国的传播，与此同时，马克思主义政治经济学被淡化、被边缘化，结果不仅许多青年学生，甚至少数领导干部对于马克思主义和社会主义都产生了怀疑。

由此可见，在新的历史条件下，党举什么样的旗，走什么样的路，仍然是决定我国前途和命运的大问题。这正是习近平总书记高度重视和反复强调马克思主义政治经济学和中国特色社会主义政治经济学的重要原因。

三、坚持和建设中国特色社会主义政治经济学的重大现实价值

党中央反复强调和阐述政治经济学的重要性，不仅是表达了党中央坚持马克思主义和社会主义的坚定信念和决心，不仅是对全盘照抄西方经济学的观点和做法的否定，而且是对我国经济学界尤其是政治经济学界的学者提出了殷切的期望。正如习近平总书记指出的："要立足我国国情和我国发展实践，揭示新特点新规律，提炼和总结我国经济发展实践的规律性成果，把实践经验上升为系统化的经济学说，不断开拓当代中国马克思主义政治经济学新境界。"

在我国经济社会发展的新的重大历史关头，究竟是继续坚持走已经被实践证明是正确的中国特色社会主义道路，还是走资本主义道路或民主社会主义道路，甚至是倒退到计划经济体制的轨道上去，仍然是摆在党和全国人民面前的重大课题。在这个重大问题上，党中央鲜明地高举起当代中国马克思主义、当代中国马克思主义政治经济学和中国特色社会主义政治经济学的旗帜，向全世界、全党和全国人民宣示了坚定地走中国特色社会主义道路的坚定立场和信念。毫无疑问，这对于统一全党和全社会的认识，抵制错误理论和思想的侵蚀，都是极为重要的。

综上可见，习近平总书记所讲的"各级党委和政府要学好用好政治经济学"，首先是指马克思主义政治经济学，而不是其他的什么政治经济学或经济学。同时，必须高度重视我们党在长期实践中所形成的中国特色社会主义政治经济学理论的重大现实意义。因此，各级党委和政府不仅要学好用好马克思主义政治经济学，更要学好用好中国特色社会主义政治经济学，自觉抵制新自由主义、民主社会主义等各种错误思潮的侵蚀和干扰。只有这样，我国的改革开放才能继续沿着中国特色社会主义道路不断取得新的胜利。

（原载于《改革》2016 年第 3 期）

习近平经济发展思想对马克思主义
中国化的新贡献*

党的十八大以来，习近平总书记发表了系列重要讲话，以极大的政治智慧和理论勇气提出了许多新思想、新观点、新论断和新要求，集中反映了中央领导集体的执政理念、工作思路和信念意志，深刻回答了新的历史条件下党和国家发展的一系列重大理论和现实问题，是马克思主义中国化最新成果的集中体现。下面，笔者就习近平总书记经济发展思想做一粗浅探讨，供大家参考。

一、相关研究综述

（一）马克思主义中国化的内涵

马克思主义中国化的内涵具体来说，就是把马克思主义基本原理同中国革命、建设和改革的实践结合起来；就是把中国革命、建设和改革的实践经验和历史经验上升为马克思主义理论；就是同中国的优秀历史传统和优秀文化结合起来，既坚持马克思主义，又发展马克思主义。

党的一大、二大、三大、四大分别明确了党的最终的奋斗目标（最高纲领）、党在民主革命时期的纲领（最低纲领）、建立革命统一战线、坚持无产阶级领导权和农民同盟军等思想，是中国共产党把马克思主义运用于中国实际形成的初步成果。在党的七大上，刘少奇在报告中对"马克思主义中国化"从理论上做了进一步的阐述，并指出：毛泽东思想是"中国化的马克思主义"。七大

---

　　* 本文作者：宋圭武（1964—），男，中共甘肃省委党校学术委员会委员、经济学部教授，主要研究方向为三农问题、经济理论和中国问题等方面。

正式将毛泽东思想确立为党的指导思想并写入党章。毛泽东思想是党推进马克思主义中国化过程中的第一个重大理论成果。党的十一届三中全会以后，形成了包括邓小平理论、"三个代表"重要思想和科学发展观等在内的中国特色社会主义理论体系。

毛泽东思想和中国特色社会主义理论体系之间是一脉相承又与时俱进的关系。毛泽东思想是中国特色社会主义理论体系的重要思想渊源。它所蕴含的马克思主义的立场、观点和方法，为中国特色社会主义理论体系提供了基本遵循。实事求是、群众路线、独立自主是毛泽东思想活的灵魂，是马克思主义根本立场、观点、方法的集中体现。中国特色社会主义理论体系在新的历史条件下进一步丰富和发展了毛泽东思想。它着重思考和回答什么是社会主义、怎样建设社会主义，建设什么样的党、怎样建设党，实现什么样的发展、怎样发展等重大问题。

实事求是思想路线是马克思主义中国化理论成果的精髓。1941 年毛泽东在《改造我们的学习》的报告中指出："'实事'就是客观存在着的一切事物，'是'就是客观事物的内部联系，即规律性，'求'就是我们去研究。经过延安整风和党的七大，实事求是的思想路线在全党得到了确立。1978 年 12 月，邓小平在为党的十一届三中全会做准备的中央工作会议上发表了《解放思想，实事求是，团结一致向前看》的重要讲话，随后召开的十一届三中全会，重新确立了实事求是的思想路线。党的十三届四中全会以来，江泽民强调要弘扬与时俱进的精神；党的十六大以来，胡锦涛强调要大兴求真务实之风；党的十八大之后，习近平明确指出，实事求是作为党的思想路线始终是中国共产党人认识世界和改造世界的根本要求；是我们党的基本思想方法、工作方法和领导方法；是党带领人民推动中国革命、建设、改革事业不断取得胜利的重要法宝。

（二）习近平经济发展思想有关研究观点

关于习近平经济发展思想，有许多学者进行了总结和提炼，这里列出部分主要观点。中国社会科学院马克思主义研究学部主任程恩富概括了"习近平十大经济战略思想"，分别从中国梦、稳中求进、民生导向、公有制主体、双重调节作用、自主开放、城乡一体化、科技创新驱动、文化产业事业、总体局部结合十个方面展开论述。教育部社会科学委员会副主任、武汉大学教授顾海良指出，习近平自党的十八大以来对中国特色社会主义经济理论和实践问题思考的凝结，是习近平经济思想的集中体现，也写就了邓小平当年所评价的政治经济学"初稿"的新篇章；改革是由问题倒逼而产生，又在不断解决问题中得以深化，从"问题意识"到"问题倒逼"，既是解决中国现实经济问题的科学方法，也是中国经济改革的路径，同时也彰显了习近平经济思想的重要特色。国家行政学院经济学教研部主任、教授张占斌指出，习近平总书记在县、地、省、中央的工作经历，使他对县域经济、市域经济、省域经济及国家经济有充分的了解，对微观经济、中观经济、宏观经济也有着深刻的理解，他的经济战略思想根植于中国的实际，是多年积累形成的，并一以贯之不断丰富发展，体现深刻的战略新意。中共中央党校经济学教研部主任赵振华提出，习近平经济战略思想可以从战略部署、方针政策和理念突破三个层次理解。改革、转型、创新、民生和开放是其中最为关键的五个支点，缺一不可，相互联系而非彼此孤立，并行不悖而非有先后次序。总书记在谈经济工作时，背后蕴含着深刻的哲学思想，战略上是坚定大胆，战术上是做细做实。中央政策研究室经济局副局长王兰军在《习近平关于经济金融工作的新思想新观点新举措》一文中认为，习近平总书记经济思想的"新亮点"主要集中在十个方面：包括"全面深化经济体制改革"；"宏观政策要稳、微观政策要活、社会政策要托底"；"市场在资源配置中起决定性作用"；"切实加强党对经济工作领导"；"建设丝绸之路经济带"；"经略海洋，使海洋产业成为国民经济支柱产业"；科学推进改革的"五要"新思维；推进中国特色新型城镇化建设等方面。

二、习近平总书记对经济发展思想的新发展

（一）坚持了马克思主义经济学的本质

马克思主义经济学，是经济学的最高级。同时，马克思主义经济学，本质也是政治经济学。在2014年7月中央召开的经济形势专家座谈会上，习近平总书记明确指出："各级党委和政府要学好用好政治经济学，自觉认识和更好遵循经济发展规律，不断提高推进改革开放、领导经济社会发展、提高经济社会发展质量和效益的能力和水平。"而坚持马克思主义政治经济学，核心是坚持劳动价值论。如何坚持劳动价值论，在具体实践中，党中央通过开展群众路线实践教育活动和持续大力反腐败，以及积极推进分配制度改革，将马克思主义政治经济学与中国的经济改革实践有效结合了起来，并最终让劳动价值论通过政治

对经济的反作用而得到有效体现。

（二）发展了西方经济学经济发展理论

习近平总书记所坚持的经济发展思想，既超越了经济自由主义，也超越了凯恩斯主义经济学。如何有效克服经济自由主义和凯恩斯主义经济学的局限性，以习近平为核心的党中央所坚持的主要思路是在经济层面上放权，在社会管理层面上收权，同时坚持节俭经济学和注重微调控等，这是对西方经济学经济理论的重大创新和发展。具体思想和精神主要有四个方面体现。第一，积极推进经济市场化建设。党中央提出，不仅让市场在资源配置中起基础性作用，更提出要让市场在资源配置中起决定性作用。市场决定资源配置是市场经济的一般规律，健全社会主义市场经济体制必须遵循这条规律，要着力解决市场体系不完善、政府干预过多和监管不到位等问题。如何积极推进经济市场化，一是中央政府对政府的职责和作用进行了界定，提出政府的职责和作用主要是保持宏观经济稳定，加强和优化公共服务，保障公平竞争，加强市场监管，维护市场秩序，推动可持续发展，促进共同富裕，弥补市场失灵。二是提出凡是能由市场形成价格的都交给市场，政府不进行不当干预。要推进水、石油、天然气、电力、交通、电信等领域价格改革，放开竞争性环节价格。三是提出要进一步完善金融市场体系。扩大金融业对内对外开放，在加强监管前提下，允许具备条件的民间资本依法发起设立中小型银行等金融机构。推进政策性金融机构改革。四是提出要进一步完善人民币汇率市场化形成机制，加快推进利率市场化，健全反映市场供求关系的国债收益率曲线。第二，积极推进社会公平化建设。党中央明确提出，要紧紧围绕更好保障和改善民生、促进社会公平正义深化社会体制改革，改革收入分配制度，促进共同富裕，推进社会领域制度创新，推进基本公共服务均等化，加快形成科学有效的社会治理体制，确保社会既充满活力又和谐有序。第三，进一步提升国家安全化水平。一是党中央明确提出要推进国家治理体系和治理能力现代化。二是在社会治理方面，党中央提出要进一步创新社会治理，要提高社会治理水平，全面推进平安中国建设，维护国家安全，确保人民安居乐业、社会安定有序。三是在化解社会矛盾方面，党中央提出要创新有效预防和化解社会矛盾体制。健全重大决策社会稳定风险评估机制。建立畅通有序的诉求表达、心理干预、矛盾调处、权益保障机制，使群众问题能反映、矛盾能化解、权益有保障。四是在公共安全方面，党中央提出要进一步健全公共安全体系。要完善统一权威的食品药品安全监管机构，建立最严格的覆盖全过程的监管制度，建立食品原产地可追溯制度和质量标识制度，保障食品药品安全。要进一步深化安全生产管理体制改革，建立隐患排查治理体系和安全预防控制体系，遏制重特大安全事故。健全防灾减灾救灾体制。要进一步加强社会治安综合治理，创新立体化社会治安防控体系，依法严密防范和惩治各类违法犯罪活动。五是在网络安全方面，党中央提出，要坚持积极利用、科学发展、依法管理、确保安全的方针，加大依法管理网络力度，加快完善互联网管理领导体制，确保国家网络和信息安全。六是党中央提出设立国家安全委员会，完善国家安全体制和国家安全战略，确保国家安全。第四，坚持节俭经济学并注重微调控。针对中国经济发展现状，习近平总书记和中央大力提倡节俭经济发展模式，这是对经济理论的重大贡献和创新。从长期看，凯恩斯所谓"节俭的悖论"本质是不存在的，注重节俭才是真正的经济学。在经济调控方式方面，习近平总书记和中央领导集体，注重微调控，这也是对经济调控理论的重要贡献。所谓微调控，是和面调控相对的一个范畴。比如，扩大需求，通过增发货币，其影响就是一种面的影响，这种调控就是一种面调控。而微调控，主要手段是微刺激，同时，调控的对象也具有微观特定性，另外，以经济运行在一定区间为主要调控目标。微调控的好处有：一是微调控有利于经济平稳发展，可有效克服原来调控模式的不足；二是微调控也使调控更具针对性和方向性，减少了调控的盲目性。从我国发展实践看，面对这几年经济下滑形势，国家通过微刺激方式，总体对经济起到了良好促进效果，也使经济发展更平稳，防止了大起大落。

（三）创新了发展经济学经济发展战略理论

发展经济学主要研究发展中国家的经济发展，发展中国家如何推进经济发展，在发展经济学中主要有两种经济发展战略理论：一是平衡经济发展战略，二是非平衡经济发展战略。针对中国经济发展现实，习近平总书记提出"经济带"带动发展战略，比如提出建设"新丝绸之路经济带"和"21世纪海上丝绸之路"等战略。这种以"经济带"带动国家经济发展的思路，是对发展经济学发展战略理论的重要创新。综合看，建设新丝绸之路经济带，其战略意义是多方面的。首先，将使我国对外开放格局更加均衡。改革开放30多年，我国对外开放总体实际重点在沿海，而建设新丝绸之路经济带，将有利于我国对外开放形成全国更加均衡的开放格局，这对区域均衡发展十分有利。其次，经济意义巨大。我国30多年经济高增长，推动因素是多方面的，其中劳动力成本优势发挥了巨大的作用。如今，我国的劳动力成本优势正面临人口红利减少的压力，同时，我国经济发展面临的资源能源约束也越来越大。而新丝绸之路经济带总体状况是地域辽阔，有着丰富的自然资源、矿产资源、能源资源、土地资源和宝贵的旅游资源，被称为21世纪的战略能源和资源基地。建设新丝绸之路经济带，将为我国今后新一轮经济持续增长提供能源和资源方面的新动力。同时，也有利于形成沿海与内地更加紧密和互为依托的经济分工新格局。最后，建设新丝绸之路经济带，政治文化意义也重大。将进一步拓展我国对外文化交流的渠道，同时，也有利于更好解决民族宗教问题，对维护国家安全意义重大。另外，建设"21世纪海上丝绸之路"，对进一步深化中国对外开放，也具有重大战略意义。"一带一路"战略实施，最终有助于形成以中国为核心的区域增长极，对推动亚洲经济和世界经济都具有重要意义。

参考文献：

[1]《习近平谈治国理政》，外文出版社2014年版。

[2] 习近平：《摆脱贫困》，福建人民出版社1992年版。

[3] 习近平：《关于〈中共中央关于全面深化改革若干重大问题的决定〉的说明》，中国环境年鉴2014年版。

[4] 习近平：《关于〈中共中央关于制定国民经济和社会发展第十三个五年规划的建议〉的说明》，《新长征》2015年第12期。

[5] 习近平：《在纪念毛泽东同志诞辰120周年座谈会上的讲话》，《中国改革年鉴》2014年版。

[6] 宋圭武：《新常态新路径中国改革再思考》，中国经济出版社2015年版。

（原载于《社科纵横》2016年第5期）

全面建成小康社会思想的经济学思考[*]

全面建成小康社会是习近平有关"中国梦"理论的重要内容，现在我国已进入全面建成小康社会的"冲刺"阶段。习近平总书记根据新形势下出现的新情况，或在各种会议上，或在调研途中，或在有些文件的批示中，都做出了"全面建成小康社会"的系列最新论述，这些最新论述体现了我们党一切为了人民、一切依靠人民的执着追求，表达了我国人民的经济诉求，表明了我党对全面建成小康社会目标的坚定信念，同时也引发了我们对全面建成小康社会的系列经济学思考。

一、全面建成小康社会思想的经济理论溯源

全面建成小康社会思想继承了我们党第一代领导集体和第二代领导集体有关国家经济发展的战略思想，又直接来源于我们党以往对小康社会的恢宏经济建设的实践活动，同时它的产生又根植于中华文明的积极成果中。

（一）全面建成小康社会思想秉承了中华传统的"小康"文明成果

小康社会是一个具有东方特色的概念，带有鲜明的中国传统文化烙印。最早出现"小康"词句是在《诗经》中，它是这样记载的："民亦劳止，汔可小康，惠此中国，以绥四方"。[①] 它的意思是说，老百姓已经很劳累了，希望过上安居乐业的生活；只有这样，才能国富民强，四方安稳。这是我国最早的"小康"词句的文字记载。而"小康"作为一种社会理想的发展模式，最早要见于

　＊ 本文作者：黄毓哲（1956 - ），女，中共江西省委党校教授，研究方向为应用经济学；钟利民（1956 - ），男，江西科技师范大学教授，研究方向为马克思主义经济哲学。

　① 程俊英：《诗经译注》，上海古籍出版社 1985 年版，第 550 页。

《礼经》一书中孔子的"小康"观点。孔子认为"小康"社会是一个礼仪纲纪，君臣、父子、夫妻、兄弟关系分明，奉行礼制的天下。随后，中国历代的思想家和政治家们不断继承并发展孔子的小康社会思想。如西汉时期儒家经典《礼记·礼运》中，出现了对"大同"社会的描述。宋代洪迈《夷坚志》中有"久困于穷，冀以小康"，① 来表达人们对心目中美好社会的向往。清代康有为著《大同书》，以新的视角阐述"小康""大同"的概念，在他的书中，他把人类社会设计为"据乱世""升平世"和"太平世"三个历史演变阶段，② 其中"升平世"就是他论述的"小康"社会。革命的先行者孙中山在吸取近代西方社会主义的某些观点后，又以三民主义为基础，提出了"天下为公"的大同社会理想。他认为，"将来世界上总有和平之望，总有大同之一日，此吾人无穷之希望，最伟大之思想"。③ 从上述中国小康社会思想的发展过程来看，中国思想家们对未来社会的设计和想象，"小康""大同"社会总是与经济发展、社会稳定、人民富足密切联系。限于当时客观条件，这种社会理想没能，也不可能实现。但这些"小康""大同"思想，却为后来中国共产党人提出"小康"社会思想提供了宝贵的思想材料，也成为习近平全面建成小康社会思想的积极文明成果。

（二）第一代领导集体的经济发展战略设想是全面建成小康社会思想的理论和实践依据

以毛泽东为代表的党的第一代中央领导集体，在领导全国人民取得国家政权后，在一穷二白的基础上，一直摸索着强国富民的发展建设道路。在1949年的七届二中全会上，毛泽东就提出要使中国逐步地由农业国转变为工业国的设想。1954年，周恩来在《政府工作报告》中，向全世界郑重宣布了建设"四个现代化"的宏伟战略目标。1964年，周恩来遵照毛泽东"把国民经济搞上去"的指示精神，提出了从第三个五年计划开始，按两步走发展我国国民经济的战略构想，即在1980年前，建成一个独立的比较完整的工业体系和国民经济体系；然后，再用20年的时间，全面实现农业、工业、国防和科学技术的四个现代化，使我国的国民经济走在世界的前列。中国共产党第一代领导集体的这种

---

① 洪迈：《夷坚志》第2册，中华书局2010年版，第717页。

② 康有为：《大同书》，中国人民大学出版社2010年版，第79页。

③ 《孙中山文集》第3卷，中华书局1984年版，第25页。

经济发展战略设想及其他们的实践，使我国迅速摆脱了一穷二白的落后状况，并初步建立了一个独立的较完整的国民经济体系，为我国以后的发展奠定了坚实的基础，也为后来习近平全面建成小康社会思想的产生提供了坚实的理论和实践依据。

（三）邓小平"小康社会"构想及其实践是全面建成小康社会思想的直接来源

十一届三中全会以后，改革开放的总设计师邓小平是我党第一个提出"小康社会"的领导人。他在第一代领导集体实施经济发展战略设想的基础上，论述了"小康"概念和提出了"小康社会"构想。1979年他指出，"我们要实现的四个现代化，是中国式的四个现代化……中国只是一个小康的国家"。① 他还认为："到本世纪末（即20世纪末）争取国民生产总值每人平均达到一千美元，算个小康水平"。② 中国式的现代化，就是要"使全国人民普遍过上小康生活，我们要坚持社会主义，不坚持社会主义，中国的小康社会形成不了"。③ 后来，邓小平较多地从经济数据的角度来论述"小康"的问题，他讲，"我们原定的目标是第一步在80年代翻一番，以1980年为基数，当时国内生产总值人均只有250美元，翻一番，达到500美元，第二步是到本世纪末，再翻一番，人均达到1000美元。实现这个目标，意味着我们进入小康社会，把贫困的中国变成小康的中国"。④ 与此同时，党的十二大也提出，从1981年到本世纪末的20年，力争实现全国工农业的年总产值翻两番的目标。从那时起，我们党就带领全国人民开始了"奔小康"的奋斗过程。1997年，党的十五大报告指出，"我们党在改革开放初期提出的本世纪末达到小康的目标，能够如期实现"。⑤ 后来，江泽民的"全面建设小康社会"思想及其实践和胡锦涛带领全国人民继续"全面建设小康社会"的实践活动，都是习近平全面建成小康社会思想最直接的理论来源和实践依据。

---

① 《邓小平文选》第2卷，人民出版社1994年版，第237—238页。
② 《邓小平文选》第2卷，人民出版社1994年版，第259页。
③ 《邓小平文选》第2卷，人民出版社1994年版，第64页。
④ 《邓小平文选》第3卷，人民出版社1993年版，第226页。
⑤ 中共中央文献研究室：《十一届三中全会以来党的历次全国代表大会中央全会重要文件选编》下，中央文献出版社1997年版，第456页。

二、全面建成小康社会思想的主要经济方面的内容

"全面建成小康社会"思想主要体现在十八大报告中，体现在他的系列讲话中，其主要经济方面的内容有以下几个方面。

（一）全面建成小康社会是一个系统目标，最突显的是刚性经济指标

习近平全面建成小康社会思想涉及经济、政治、文化、社会和环境五个方面的目标要求，即经济持续健康发展，人民民主不断扩大，文化软实力显著增强，人民生活水平全面提高，资源节约型、环境友好型社会建设取得重大进展。而经济指标方面，明确提出"到2020年，实现国内生产总值和城乡居民人均收入比2010年翻一番"。① 这是习近平全面建成小康社会思想最突显的经济目标，最刚性的经济任务。

（二）与中华民族伟大复兴的中国梦相联系，论述全面建成小康社会问题

习近平总书记在2013年12月30日讲到，"中国梦意味着中国人民和中华民族的价值体认和价值追求，意味着全面建成小康社会、实现中华民族伟大复兴，意味着每一个人都能在为中国梦的奋斗中实现自己的梦想"。② 同时习近平还讲到，"中国已经进入全面建成小康社会的决定性阶段。实现这个目标是实现中华民族伟大复兴中国梦的关键一步"。③ 可见，小康社会的全面建成是实现中国梦的内容之一。

（三）与世界发展、外国团结协作相联系，论述全面建成小康社会问题

在当今世界经济全球化，经济发展一体化的背景下，中国发展离不开世界，世界发展需要中国的参与。中国全面建成小康社会，对世界都产生着影响。正如习近平在中国—拉共体论坛首届部长级会议开幕式致辞中讲的那样，"当前，中国人民已在为全面建成小康社会、实现中华民族伟大复兴的中国梦而奋斗，拉美和加勒比各国人民也在为实现团结协作、发展振兴的拉美梦而努力。共同

① 《习近平在中国国际友好大会暨中国人民对外友好协会成立60周年纪念活动上的讲话》，http：//news. sina. com. cn/o/2015 – 03 – 04/111331566312. shtml。
② 《习近平：建设社会主义文化强国着力提高国家文化软实力》，http：//news. sina. com. cn/o/2015 – 03 – 04/111331566312. shtml。
③ 《习近平：弘扬丝路精神深化中阿合作》，http：//news. sina. com. cn/o/2015 – 03 – 04/111331566312. shtml。

的梦想和共同的追求，将中拉双方紧密联系在一起。"①

（四）与"边、少、老"地区同步发展相联系，论述全面建成小康社会问题

习近平总书记指出，"全面建成小康社会，不能丢了农村这一头"，② 他在考察福建时指出，"福建山区多、老区多……支持和帮助贫困地区和贫困群众尽快脱贫致富奔小康，决不能让一个苏区老区掉队。"③ 从上述系列讲话中可以看出，习近平全面建成小康社会思想是"全面的小康""整体的小康"和"全民族的小康"思想。习近平总书记考察独龙族怒族自治县时又指出，"全面实现小康，一个民族都不能少"。④

（五）与民生问题息息相关联来论述全面建成小康社会问题

习近平总书记指出，"没有全民健康，就没有全面小康……真正解决好基层群众看病难、看病贵的问题"。⑤ "人民身体健康是全面建成小康社会的重要内涵"。⑥ "人才是衡量一个国家综合国力的重要指标。没有一支宏大的高素质人才队伍，全面建成小康社会……就难以顺利实现。"⑦ 这些都说明，习近平全面建成小康社会思想心系群众、心系民生、心中始终惦念人民群众的根本福祉。

总之，习近平全面建成小康社会思想，内涵非常丰富，涉及的领域也非常广泛。国务院发展研究中心根据习近平总书记的系列讲话精神，对习近平总书记全面建成小康社会的内涵及其系列目标确定的原则，从统计学角度，确定了全面建成小康社会的指标体系，归纳了 6 个方面 16 个子项。其中经济方面有 4

---

① 习近平：《在中国—拉共体论坛首届部长级会议开幕式上的致辞》，http：//news. hexun. com/2015 – 01 – 08/172190935. html。

② 《习近平在福建调研的讲话》，http：//news. sina. com. cn/o/2015 – 03 – 04/111331566312. shtml。

③ 《习近平考察福建纪行》，http：//news. sina. com. cn/o/2015 – 03 – 04/111331566312. shtml。

④ 《习近平会见贡山独龙族怒族自治县干部群众代表侧记》，http：//news. sina. com. cn/o/2015 – 03 – 04/111331566312. shtml。

⑤ 《习近平在江苏调研时的讲话》，http：//news. sina. com. cn/o/2015 – 03 – 04/111331566312. shtml。

⑥ 《习近平会见参加全国群众体育先进单位和先进个人表彰会上的重要讲话》，http：//news. sina. com. cn/o/2015 – 03 – 04/111331566312. shtml。

⑦ 《习近平在欧美同学会成立 100 周年庆祝大会上的讲话》，http：//news. sina. com. cn/o/2015 – 03 – 04/111331566312. shtml。

个子项指标，与经济建设密切相联系的政治方面有 2 个子项指标，文化方面有 2 个子项指标，社会方面有 3 个子项指标，环境方面有 3 个子项指标，制度方面有 2 个子项指标。这些指标是全面建成小康社会内容的量化，是构成全面建成小康社会的定性定量，是定量分析的重要内容。

三、全面建成小康社会思想的经济学含义

习近平总书记的一系列有关"全面建成小康社会"的讲话，蕴含重要的经济学含义，也是当代科学经济理论朴素、生动、具体的中国式表达。他的"全面建成小康社会思想"的经济学含义主要有以下方面。

（一）包含着丰富的马克思主义市场经济学的最新内容

当代马克思主义市场经济学的核心内容就是要在市场经济领域发挥市场配置资源的基础性、决定性作用。全面建成小康社会首先就是要经济持续健康发展，没有经济的健康持续发展就不能达到国民生产总值和人均收入翻番的目标。为此，习近平总书记提出："进一步形成全国统一的市场体系，形成公平竞争的发展环境。要把更好发挥市场在资源配置中的基础性作用作为下一步深化改革的重要取向，加快形成统一开放、竞争有序的市场体系……提高资源配置效率。"①

在马克思主义市场经济学领域，习近平总书记在全面建成小康社会思想内容中至少三个方面的内容进行了丰富和发展。第一，关于经济转型发展的新思想。发展是解决我国所有问题的关键。改革开放以来，我国经济一直保持着较高的增长速度。但经济发展中，不平衡、不协调、不可持续的问题一直十分突出。如何实现科学发展、转型发展是习近平总书记一直高度重视的问题。他一再强调要尊重经济规律，保持有质量、有效益、可持续的速度，要在不断转变经济发展方式、不断优化经济结构中实现经济的增长。习近平总书记深刻阐明了全面建成小康社会需要什么样的增长速度和怎样实现这样的增长速度的问题。这些为破解片面追求经济增长这一长期问题提供了科学的思想方法。第二，关于市场导向内生驱动的新思想。在后金融危机时期，中国经济发展的约束和限

---

① 《习近平在湖北省武汉市主持召开部分省市负责人座谈会，征求对全面深化改革的意见和建议时的讲话》，http://finance.sina.com.cn/china/20130725/031116233246.shtml。

制明显增多，经济增速也由原来的长时间的两位数下降到7%～8%左右，并且下滑的压力一直在加大。面对经济新常态发展的情况，习近平总书记强调要"增强经济增长的内生活力和动力"。① 为此，我们要做到保持定力不刺激，深化改革促转型，扩大内需保增长，让中国经济在市场经济的正确轨道上自主修复内生增长。习近平总书记关于市场导向内生增长的经济思想是当代马克思主义市场经济学的最新成果，对中国经济转型发展有着直接而现实的指导意义。

第三，关于不简单以GDP增长率论英雄的新思想。GDP数据是反映经济增长、经济规模和经济结构最重要的宏观经济统计指标之一，它在经济活动中广泛使用并发挥重要作用。但同时也有其局限性。一段时间以来，有些地方把GDP的增长数据与干部的政绩简单挂钩，进而有些地方出现弄虚作假，发生毁坏环境等严重后果。为此，习近平总书记以马克思主义市场经济学的科学态度，提出再也不能简单以GDP增长率来论英雄、提干部、看发展了。而是要既看GDP，又要看"绿色"发展；既要看全面工作，又要看干部作风；既要看经济增长数量和速度，更要看增长的质量和效益。这些思想丰富了经济核算的科学内容，有力地促进了我国经济核算的理性回归，为我国真实的经济核算创造了良好的社会环境、生态环境，也弘扬了干部为民务实的优良作风。

（一）包含着丰富的计量经济学的内容

计量经济学是以一定的经济理论和统计资料为基础，以运用数学、统计学等方法对经济变量关系进行定量分析为主要手段研究的学科。计量经济学的基础是经济指标。早在邓小平阐述"小康问题"时就提出在2000年达到人均1000美元的经济目标。这是通过科学的统计方法和我国经济发展趋势而提出的"小康"经济量化目标。今天，习近平总书记的"全面建成小康社会"思想也包含着系列的具体经济指标，到2020年全面建成小康社会时，人均GDP达到31400元，第三产业增加值占GDP比重超过50%，基尼城乡居民收入比要低于2.8：1，系数在0.3～0.4之间，地区经济发展差异系数要低于60%，城乡居民人均可支配收入达到15000元，恩格尔系数小于40%，城乡居民人均住房使用面积27平方米，居民文教娱乐服务支出占家庭消费支出比重16%，单位GDP能耗低

---

① 《习近平经济增长必须是实实在在和没有水分的增长》，http：//theory. people. com. cn/n/2014/1225/c391839－26275123. html。

于 0.84 吨标准煤/万元,环境质量指数等于 100%,常用耕地面积保持在红线（18 亿万公顷）以上并实现动态平衡,等等,这些都是全面建成小康社会的具体经济指标。在计量经济学范畴内,这些反映全面建成小康社会的具体经济指标都是必要的基础性的数据内容。

（三）包含着丰富的"农村经济学"等方面的内容

全面建成小康社会思想包含着丰富的农村经济学、百姓经济学,特别是"穷人"经济学的内容。从目前我国全面小康社会建设现状来看,全面建成小康社会的"短板"或难点在农村,在边远山区,在少数革命老区,在落后地区的农村"老乡"中。因为边远农村、"老区"仍然生活在贫困线上的 7000 万人需要脱贫。据 2013 年国家统计局发布的数据看,全国农村贫困人口全部脱贫大致需要 5.8 年。而农村的"全面小康"与"全部脱贫"还不是一回事。脱贫着重看收入,看的是温饱;全面小康则是包括政治、经济、社会、文化等的综合指标。所以,习近平在视察革命老区和贫困地区时指出,小康不小康,关键看老乡。"全面建成小康社会,最艰巨最繁重的任务在农村,特别是在贫困地区。没有农村的小康,特别是没有贫困地区的小康,就没有全面建成小康社会。"[1] 习近平总书记还一再强调全面建成小康社会,"一个民族都不能少","不能丢了农村这一头","决不能让一个苏区老区掉队"。[2] 从习近平视察多地农村、老区和少数民族地区时表达的全面建成小康社会思想来看,我们全面建成小康社会必须了解农村,了解农民,了解"穷人"。这些内容都是农村经济学、百姓经济学、"穷人"经济学中的内容之一。这些内容充分说明习近平全面建成小康社会思想对我国实现全面建成小康社会指向更明确,心情更急迫,语气更坚定,其深邃的思想理论更接地气。

四、打好"攻坚战",全面深化改革,积极推进小康社会的全面建成

2012 年,党的十八大报告中就提出,我国全面建成小康社会"已经进入决定性阶段"的论断。两年多的建设实践表明,我国经济发展虽然受后世界金融

---

[1] 《习近平到河北阜平看望慰问困难群众的讲话》,http://news.sina.com.cn/o/2015 - 03 - 04/111331566312.shtml。

[2] 《习近平在福建、江苏、贡山民族自治县等地的讲话》,http://news.sina.com.cn/o/2015 - 03 - 04/111331566312.shtml。

危机时代的影响，但我国的经济仍以每年7%左右速度增长，经济总量仍为世界第二，现正朝着预定的目标前进。但是，也要看到我国全面建成小康社会的任务仍然十分繁重，特别是农村发展比较缓慢，社会体制不够完善，就业、住房、医疗、教育等民生问题明显，我国还处在社会主义初级阶段，社会的主要矛盾影响着全面建成小康社会的进程。为此，我们要按照习近平总书记最近系列讲话的要求，全面深化改革，以促进小康社会在2020年的全面建成。

（一）深化经济体制改革，完善市场经济体制，促进全面小康社会的及时建成

全面深化改革是实现中国梦的必由之路，也是我们全面建成小康社会不竭的动力。习近平总书记指出"为了实现中国梦，必须全面深化改革"。① 全面深化改革，在经济领域，首先是深化经济体制的改革，完善市场经济体制。其核心就是处理好政府与市场的关系，让市场在转变经济发展方式中发挥更大的作用。其次是深化分配制度改革，收入分配改革是保障基本收入增加的必要条件。要实现城乡居民人均可支配收入1.8万元的全面小康目标，就要理顺现有收入分配关系，治理好现在的收入分配秩序，千方百计增加居民收入。然后是深化城乡二元经济结构的改革。城乡二元经济结构是制约城乡发展一体化的主要障碍。目前，我国农业基础仍然薄弱，农村的居民收入、农村的基础设施、对农民的公共服务水平等方面与城市相比，差距还非常明显。这些都是全面建成小康社会的瓶颈。为此，要加快城乡二元经济结构的调整，完善城镇化健康发展的体制机制，使城镇和乡村协调发展，共同达到小康。一句话，就是要深化改革，促进全面小康社会的及时建成。

（二）抓住发展不放松，保持经济平稳较快增长，确保全面建成小康社会如期实现

到2020年我国的GDP总量要达到35.76万亿人民币（按2000年不变价格计算），人均GDP要达到2.83万元人民币（按2000年不变价格计算），小康社会的全面建成还有一系列经济、社会、生态建设等方面的指标。要实现这些目标，必须紧紧围绕发展第一要义，抓住发展不放松，不懈怠，不争论，不折腾。

---

① 习近平：《在中法建交五十周年纪念大会上的讲话》，http：//cpc.people.com.cn/n/2014/0329/c64094-24770826.html。

在剩下五年的时间里，按照党中央国务院关于经济社会发展稳中求进的总基调，坚持发展是硬道理的战略思想，保持经济平稳地以 7% 左右的速度增长，以确保全面建成小康社会经济目标的如期实现。

（三）科学制订和实施"十三五"规划，认清"攻坚阶段"的"短板"，确保小康社会的全面建成

现在离全面建成小康社会目标的 2020 年只有五年多时间了，这是最后的冲刺阶段，又是我国的"十三五"时期。对当前经济结构、区域结构、城乡结构和产业结构进行调整，突破资源环境瓶颈制约，特别要认清实现全面建成小康社会的关键在农村，在边远山区，在少数民族地区，在解决农民这些"短板"问题。为解决这些短板问题，一定要拿出真正管用的硬措施，一件一件地落实，苦干加巧干，确保取得实实在在的成效，做到精准脱贫致富，精准弥补"短板"，以确保小康社会的全面建成。

（四）认真落实"四个全面"要求，协调推进小康社会的全面建成

在以习近平为核心的中央领导集体领导我国进行"全面建成小康社会"的实践过程中，2014 年底，习近平总书记提出了"四个全面"（即全面建成小康社会、全面深化改革、全面依法治国和全面从严治党）的治国理政新思路、新布局。在这"四个全面"中，全面建成小康社会是我国近在咫尺的战略目标；全面深化改革是实现这一目标的持续动力；全面依法治国是实现这一宏伟目标的有力保障；而全面从严治党是实现其他"三个全面"的政治保证、组织保证和作风保证。这"四个全面"相辅相成、相互促进、相得益彰。按照习近平总书记强调的"协调推进四个全面"的新布局，我们要认真贯彻"四个全面"的新要求、新韬略，协调稳步地推进小康社会的全面建成和另外三个全面的工作，推动改革开放和社会主义现代化建设迈上新台阶，以确保全面建成小康社会的目标，中华民族伟大复兴的中国梦目标的顺利实现。

（原载于《山东行政学院学报》2016 年第 3 期）

十八大以来中国共产党对马克思主义
政治经济学的创造性发展及其实践意义 *

2015 年 11 月 23 日，习近平在主持中共中央政治局第 28 次集体学习时强调，要立足我国国情和新的发展实践，揭示新特点新规律，提炼和总结我国经济发展实践的规律性成果，把实践经验上升为系统化的经济学说，不断开拓当代中国马克思主义政治经济学新境界。习近平的这一讲话凸显出发展马克思主义政治经济学的紧迫性和时代意义，也对马克思主义政治经济学在中国的创新发展提出了新要求，寄予了新期待。

一、马克思主义政治经济学在中国发展迎来新的历史机遇

马克思主义政治经济学被列宁概括为马克思主义理论的三大组成部分之一，其中的剩余价值理论被当作是马克思主义的两大历史性发现之一，深刻揭露了资本主义制度的弊端和工人阶级受剥削的根源，对于马克思主义理论从空想变为科学具有决定性意义。马克思主义政治经济学关于社会经济运行一般规律的基本观点是迄今为止历史上形成的最为科学的经济学观点，对中国的经济改革与发展乃至世界经济改革与发展都有重要的指导意义。然而，在战后，无论是在中国还是在国际上，总有那么一些人力图否定马克思主义政治经济学的指导

* 本文作者：郑自立（1975－），男，湖南永州人，博士后，中国社会科学院马克思主义理论骨干人才计划博士研究生，湖南省社会科学院副研究员，主要从事马克思主义理论与思想教育，文化创意产业理论与实践研究。

基金项目：中国博士后科学基金项目（2014M552136）；湖南省哲学社会科学基金基地项目（14JD34）。

地位，尤其20世纪90年代以来由于资本主义世界的经济"复苏"更是加剧了这一态势，一度造成马克思主义政治经济学在世界经济学界被"边缘化"，在中国国内"修正"甚至"否定"马克思主义政治经济学的声音亦是"不绝于耳"。而令人注意到的是，近几年这一态势已在逐渐改善，尤其在中国复兴马克思主义政治经济学的声音逐渐兴盛起来，马克思主义政治经济学在中国的发展也迎来了新的历史性机遇，这主要反映在以下几个方面。

1. 西方主流经济学理论在世界金融危机的冲击下而陷入"全面危机"

进入20世纪80年代以后，新自由主义经济理论开始成为西方主流经济学理论。该理论的基本观点认为，市场自由竞争能够保证市场的均衡状态，虽然可能出现部分产品生产过剩，但同时一定会有另一部分产品供不应求，这种供求关系会通过价格机制自动调节资本流向，从而实现产品数量和价格的均衡，绝不会出现普遍的生产过剩。① 然而也正是这一理论及其政策主张在西方世界的"大行其道"，结果催生出二战以来资本主义世界最严重的一次金融风暴和经济危机，即2007~2009年的环球金融危机。而且面对危机，新自由主义经济学理论无论是在解读危机还是在克服危机、拯救经济上都"不在行"，显得力不从心，以至于到现在，世界资本主义经济还未"真正"走出危机。这一事实表明，西方所崇信的新自由主义经济学理论"不靠谱"。"经济理论的明显破产，即是，除经济学家外，对谁都显得最需要给予回答的问题，这种理论再次无言以对了。"② 这一事实也有力地破除了中国一些人甚至某些高层人士对西方主流经济学理论的迷信，为马克思主义政治经济学在中国的发展与突破，赢得了较好的思想环境与舆论环境。

2. 改革开放以来中国特色社会主义经济实践经验的既有总结与提升

中国共产党是一个善于学习和总结经验的政党，这也是她长期立于不败之地的重要原因。进入改革开放新时期以来，中国共产党非常重视对中国特色社会主义经济实践经验的总结与提升，不断丰富和发展马克思主义政治经济学，先后提出了一系列关于中国特色社会主义经济发展的新观点、新论断和新理论。比如，中国共产党第十二届三中全会通过的《关于经济体制改革的决定》提出

---

① 陆文强：《剥开"新自由主义经济学"的面纱》，《求是》2014年第6期。
② 琼·罗宾逊：《经济理论的第二次危机》，《国外社会科学》1978年第5期。

了社会主义有计划商品经济理论，强调商品经济是社会主义经济发展不可逾越的阶段；中国共产党十四大报告系统提出了社会主义市场经济理论，强调市场经济应成为发展社会主义的重要手段；中国共产党十五大报告把以公有制为主体，多种所有制经济共同发展明文确定为中国特色社会主义的一项基本经济制度等等。这些既有的总结与提升，形成了当代中国马克思主义政治经济学的"基本框架"，为马克思主义政治经济学在十八大以后的新突破奠定了坚实的理论基础和正确的理论基调。

3. 中国经济步入新常态呼唤政治经济学理论创新

习近平在2014年12月召开的中央经济工作会议上强调指出："我国经济发展进入新常态，是我国经济发展阶段性特征的必然反映，是不以人的意志为转移的。认识新常态、适应新常态、引领新常态，是当前和今后一个时期我国经济发展的大逻辑。"中国经济发展的新常态是以速度变化、结构变化和动力变化为主要特征的。这一新常态是一种全新的经济发展趋势和现象，如何适应新常态，搞好新常态经济的发展，没有现成的答案，需要我们在坚持马克思主义政治经济学原理为指导的基础上做出新的探索。中国的经济虽然属于内生型经济，但日益开放的中国经济越来越离不开世界。然而，当前处于后金融危机时代的世界经济不确定因素增多，形势异常错综复杂，如何有效改善中国经济发展的外部环境，在促进国内新常态经济发展向好的同时，带动世界经济走出困局，热切呼唤有更大的理论创新。这就为马克思主义政治经济学在中国的发展与突破带来了难得的时代机遇，同时也带来了前所未有的挑战。

二、十八大以来中国共产党对马克思主义政治经济学发展的重要贡献

十八大以来，中国共产党在以习近平为总书记的党中央的正确领导下，结合中国特色社会主义经济发展新实际，提出了一系列解决当下中国经济发展问题的重要理论，为中国经济发展指明了方向和出路，对马克思主义政治经济学发展做出了诸多重要的贡献。具体来看，这主要反映在以下几个方面。

1. 深化和发展了社会主义本质论

对于社会主义本质是什么的问题，邓小平立足于改革开放之始的新形势做过科学而又具有创造性的回答。邓小平指出："社会主义的本质，是解放生产力，发展生产力，消灭剥削，消除两极分化，最终达到共同富裕。"① 这一回答有力地破除了"左倾"思想的束缚，极大地推进了改革开放的进程。十八大以来，以习近平为总书记的中国共产党人根据变化了的形势，对社会主义本质内涵做出了一系列新的阐释，比如，中国共产党十八大报告提出"社会和谐是中国特色社会主义的本质属性"；中国共产党第十八届四中全会审议通过的《中共中央关于全面推进依法治国若干重大问题的决定》又提出，"党的领导是中国特色社会主义最本质的特征"，"依法治国，是坚持和发展中国特色社会主义的本质要求和重要保障"；中国共产党第十八届五中全会审议通过的《中共中央关于制定国民经济和社会发展第十三个五年规划的建议》又提出"共享是中国特色社会主义的本质要求"等。这些新阐释把我们对于"社会主义本质是什么"的认识提升到了一个新的高度，让我们看到了一个具有丰富内涵的社会主义本质概念，使我们更加清晰地认识到，社会主义社会应该是一个政治、经济、文化、社会、生态等五个方面协调发展的崭新社会。

2. 提出了一系列关于健全和完善社会主义初级阶段基本经济制度的重要论断

十八大以来，中国共产党继续坚持和完善十五大所确立的以公有制为主体、多种所有制经济共同发展的基本经济制度，在理论上有诸多创新。比如，中国共产党十八大报告指出，巩固公有制的主体地位，形式可以灵活多样，关键在于"增强国有经济活力、控制力、影响力"。这进一步深化了我们对于"公有制主体地位"内涵的认识，为我国在发展公有制经济实践中进一步解放思想奠定了重要的理论基础。同时，十八大报告又强调，"毫不动摇鼓励、支持、引导非公有制经济发展，保证各种所有制经济依法平等使用生产要素、公平参与市场竞争、同等受到法律保护。"这一论断进一步提高了"非公有制经济"在我国的发展地位，为破解我国非公有制经济发展实践中遇到的"玻璃门""弹簧门""旋转门"等问题指明了出路。中国共产党第十八届三中全会通过的《中共中央关于全面深化改革若干重大问题的决定》（以下简称《决定》）则又进一步提出，"公有制经济和非公有制经济都是社会主义市场经济的重要组成部分，都是我国经济社会发展的重要基础"；"非公有制经济财产权同样不可侵犯"；"国有

---

① 邓小平：《邓小平文选：第3卷》，人民出版社1993年版，第373页。

资本、集体资本、非公有资本等交叉持股、相互融合的混合所有制经济，是基本经济制度的重要实现形式"等重要论断。这些论断为进一步解放思想，促进非公有制经济发展成为公有制经济发展的有力补充，增强各类所有制经济活力，奠定了重要的政治、思想和理论基础。

3. 建构了新的发展理念体系

十八大以来，以习近平为总书记的中国共产党人对"怎样才能实现科学发展"的问题做出了新的探索，提出了全新的发展理念，即创新、协调、绿色、开放、共享五大发展理念。中国共产党第十八届五中全会通过的《中共中央关于制定国民经济和社会发展第十三个五年规划的建议》（以下简称《建议》）对这五大发展理念做出了较为全面而系统地阐述，这也是中国共产党第十八届五中全会对马克思主义政治经济学发展所做出的最为突出的贡献。《建议》认为，创新是引领发展的第一动力；协调是持续健康发展的内在要求；绿色是永续发展的必要条件和人民对美好生活追求的重要体现；开放是国家繁荣发展的必由之路；共享是中国特色社会主义的本质要求。五者之间有机联系，辩证统一，坚持这五大发展理念是关系我国发展全局的一场深刻变革。

4. 创新和丰富了经济开放理论

十八大以来，经济开放理论的探索取得了诸多新的进展。首先，在开放理念上，倡导"共赢""双向"和"安全"，更加注重开放的"经济提质"效益。中国共产党十八大报告提出，要"完善互利共赢、多元平衡、安全高效的开放型经济体系"，"要加快转变对外经济发展方式，推动开放朝着优化结构、拓展深度、提高效益方向转变"。其次，在开放战略上，主张"必须实施更加主动的开放战略"。先后提出了"自由贸易区战略""一带一路"战略等开放战略及其实施要点。《决定》就实施自由贸易区战略问题强调指出："坚持世界贸易体制规则，坚持双边、多边、区域次区域开放合作，扩大同各国各地区利益汇合点，以周边为基础加快实施自由贸易区战略。"《建议》在推进一带一路建设上强调："坚持共商共建共享原则……以企业为主体，实行市场化运作。"最后，在开放路径和机制创新上，提出了"培育一批世界水平的跨国公司""推动内陆同沿海沿边通关协作""放宽投资准入""建立便利跨境电子商务"等重要举措。

5. 创建新常态经济学理论体系

2014 年 5 月习近平总书记在河南考察工作时，首次明确并公开表示了对中国经济进入新常态的"政治判断"。同年7月,习近平总书记在主持召开中共中央政治局会议研究经济形势和下半年经济工作时正式向全党发出了研究新常态,创建新常态经济学理论的"政治信号"。同年11月,习近平在亚太经合组织(APEC)工商领导人峰会上首次系统阐述了"新常态",对中国经济步入新常态阶段的主要特征及其带来的新机遇做了深刻的描述。同年12月,中共中央2014年经济工作会议在北京召开,本次会议深刻阐发了新常态经济运行的基本规律及其应对思路和对策,至此,新常态经济学理论的基本框架业已形成。本次会议的突出亮点就在于提出了应对新常态的十个"更加注重":"推动经济发展,要更加注重提高发展质量和效益。稳定经济增长,要更加注重供给侧结构性改革。实施宏观调控,要更加注重引导市场行为和社会心理预期。调整产业结构,要更加注重加减乘除并举。推进城镇化,要更加注重以人为核心。促进区域发展,要更加注重人口经济和资源环境空间均衡。保护生态环境,要更加注重促进形成绿色生产方式和消费方式。保障改善民生,要更加注重对特定人群特殊困难的精准帮扶。进行资源配置,要更加注重使市场在资源配置中起决定性作用。扩大对外开放,要更加注重推进高水平双向开放。"2015年10月出台的《建议》又重点对新常态发展背景下如何处理好政府与市场的关系、培育新的经济增长点、促进民营经济健康发展、提升居民消费能力和水平等问题做了深刻地论述,进一步丰富和发展了新常态经济学理论体系。

三、十八大以来马克思主义政治经济学中国化成果的重要价值与现实指导意义

十八大以来马克思主义政治经济学中国化成果是对马克思主义政治经济学的继承和发展,是马克思主义政治经济学基本原理与中国特色社会主义建设实际相结合的产物,是马克思主义中国化的"典范",是解决当前阶段中国特色社会主义经济发展问题唯一正确的理论体系,对现阶段乃至今后的中国特色社会主义经济建设都有重要的指导意义。

1. 十八大以来马克思主义政治经济学中国化成果是加快推动中国经济发展转型升级的"推进器"

在当前世界经济"疲软",国内经济走向新常态的背景下,过去中国所倚重的"三驾马车"对经济的牵引作用遇到瓶颈。这必然要求中国经济发展加快转

型升级，摆脱对外来投资和外贸出口的"被动依赖"，从"被动接受型"大国向"主动输出型"大国转变，而这也就需要练好"内功"，在提质创新上下功夫。十八大以来，在中国共产党的马克思主义政治经济学理论创新成果的指引下，中国经济业已找到了一些突破瓶颈的路径和办法，这也是今后一段时期实现中国经济发展转型升级的着力点：一是在"经济＋互联网"上下功夫。中国共产党十八届五中全会公报强调指出："实施网络强国战略，实施'互联网＋'行动计划，发展分享经济，实施国家大数据战略"。二是在培育新兴战略性产业上下功夫。在中国共产党十八大以来召开的五次中央全会报告中都强调了培育和支持新兴战略性产业发展的重要性，将之作为未来中国经济发展的新引擎和重要增长点。中国共产党第十八届五中全会通过《建议》明确要求，在"十三五"时期，必须"支持节能环保、生物技术、信息技术、智能制造、高端装备、新能源等新兴产业发展，支持传统产业优化升级"。三是在优化消费结构上下功夫。进入经济新常态，居民消费依然是中国经济增长的主要驱动因素，中国要在继续促进消费需求的同时，大力优化消费结构，以引领中国经济发展走向创新发展、内涵发展的新路，而这也就要求进一步提升居民消费能力，创设"正确"的消费舆论和政策环境，增强个性化、多样化的新型消费供给力度。四是在发展普惠金融上下功夫。着力满足"老边穷"地区、轻资产企业、弱势群体的金融扶助需求，而这也就要求完善金融制度，大力发展"草根金融""弱势金融"，创新金融产品和服务。五是在发展内贸流通上下功夫。2014年10月国务院专门发布《关于促进内贸流通健康发展的若干意见》，要求从发展现代流通方式、建设流通基础设施、改善营商环境等方面来促进内贸流通健康发展。六是在贯通经济转型发展与军民融合发展上下功夫。努力破除经济建设和国防建设的封闭隔离，实现资源在两大体系之间的流动、共享、整合和优化配置。

2. 十八大以来马克思主义政治经济学中国化成果是进一步深化经济体制改革的"指路灯"

"十三五"时期是中国全面深化改革的关键期和攻坚期，而经济体制改革又是中国全面深化改革的重中之重，能不能达到预期目标事关整个改革开放大局。当前中国经济发展面临的突出问题在于体制机制，主要包括：全国统一的成熟的现代市场体系尚未完全建立；非公有经济企业尚未真正获得与国有企业公平竞争的市场主体地位；各生产要素按贡献程度参与分配的机制尚未健全；生态效益、社会效益与经济效益兼顾的经济发展原则尚未真正确立；政府的市场角色定位及宏观调控职能亟须进一步明确和优化等。如何有效地解决这些问题？十八大以来中国共产党在马克思主义政治经济学理论上的创新为深化经济体制机制改革指明了出路。"十三五"时期中国经济体制改革应当在以下几个方面发力：一是要加快建立统一、开放、竞争、有序、公正的现代市场体系，促进市场在资源配置中发挥"决定性"作用。中国共产党十八届三中全会通过的《决定》强调："必须加快形成企业自主经营、公平竞争，消费者自由选择、自主消费，商品和要素自由流动、平等交换的现代市场体系，着力清除市场壁垒，提高资源配置效率和公平性。"二是切实转变政府职能，建设法治型和服务性政府。中国共产党十八届三中全会通过的《决定》指出，"健全以国家发展战略和规划为导向、以财政政策和货币政策为主要手段的宏观调控体系"，"最大限度减少中央政府对微观事务的管理，市场机制能有效调节的经济活动，一律取消审批，对保留的行政审批事项要规范管理、提高效率"。三是完善国民收入分配制度，建设"共享经济"。2013 年 2 月由中国国务院批转发布的《关于深化收入分配制度改革的若干意见》强调："坚持按劳分配为主体、多种分配方式并存，坚持初次分配和再分配调节并重，继续完善劳动、资本、技术、管理等要素按贡献参与分配的初次分配机制，加快健全以税收、社会保障、转移支付为主要手段的再分配调节机制。"四是毫不动摇地支持和引导非公有制经济的发展，发展混合所有制经济。中国共产党十八届五中全会通过的《建议》提出："鼓励民营企业依法进入更多领域，引入非国有资本参与国有企业改革，更好激发非公有制经济活力和创造力。"

3. 十八大以来马克思主义政治经济学中国化成果是扩大对外经济开放的"助力器"

十八大以来，中国共产党在经济开放理论上的诸多有益探索，为中国经济进一步对外扩大开放注入了"强心剂"，助推着中国经济开放迈向更高层次。亚洲开发银行一份研究报告显示，中国在亚洲高端科技产品出口中的份额已经从 2000 年的 9.4% 上升到 2014 年的 43.7%。① 根据中国共产党十八届五中全会通过的《建议》，要进一步营建中国对外经济开放的新格局，"十三五"时期政府

---

① 陈恒、刘坤：《中国经济：开放"迈向"更高层》，《光明日报》2016 年 2 月 1 日。

需要从以下几个方面加快步伐：一是优化对外开放战略布局。在进一步完善边境贸易合作基础设施建设，提升边境经济合作水平的同时，鼓励和支持有条件的经济区和企业积极参与全球经济合作与竞争，充分利用港澳台经济合作平台加强与境外经济体的经济合作。二是创新对外开放体制。这包括：创新外资外企管理制度，探索全面实行准入前国民待遇加负面清单管理制度，严格按照WTO协定有序有节推进更多的经济领域对外开放，已经开放了的要进一步提升开放水平；创新对外金融交易模式，建立跨境电子商务等新型金融交易的体制，放宽跨国企业资金境外运作限制；创新对外贸易风险防范体制，完善反洗钱、反恐怖融资、反逃税监管措施，构建海外利益保护体系。三是推进一带一路建设。坚持共建、共商、共享的原则，积极打造沿线区域经济合作区；依托沿线重要的陆路城市和港口城市，建设畅通高效安全的贸易交通线；推动沿线国家参与亚洲基础设施投资银行、金砖国家新开发银行建设，打造开放多元共赢的国际金融合作平台；促进与沿线国家的人文交流，增进了解，传递中国好声音好故事，传承和弘扬丝路文化精髓。四是积极参与全球经济治理。推动建立公正、合理的国际经济治理新秩序，促进全球经济安全，稳步增长；积极参与网络、深海、极地、空天等新领域国际规则制定。

4. 十八大以来马克思主义政治经济学中国化成果是实现"经济强国梦"的"罗经盘"

尽管中国早在2010年的经济总量就已超越日本成为世界第二大经济体，成为名副其实的经济大国，但要成为真正的经济强国则仍然任重而道远。对于中国这样一个处在社会主义初级阶段的国家如何实现从经济大国迈入经济强国行列，这无法从已有的马列主义经典著作中找到现成的答案，只有依靠新一辈中国共产党人将马克思主义政治经济学基本原理运用于中国特色社会主义经济建设实践中并加以创造、提升，形成新的科学理论来"导航"，除此之外再别无他法可以让中国的"经济强国梦"变为现实。十八大以来马克思主义政治经济学中国化最新成果已初步为中国迈入经济强国行列设计出了"蓝图"和基本实施方案。概括说来，要实现中国的"经济强国梦"，一要努力推进经济发展方式转型升级。推动中国经济走集约化、信息化、绿色化发展道路，促进产业结构优化；坚持把扩大内需作为拉动中国经济发展的重点，调整消费政策，转变人们的消费观念，刺激民众对新型产业产品的消费需求；实施国家大数据战略，增强企业的数据战略意识；提升政府对经济发展的宏观调控能力，实现市场在资源配置中的决定性作用。二要继续做实民生经济。建立经济增长与居民收入之间的动态连接机制，让民众有更多的"物质获得感"；要实施精准扶贫战略，让7000万贫困人口如期脱贫；推进城乡一体化和新型城镇化建设，改善基层民众的生活就医条件、受教育条件等。三要加强经济理论创新，争取"更有分量"的世界经济话语权。加强对中国特色社会主义政治经济学理论的研究和学科建设，不断开辟中国特色社会主义政治经济学研究新境界，培养合格的中国特色社会主义经济建设者；积极参与世界经济游戏规则的制定和完善工作，加强在世界重大经济问题上的多边协作与沟通，提出自己的世界经济发展主张，构建有中国话语的世界经济体系，为中国经济发展赢得一个更加有利的世界经济环境。

（原载于《扬州大学学报》人文社会科学报 2016 年第 3 期）

市场决定资源配置与混合所有制经济

十八大以来两大经济理论创新的独特价值*

让市场在资源配置中起决定性作用

众所周知，我国的经济体制改革始终是围绕着如何处理好政府和市场关系展开的。1992 年，中共十四大提出了我国经济体制改革的目标是建立社会主义市场经济体制，使市场在国家宏观调控下对资源配置起基础性作用。这是对传统计划经济思想的重大突破。

尽管经过 20 多年实践，我国社会主义市场经济体制已经初步建立，但不仅生产要素市场发展严重滞后，即使是产品市场也由于政府的行政垄断而存在着许多不公平竞争，以至于几乎所有发达国家都不承认我国完全市场经济地位。有鉴于此，中共十五大提出"使市场在国家宏观调控下对资源配置起基础性作用"，中共十六大提出"在更大程度上发挥市场在资源配置中的基础性作用"，中共十七大提出"从制度上更好发挥市场在资源配置中的基础性作用"，中共十八大提出"更大程度更广范围发挥市场在资源配置中的基础性作用"。

正是在上述有关市场和政府关系的认识不断深化的基础上，中共十八届三中全会的《决定》把市场在资源配置中的"基础性作用"修改为"决定性作用"。这一改动虽然只有两字之差，却反映了党中央对市场经济的认识产生了一个质的飞跃。这是社会主义经济理论的一大突破和创新。

市场对资源配置起决定性作用意味着凡是依靠市场机制能够带来较高效率

＊ 本文作者：蔡继明，全国人大代表、清华大学政治经济学研究中心主任。

和效益，并且不会损害社会公平和正义的，都要交给市场，政府和社会组织不要干预。各个市场主体在遵从市场规则范围内，根据市场价格信号，通过技术进步、管理、创新，来努力提高产品和服务质量，降低成本，在公平的市场竞争中求生存求发展，优胜劣汰。

要让市场在资源配置起决定性作用，就必须建设统一开放、竞争有序的市场体系，形成企业自主经营、公平竞争，消费者自由选择、自主消费，商品和要素自由流动、平等交换的现代市场体系，着力清除市场壁垒，提高资源配置效率和公平性，推进水、石油、天然气、电力、交通、电信等领域的价格改革。

由于土地是最基本的资源之一，市场在土地资源配置中同样要起决定性作用。我们相信，在市场化改革精神的指导下，我国社会主义市场体系的发展和完善，必将进入一个新的历史阶段，而包括土地在内的要素市场的建立将加快步伐，一场深刻的土地制度改革也将接踵而来。

让市场在资源配置中起决定性作用，并非完全排除而是要更好地发挥政府作用。其中包括：一，搞好宏观调控，保持宏观经济稳定运行，防止大起大落；二，加强市场监管，维护市场公平竞争秩序，政府主要是裁判员而不是运动员，即使对国有企业也要实行政企分开、政资分开；三，做好公共服务，这方面现在做得很不到位，需要加快补上去；四，加强社会管理，搞好社会治理，促进社会和谐和全面进步。

要更好地发挥政府的作用，必须加快政府职能的转变，从全能政府转向有限政府；从管制型政府转向调控型政府；从发展型政府转向服务型政府；从人治政府转向法治政府。那么，如何在土地资源配置中"更好发挥政府的作用"呢？土地资源是否有更特殊的属性以至于要求政府在土地资源配置中要发挥不同于其他资源配置的特殊作用呢？

相对于其他资源，土地资源配置的外部性可能更加明显，对土地的公益性需求范围可能更宽，因此政府在校正土地市场失灵方面所发挥的作用可能更大，这集中表现在政府的土地利用规划和用途管制上。比如，近年来，我国政府就先后制定了"全国主体功能区规划""国家城镇化规划"。为了保证国家的粮食安全，我国实行了严格的保护耕地制度，严格控制农地转用，等等。

但是，正如政府介入一般的资源配置仅仅是为了弥补市场的缺陷而不是取代市场的决定性作用，政府的土地利用规划和用途管制，也仅仅是为了保证公共利益的实现，对土地市场配置产生的负的外部性加以限制，对正的外部性给予补偿，而绝不是或不应该从根本上取代市场在土地资源配置中的决定性作用。

以国家粮食安全为例，改革开放前，在中央集权的计划经济体制下，国家对农产品实行统购统销，粮食产量常年徘徊不前，农副产品的供应长期处于短缺状态。改革开放以后，随着农村家庭承包制的实行和社会主义市场经济体制的确立，国家取消了粮食统购统销，粮食产量很快达到历史最高水平，近十年又实现了"十连增"，这无疑是市场在粮食生产以及相应的农地资源配置中发挥了决定性作用的结果。

不仅如此，国家土地利用规划的制定与土地用途管制的实施，也必须建立在市场在土地资源配置中起决定性作用的基础之上，充分尊重土地市场的规律，依据由土地市场形成的反映土地资源稀缺性及其机会成本的土地价格。

混合所有制经济是社会主义基本经济制度的重要实现形式

众所周知，我国经济体制改革的另一个重大问题是公有制经济与非公有制经济的关系。

改革开放以来，私有制经济在执政党的纲领性文件中，从作为公有制经济的对立面被绝对禁止，逐步成为公有制经济的必要补充，最终作为社会主义市场经济的重要组成部分，与公有制经济一起成为社会主义初级阶段基本经济制度，公民的合法私有财产也得到了宪法的保护。我国所有制结构逐步调整，公有制经济和非公有制经济在发展经济、促进就业等方面的比重不断变化。2015年政府工作报告中指出："非公有制经济是我国经济的重要组成部分。必须毫不动摇鼓励、支持、引导非公有制经济发展，注重发挥企业家才能，全面落实促进民营经济发展的政策措施，增强各类所有制经济活力，让各类企业法人财产权依法得到保护。"

然而，我国非公经济的发展，仍然面临融资难、进入难、税负重、产权保护不力的环境，从根本上并没有完全摆脱传统的意识形态的束缚。特别是作为公有制与非公有制混合而成的股份制，在我国近半个世纪也经历了一个否定之否定的过程。

改革开放前，股份制企业连同其他任何非公有制企业一律都被取缔。改革开放初期，股份制也一度被当作资本主义私有制企业而受到排斥。即使在中央的一系列重要文件中已经把股份制作为国有企业改革的重要形式加以肯定，有关股份制的性质仍然存在着姓"公"姓"私"和姓"社"姓"资"的争论。主张大力发展股份制的学者认为股份制是公有制，反对者则认为股份制是私有制，双方的观点虽然不同，但有一个共同点，就是都只强调公有制与私有制之间的对立，而忽略了二者之间的统一。

实际上，如果以产权是否可分以及财产收益是否可以量化到个人作为区分公有产权和私有产权的标准，那么，股份制在性质上既是一种财产组织形式，也是一种特殊的产权形式（所有制形式）；它既不是纯粹的私有制，也不是纯粹的公有制，而是介于二者之间，是公私两种产权制度的有机融合；它既是社会主义初级阶段公有制的主要实现形式，同时也是非公有制的主要实现形式。

坚持和完善公有制为主体、多种所有制经济共同发展的基本经济制度，是中国特色社会主义制度的重要支柱，提出要积极发展混合所有制经济，强调国有资本、集体资本、非公有资本等交叉持股、相互融合的混合所有制经济，是基本经济制度的重要实现形式，有利于国有资本放大功能、保值增值、提高竞争力。把公私融合的混合所有制企业确定为我国基本经济制度的重要实现形式，不仅标志着在基本经济制度层面上完成了对非公有制以及股份制的否定之否定，而且意味着在意识形态层面上长期以来围绕股份制"姓资姓社"的争论似乎也该终止了。

混合所有制经济的理论创新，不仅将为我国非公经济的发展开辟更广阔的空间，为增强国有经济活力、控制力、影响力开辟有效的途径；而且为中国如何适应"新常态"，如何在"新常态"下推进"四个全面"提供强大动力。

参考文献：

［1］蔡继明、张克听：《股份制性质辨析》，《经济学动态》2005 年第 1 期。

［2］周守正、蔡继明：《论中介分析在马克思经济学中的地位和作用》，《教学与研究》2004 年第 6 期。

（原载于《人民论坛》2015 年第 3 期）

习近平经济思想与当代中国特色社会主义政治经济学的发展*

　　巨大的变革时代催生先进的思想理论体系，先进的思想理论体系指引又将极大地推动时代的变革步伐。党的十八大以来，习近平总书记代表党中央发表了系列重要讲话，这是指导我们在新的历史阶段进行具有新的历史特点伟大斗争的最鲜活的马克思主义。在中国经济社会转型的关键时刻，我们需要全面地而不是片面地、系统地而不是零碎地、实际地而不是空洞地、在读原著学原文悟原理中把握其精髓。特别值得重视的是，习近平总书记围绕经济建设和经济改革的重要讲话，回答了我们这样的经济大国向何处去的大问题，发展了马克思主义政治经济学，是当代中国特色社会主义政治经济学的新突破。

　　（一）"魂"与"纲"：习近平经济思想的体系框架

　　我认为，习近平系列重要讲话的"魂"或可概括为"一个主义""两个实现""三个自信""四个全面""五大理念"。"一个主义"是指毫不动摇地坚持和发展中国特色社会主义。只有社会主义才能救中国，只有中国特色社会主义才能发展中国。这是习近平治国理政的旗帜和理想，要继往开来把这篇大文章续写精彩。"两个实现"，一是实现国家治理体系和治理能力现代化，即在党的领导下实现国家管理制度体系的现代化；二是实现两个一百年的奋斗目标，即到 2020 年全面建成小康社会，到 2050 年实现国家富强、民族振兴、人民幸福的中华民族伟大复兴的中国梦。"两个实现"，货真价实，内涵丰富，非常值得期待。"三个自信"是指要坚持中国特色社会主义道路自信、理论自信、制度自

---

　　* 本文作者：张占斌，国家行政学院经济学部教授。

信。这是我们的民族精神，要刻骨铭心。当然，这也是我们前行的依据和基础，需要在国际比较中坚持。"四个全面"是指全面建成小康社会、全面深化改革、全面依法治国、全面从严治党。全面建成小康社会是我们的战略目标，全面深化改革、全面依法治国、全面从严治党是三大战略举措。"四个全面"是一个统一互动的整体，是一套行云流水的组合拳。"五大理念"是指"创新、协调、绿色、开发、共享"的新发展理念，是未来我国经济社会发展的指挥棒和红绿灯，是以人民为中心的新发展思想。这个"魂"覆盖政治、经济、社会、文化、生态等方方面面，当然也是习近平经济思想的"魂"。抓住了这个"魂"，就相当于抓住了理解习近平经济思想的"金钥匙"。

而从"纲"的角度看，习近平经济思想或可重点概括为六个方面。第一，强烈的历史担当，强调发展仍是解决中国所有问题的关键，加快从经济大国走向经济强国。第二，宽阔的国际视野，强调建立开放型经济新格局新体制，积极推动国际经济合作和全球经济治理。第三，真诚尊重规律，强调发挥市场在配置资源中的决定性作用，认识、适应和引领经济新常态。第四，务实的思想作风，强调坚持社会主义市场经济改革方向，推进供给侧结构性改革。第五，真挚的为民情怀，坚持以人民为中心的发展思想，使改革发展成果更多更公平地惠及全体人民。第六，坚强的党的领导，强调提高党领导经济工作的能力，更好地发挥政府在经济发展中的作用。

（二）怎么看：中国经济发展进入新常态

习近平总书记在 2013 年底的中央经济工作会议上首次提出中国经济发展进入"新常态"。提出中国经济新常态，是在深入分析当前国内外宏观经济新形势和深刻揭示中国经济潜在增长率新变化的基础上，对我国未来经济社会发展新趋势的一种战略判断。在认识新常态上，要准确把握内涵，注意克服几种倾向。其一，新常态不是一个事件，不要用好或坏来判断。其二，新常态不是一个筐子，不要什么都往里面装。其三，新常态不是一个避风港，不要把不好做或难做好的工作都归结为新常态，中国经济新常态的提出，是立足时代的一项重大的理论创新，是新版的马克思主义政治经济学，是中国特色社会主义市场经济理论的新突破。习近平总书记提出经济新常态，表明党对经济建设规律的把握更加成熟，对科学发展的认识更加自觉。

一是增长速度由超高速转向中高速。这是经济新常态的表象特征。二是发展方式从规模速度型粗放增长转向质量效率型集约增长。这是经济新常态的基本要求。三是产业结构由中低端水平转向中高端水平。这是经济新常态的主攻方向。四是增长动力由要素驱动投资驱动转向创新驱动。这是经济新常态的核心内涵。五是资源配置由市场起基础性作用转向起决定性作用。这是经济新常态的机制保障。六是经济福祉由先富先好转向包容共享。这是经济新常态的发展结果。新常态下需要坚持的新思维主要有：一是坚持稳中求进的总体基调，保持战略定力与平常心；二是高度重视防范各种风险，保持合理的经济发展速度；三是推进经济结构的优化升级，实现实实在在和没有水分的增长；四是必须将生态文明理念融入经济发展之中，努力建设美丽中国；五是牢牢把握正确方向不动摇，加大全面深化改革的力度。

（三）怎么办：用新发展理念引领新变革

党的十八届五中全会鲜明地提出，实现"十三五"时期发展目标，必须牢固树立创新、协调、绿色、开放、共享的发展理念。这是指导我国"十三五"乃至更长时期经济社会发展的总纲和灵魂，是关系我国发展全局的一场深刻变革。五大发展理念的提出，是以习近平为总书记的中央领导集体治国理政思想的集中体现，是对中国特色社会主义建设实践规律的深刻总结，是当代中国新版的马克思主义政治经济学，是对当代中国马克思主义发展观的深化和提升。

创新是引领发展的第一动力，是引领经济新常态的关键因素。协调是持续健康发展的内在要求，是引领经济新常态的重要保证。绿色发展是永续发展的必要条件，是引领经济新常态的重要体现。开放是国家繁荣发展的必由之路，是引领经济新常态的重要条件。共享是中国特色社会主义的本质要求，是引领经济新常态的落脚点。习近平指出，新发展理念要落地生根、变成普遍实践，关键在各级领导干部的认识和行动。习近平在讲话中从深学笃用、用好辩证法、创新手段、守住底线等方面，深刻阐明了落实新发展理念的基本要求。

（四）如何干：推进供给侧结构性改革

2015 年 11 月 10 日，习近平总书记在中央财经领导小组第十一次会议上讲话，首次提出"供给侧改革"。推进供给侧结构性改革，既是因应国际经济形势的剧烈变化，也是基于我国经济发展中存在的突出矛盾与主要问题，解决了当前我国如何干的大问题。中央提出积极推进供给侧改革以来，社会各个方面都在认真研讨中央精神。我们注意到，当前社会上对供给侧的理解各式各样，有些符合中央精神，也有一些不完全符合，甚至体现出"庸俗化""短期化""绝对化"三个特点。供给侧管理不是对需求侧管理的简单代替，而是各有侧重、相互促进。供给侧改革是要更好地发挥政府作用，而不是要搞新计划经济。供给侧改革与西方经济学中的供给学派提出的观点有本质的区别。

对此，需要引起重视并进行正面宣传和阐释。供给侧结构性改革的实质是政府与市场关系的再平衡，其核心是政府管理的制度和体制创新。政府是制度供给的主体。供给侧结构性改革的主战场是释放要素市场的活力。推进供给侧结构性改革，战略上要着眼于打好持久战，坚持稳中求进，把握好节奏和力度；战术上要抓住关键点，主要是抓好去（减）产能、去（减）库存、去（减）杠杆、降成本、补短板五大任务。新常态下，我们要更加突出全面深化改革特别是供给侧结构性改革的重要作用，积极释放"中国红利"，促进形成中高端水平和高效率增长。

（五）为谁干：把以人民为中心的发展思想体现在发展各个环节

以人民为中心的发展思想具有丰富的思想内涵和坚强有力的指导作用，是在更新理念、更大格局、更强措施、更高水平上服务于人民的科学指南，是当代马克思主义政治经济学的新境界新思维新发展，是实现"两个一百年"奋斗目标和中华民族伟大复兴中国梦的重要遵循。以人民为中心的发展思想包含着深刻的理论内涵和坚定的价值追求，彰显了马克思主义政治经济学的根本立场，蕴藏着推动国家发展和民族进步的根本力量，体现了中国共产党人为人民服务的根本宗旨。以人民为中心的发展思想具有丰富的思想内涵和鲜明的政治导向。始终坚持人民主体地位，牢牢把握人民至上的价值取向。坚持逐步实现共同富裕，牢牢把握发展为民的根本要求。努力促进人的全面发展，牢牢把握依靠人民的发展理念。始终保持与人民的血肉联系，牢牢把握民意为重的评价标准。按照"四个全面"战略布局的要求，把以人民为中心的发展思想落到实处。贯彻落实全面建成小康社会的要求，补齐民生短板，努力提高全体人民福祉。贯彻落实全面深化改革的要求，增强发展的内生动力，让人民得到更多实惠。贯彻落实全面依法治国的要求，推进法治中国建设，让人民切实感受到公平正义的阳光。贯彻落实全面从严治党的要求，不断提高党的执政能力和执政水平，增强人民对中国特色社会主义事业的信心。

（原载于《政治经济学评论》2016 年第 4 期）

习近平经济思想中的历史元素[*]

习近平经济思想是在改革开放的时代背景下形成的，科学的马克思主义思想方法、完整的领导经历和不懈的理论求索奠定了这一思想形成、发展和丰富的坚实基础，其体现的是明确坚持中国特色社会主义的政治导向，长期投身改革开放实践，深刻了解国情民意，清晰把握世界趋势，娴熟运用现代科技和人文知识等，而重视研究中国的历史经验，合理汲取传统文化的智慧，也起着十分重要的作用。围绕创新、协调、绿色、开放和共享等发展主题，可以梳理出习近平经济思想中历史元素和现代理念的有机联系。

一、关于创新和创业

党的十八大以后，习近平在新的战略高度思考改革开放全局和谋划经济发展。面对中国经济进入新常态的历史条件，他果断提出了以科技创新作为未来发展的新动力的重大决策。

在2014年6月召开的中国科学院、中国工程院院士大会上，习近平发表重要讲话。他指出："中华民族是富有创新精神的民族。我们的先人们早就提出：'周虽旧邦，其命维新。''天行健，君子以自强不息。''苟日新，又日新，日日新。'可以说，创新精神是中华民族最鲜明的禀赋。在5000多年文明发展进程中，中华民族创造了高度发达的文明，我们的先人们发明了造纸术、火药、印刷术、指南针，在天文、算学、医学、农学等多个领域创造了累累硕果，为世界贡献了无数科技创新成果，对世界文明进步影响深远、贡献巨大，也使我

---

[*] 本文作者：钟祥财，上海社会科学院经济研究所研究员。

国长期居于世界强国之列。""然而，明代以后，由于封建统治者闭关锁国、夜郎自大，中国同世界科技发展潮流渐行渐远，屡次错失富民强国的历史机遇。鸦片战争之后，中国更是一次次被经济总量、人口规模、领土幅员远远不如自己的国家打败。历史告诉我们一个真理：一个国家是否强大不能单就经济总量大小而定，一个民族是否强盛也不能单凭人口规模、领土幅员多寡而定。近代史上，我国落后挨打的根子之一就是科技落后。"①

对于中国科技何以会落后，习近平进行了思考，他举了两个例子：其一，"康熙曾经对西方科学技术很有兴趣，请了西方传教士给他讲西学，内容包括天文学、数学、地理学、动物学、解剖学、音乐，甚至包括哲学，光听讲解天文学的书就有100多本。是什么时候呢？学了多长时间呢？早期大概是1670年至1682年间，曾经连续两年零5个月不间断学习西学。时间不谓不早，学的不谓不多，但问题是当时虽然有人对西学感兴趣，也学了不少，却并没有让这些知识对我国经济社会发展起什么作用，大多是坐而论道、禁中清谈"；其二，"1708年，清朝政府组织传教士们绘制中国地图，后用10年时间绘制了科学水平空前的《皇舆全览图》，走在了世界前列。但是，这样一个重要成果长期被作为密件收藏内府，社会上根本看不见，没有对经济社会发展起到什么作用。反倒是参加测绘的西方传教士把资料带回了西方整理发表，使西方在相当长一个时期内对我国地理的了解要超过中国人。"②

在学术界，"李约瑟之谜"曾引发人们的浓厚兴趣和长期思考。李约瑟在20世纪30年代后期关注的重要问题是：为什么近代科学只在欧洲文明中发展，而未在中国（或印度）文明中成长？③ 从1943年开始，他8次来华考察，撰写了7卷34分册的《中国科学技术史》，而长久困惑的难题仍然没有破解，即全世界有很多基础性的发明产生在中国，但是后来的科学革命和工业革命却不是在中国发生的。

---

① 习近平：《在中国科学院第十七次院士大会、中国工程院第十二次院士大会上的讲话》，http：//cpc. people. com. cn/n/2014/0610/c64094 - 25125594. html.

② 习近平：《在中国科学院第十七次院士大会、中国工程院第十二次院士大会上的讲话》，http：//cpc. people. com. cn/n/2014/0610/c64094 - 25125594. html.

③ 张秉伦，徐飞：《李约瑟难题的逻辑矛盾及科学价值》，《自然辩证法通讯》1993年第6期。

　　无独有偶,在李约瑟之前,任鸿隽、冯友兰等中国学者也思考过相关的问题。① 如吴景超认为,中国历史上自然科学不发达缘于二因:一者,中国人的聪明才智,没有用在这个上面。一个民族的知识分子,其用心的对象并不是私人的意志决定的,而是环境的学术空气代为决定的。中国自西汉以后,知识分子的心力都用在儒家的几部经典上面。在这种工作上面,我们的祖宗也曾表示了许多难能而并不可贵的本领……这种耐心,这种毅力,假如改变了途径,用在自然科学上面,不见得就没有成就。一个在自然科学上没有下过功夫的民族,对于自然科学,自然没有成绩可说。但没有下过功夫,并非不能下功夫,这一点我们是要认识清楚的。二者,我们在建筑文化基础的过程中,受别个文明国家的益处太少。我们偏在东亚,而世界上的文明国家,大多数都在西方。我们与他们,因为过去交通不便的缘故,接触是很少的,所以他们所产生的文明,我们不能借来做我们的文化基础。换句话说,我们的文化基础在 19 世纪以前虽然已经含了不少外来的成分,但大体可以说是我们自己建筑起来的。欧洲各国,因彼此距离很近,一国的发明,不久便成为各国共同的所有品,所以他们的文化基础,可以说是各国共同建筑起来的。②

　　他们的看法见仁见智,综合起来无非有两点:首先,中国人是具备科技创新能力的;其次,如何把善于技术发明的禀赋转变为自然科学的研究实力,并进而促进经济社会的实际发展,需要在文化培育、制度设计和扩大开放等方面实行变革。习近平列举了康熙习西学和《皇舆全览图》的绘制两个例子,意在说明:"科学技术必须同社会发展相结合,学得再多,束之高阁,只是一种猎奇,只是一种雅兴,甚至当作奇技淫巧,那就不可能对现实社会产生作用。"③这一论断视野开阔,思路清晰,既是一个新颖的学术见解,也为我们在新的历史条件下破解历史迷局指点了突破口。

　　在习近平经济思想中,科技创新战略的提出具有重要的革命性意义。早在改革开放之初,邓小平就十分重视科学技术的作用,提出了"科学技术是生产

---

① 张洪彬:《李约瑟对李约瑟难题的回答》,《东方早报》2016 年 11 月 6 日。
② 吴景超:《论积极适应环境的能力》,《独立评论》1935 年第 8 期。
③ 习近平:《在中国科学院第十七次院士大会、中国工程院第十二次院士大会上的讲话》,http://cpc.people.com.cn/n/2014/0610/c64094 - 25125594.html。

力"①"科学技术是第一生产力"② 等著名判断。此后，党中央又相继制定和实施了科教兴国、创新发展等战略部署。在新的历史条件下，科技创新之所以更具紧迫性和必要性，是因为中国经济面临的约束发生了变化。一段时间以来，学术界对中国经济增长的理论解释很多，其中一个很有社会影响的说法是，中国经济的快速增长是由投资、出口和消费"三驾马车"拉动的。暂且不论这个概括是否有经济学理论的经典依据，仅就目前存在的产能过剩、环境压力等情况而言，以往偏重需求刺激的发展方式难以为继。因此，习近平明确表示："现在，世界发达水平人口全部加起来是 10 亿人左右，而我国有 13 亿多人，全部进入现代化，那就意味着世界发达水平人口要翻一番多。不能想象我们能够以现有发达水平人口消耗资源的方式来生产生活，那全球现有资源都给我们也不够用！老路走不通，新路在哪里？就在科技创新上，就在加快从要素驱动、投资规模驱动发展为主向以创新驱动发展为主的转变上。"③ 而要完成这一转变，关键在于实现科技创新与经济发展的对接，也就是说，"科技成果只有同国家需要、人民要求、市场需求相结合，完成从科学研究、实验开发、推广应用的三级跳，才能真正实现创新价值、实现创新驱动发展"。④ 他列举历史案例，意在强调未来中国经济发展的新动力，将是一个消除了科技发明与市场需求之间瓶颈的全新机制。

那么，在建立和发展社会主义市场经济的过程中，能够把科技创新和市场需求直接联系起来的行为主体是谁呢？是企业家。中国历史上有没有企业家精神？习近平的看法是肯定的。在浙江工作期间，习近平曾对当地的文化传统做了精到的概括和宣传。2003 年 7 月，他在浙江省委十一届四次全会上做报告时指出："浙江文化的一个突出特点是：洋溢着浓郁的经济脉息。与'钱塘自古繁华'相适应，古代浙江许多伟大的思想家也都倡导义利并重、注重工商的思想，不仅在中国文化史上独树一帜，而且深深地影响着浙江人的思想观念和行为方式，成为浙江思想文化的重要源泉。宋代'永康学派'代表人物陈亮提出'商

---

① 《邓小平文选》第 2 卷，人民出版社 1994 年版，第 87 页。

② 《邓小平文选》第 3 卷，人民出版社 1993 年版，第 274 页。

③ 习近平：《在中国科学院第十七次院士大会、中国工程院第十二次院士大会上的讲话》，http：//cpc. people. com. cn/n/2014/0610/c64094 - 25125594. html。

④ 习近平：《在中国科学院第十七次院士大会、中国工程院第十二次院士大会上的讲话》，http：//cpc. people. com. cn/n/2014/0610/c64094 - 25125594. html。

藉农而立，农赖商而行'；'永嘉学派'代表人物叶适提出'通商惠工，皆以国家之力扶持商贾、流通货币'，主张农商相补，反对义利两分。明末大思想家黄宗羲则第一次明确提出'工商皆本'，反对歧视商业的观点。"①

2005 年，在"浙江论坛"的一次专题报告中，习近平指出："考察'浙江模式'的形成和发展，必须放到国家实行改革开放的时代背景中，至少有三个方面的因素：一是走体制创新之路。包括积极推动农村经济体制创新、产权制度创新、流通体制创新、投融资体制创新等。二是走民本经济之路。也就是我们通常所说的，浙江经济是'老祖宗'经济，自古以来就有工商皆本、义利双行的文化传统；浙江经济是'老天爷'经济，资源贫乏逼迫你必须学会'无中生有'，走出去'闯世界'；浙江经济是'老百姓'经济，广大民众有强烈的自我创业欲望和浓厚的商品经济意识。三是走内源发展之路。凭借民间力量的推动，激发和依赖企业的自生能力，由此创造了灵活有效的经济体制、适应企业发展的机制和制度，推动了农民进城和城镇化发展。"② 这里所说的"老祖宗"经济、"老天爷"经济、"老百姓"经济是历史形成的，它们之间相互联系。由于资源贫乏，就需要搞不同于自然农业为本的商品经济，搞了商品经济就培育了强烈的创业意识和重商文化，有了独特的经济思想，就有了民本经济的传统优势。

2006 年，习近平为"浙江文化研究工程成果文库"作总序，其中写道："浙江人民在与时俱进的历史轨迹上一路走来，秉承富于创造力的文化传统，这深深地融汇在一代代浙江人民的血液中，体现在浙江人民的行为上，也在浙江历史上众多杰出人物身上得到充分展示。从大禹的因势利导、敬业治水，到勾践的卧薪尝胆、励精图治"，"无论是陈亮、叶适的经世致用，还是黄宗羲的工商皆本"，"都展示了浙江深厚的文化底蕴，凝聚了浙江人民求真务实的创造精神"。③

在中国经济思想发展史上，最早的经商理论和最大胆的反对重农抑商的呼吁都产生在浙江。春秋时，计然提出了著名的"积著之理"，其内容是："务完物，无息币。以物相贸，易腐败而食之货勿留，无敢居贵。论其有余不足，则

---

① 习近平：《干在实处，走在前列》，中共中央党校出版社 2006 年版，第 316 页。
② 习近平：《干在实处，走在前列》，中共中央党校出版社 2006 年版，第 81 - 82 页。
③ 习近平：《干在实处，走在前列》，中共中央党校出版社 2006 年版，第 317 页。

知贵贱。贵上极则反贱，贱下极则反贵。贵出如粪土，贱取如珠玉。"① 这是中国古人对商业流通客观规律的精彩表述，达到了很高的理论水平。北宋时，沈括注意到加快货币流通有利于社会经济发展和百姓致富。他认为："钱利于流借，十室之邑，有钱十万而聚于一人之家，虽百岁，故十万也。贸而迁之，使人飨十万之利，遍于十室，则利百万矣。迁而不已，钱不可胜计。今至小之邑，常平之蓄不减万缗，使流转于天下，何患钱之不多也。"② 这说明当时的民间金融较为发达。南宋时，叶适批评西汉董仲舒所说的"仁人正谊不谋利，明道不计功"，指出："此语初看很好，细看全疏阔……后世儒者行仲舒之论，既无功利，则道义者乃无用之虚语尔。"③ 他既反对重农抑商的教条，也不满政府对经济的干预，表示："夫四民交致其用而后治化兴，抑末厚本，非正论也。使其果出于厚本而抑末，虽偏，尚有义。若后世但夺之以自利，则何名为抑？"④ "今天下之民，不齐久矣。开阖、敛散、轻重之权不一出于上，而富人大贾分而有之，不知其几千百年也，而遽夺之，可乎？夺之可也，嫉其自利而欲为国利，可乎？鸣呼！居今之世，周公固不行是法矣。"⑤ 明清之际的黄宗羲肯定工商业的经济作用，他在批评并主张取消"不切于民用"的商业经营之后，明确表示，这是古代统治者"崇本抑末"的本意，但"世儒不察，以工商为末，妄议抑之。夫工固圣王之所欲来，商又其愿出于途者，盖皆本也"。⑥ 这一观点，被有的学者誉为启蒙思想家的名言。

在中国古代社会，如此敏锐的商业意识，如此鲜明地反对政府干预，是非常少见和难能可贵的。习近平在总结浙江经济发展经验时多次予以肯定，说明他对中国传统经济思想资料的褒贬、取舍是有价值取向的，即看其是否有利于商品生产和市场经济的发展。由此可见，习近平在浙江工作期间对民营经济的重视，对法治环境的强调，既是遵循党的实事求是思想路线的体现，也与他善于总结、提炼浙江文化的优秀传统有密切联系。

---

① 司马迁：《史记·货殖列传》。
② 李焘：《续资治通鉴长编》卷二八二熙宁十年六月壬寅。
③ 叶适：《习学记言序目》上册，中华书局 1977 年版，第 324 页。
④ 叶适：《习学记言序目》上册，中华书局 1977 年版，第 273 – 274 页。
⑤ 《叶适集》第 3 册，中华书局 1961 年版，第 659 页。
⑥ 黄宗羲：《明夷待访录·财计三》。

二、关于开放和互利

20 世纪 90 年代初，邓小平发表著名的"南方谈话"，当代中国的改革开放进入了一个新的发展阶段。此时，在福建工作的习近平基于长期的基层改革实践，更加迫切地认识到扩大开放、积极探索社会主义市场经济的发展道路对中国未来的重要性。在这种情况下，研究和宣传严复引起了他的高度关注。1997年，"严复与中国近代化学术研讨会"召开，习近平为严复题词：严谨治学，首倡变革，追求真理，爱国兴邦。1993、2001 年，习近平两次为严复学术研讨会的论文集作序，高度评价他的理论贡献和历史地位。

在 1993 年严复学术研讨会论文集的《序言》中，习近平指出："他的变革思想是多方面的，政治上兴民权，重自由，实行君主立宪；经济上办实业，发展民族资本主义工业；文化思想上，倡西学，育人才，鼓民力，开民智，新民德。"在习近平看来，严复的学贯中西开创了中国近代文化史的新纪元，"他痛陈八股的弊病……主张'通除八股而大讲西学'。他批判'中学为体，西学为用'的口号，他说：'有牛之体就有牛之用，有马之体就有马之用；从来没有听说过可以有牛之体而有马之用。'在译注《天演论》中，严复将斯宾塞的'普遍进化论'与中国古代《易经》中所包含的丰富的进化论思想因素融会贯通，从而勾勒出自然、社会不断进化的新宇宙观。"①

在 2001 年严复学术研讨会论文集的《序言》中，习近平写道："'科技是第一生产力'，18 世纪中叶，由于蒸汽机应用于工业，引起英国产业革命，从此，中国与西方工业国家拉开了近二百年的距离"，鸦片战争以后，中国遭到帝国主义列强宰割掠夺，面临亡国灭种的危机，"正是在这种历史背景下，严复挺身而出，高声疾呼，投入救亡图存斗争之中。他高举科学与爱国两面大旗，以'开民智''鼓民力''新民德'为己任：一方面，"摒弃万缘，惟以译书自课"，先后译注了《天演论》《原富》《法意》《穆勒名学》《群学肄言》《群己权界论》《社会通诠》和《名学浅说》等十余部西方学术名著，内容涉及生物学、社会学、伦理学、经济学、法学、哲学、政治学等诸多学科，以图师夷制夷，疗贫

---

① 福建省严复研究会编：《93 年严复国际学术研讨会论文集》，海峡文艺出版社 1995年版。

起弱；另一方面，以高度的爱国热忱，针砭时弊，抨击封建专制，鼓吹变法维新，连续发表《论世变之亟》《原强》《辟韩》和《救亡决论》等政论文章，以警醒国人，以企求'治国明民'之道，挽救民族危机。严复的这些译著和评论，在当时因循守旧、故步自封的清王朝统治下的旧中国思想界，宛如巨石投入深潭死水，产生了极为深刻的影响。时至今日，严复的科学和爱国思想，仍不过时。"①

在中国近代经济思想史上，严复占有重要的地位。他是亚当·斯密《国富论》的第一个中文版译者，也是一位坚定的市场经济信仰者和宣传者。他在《原富》按语中明确赞同自由竞争的理念，如关于价格机制，严复写道："供求相剂之理，非必古人所不知，其发之精凿如此，则斯密氏所独到，此所谓旷古之虑也。盖当时格物之学，如夜方旦，斯密氏以所得于水学者通之理财，知物价趋轻，犹水趋平，道在任其自己而已。顾任物为竞，则如纵众流以归大墟，非得其平不止。而辜榷之事，如水方在山，立之堤鄣，暂而得止，即以为平，去真远矣。"② 在自由竞争、政府作用、重商政策等问题上，严复也都赞成斯密的主张。

这种对市场经济的诠释是超越技术层面的，正因如此，他才会对张之洞提出的"中学为体，西学为用"表示异议。严复引用裘可桴"体用者，即一物而言之也"的话，然后指出："有牛之体，则有负重之用；有马之体，则有致远之用。未闻以牛为体，以马为用者也。中西之学异也，如其种人之面目然，不可强谓似也。故中学有中学之体用，西学有西学之体用，分之则并立，合之则两亡。议者必欲合之而以为一物。且一体而一用之，斯其文义违舛，固已名之不可言矣，乌望言之而可行乎？"③ 在他看来，"吾国今日之大患，其存于人意之所谓非者浅，而存于人意之所谓是者深；图其所谓不足者易，而救其所自以为足者难"，"晚近世言变法者，大抵不揣其本，而欲支节为之，及其无功，辄自诧怪。不知方其造谋，其无成之理，固已具矣"。④ 这就是说，对中国的社会转变而言，一般人看到的问题往往是表象的，也容易解决，而深层次的问题却是

---

① 习近平主编：《科学与爱国：严复思想新探》，清华大学出版社 2001 年版，序 1。
② ［英］亚当·斯密：《原富》上，严复译，商务印书馆 1981 年版，第 54 - 55 页。
③ 《严复集》第 3 册，中华书局 1986 年版，第 558 - 559 页。
④ 《严复集》第 3 册，中华书局 1986 年版，第 559 - 560 页。

大家都认为不需要改变的那些东西，要促使这些问题转型也更困难。严复所说的浅问题，是指支（枝）节，也就是用，而深问题则是指本，也就是体。习近平在评价严复的历史贡献时提到这一点，显示了思想的深刻性。

对外开放是双向的，如果说在经济落后的近代中国，开放主要是引进和学习西方发达国家的经济理论和管理经验，那么在中国经济融入全球化以后，开放自然包括中国经济和企业走出国门。对此，习近平同样从历史中得到启迪。

2013年9月，在哈萨克斯坦纳扎尔巴耶夫大学发表的演讲中，习近平指出："2100多年前，中国汉代的张骞肩负和平友好使命，两次出使中亚，开启了中国同中亚各国友好交往的大门，开辟了一条横贯东西、连接欧亚的丝绸之路。"①"千百年来，在这条古老的丝绸之路上，各国人民共同谱写出千古传诵的友好篇章。两千多年的交往历史证明，只要坚持团结互信、平等互利、包容互鉴、合作共赢，不同种族、不同信仰、不同文化背景的国家完全可以共享和平，共同发展。这是古丝绸之路留给我们的宝贵启示。"②

同年10月，习近平在印度尼西亚国会发表的演讲中表示："东南亚地区自古以来就是'海上丝绸之路'的重要枢纽，中国愿同东盟国家加强海上合作，使用好中国政府设立的中国—东盟海上合作基金，发展好海洋合作伙伴关系，共同建设21世纪'海上丝绸之路'。中国愿通过扩大同东盟国家各领域务实合作，互通有无、优势互补，同东盟国家共享机遇、共迎挑战，实现共同发展、共同繁荣。"③

海上丝绸之路是指古代中国与世界其他地区进行经济文化交流交往的海上通道，是由一系列港口网点组成的国际贸易网，唐、宋、元为其繁盛期，当时中国境内主要有泉州、广州、宁波三个主港和其他支线港，其中泉州为联合国教科文组织认定的海上丝绸之路的起点。海上丝绸之路的兴起和发达与中国古代经济社会的发展有关。唐中后期，中国经济重心逐渐转移到南方，而原先的陆上丝绸之路因战乱受阻，加上海路运量大、成本低、安全度高，海路贸易便成为中外经济交往的主要通道。宋朝时期，商业科技高度发展，指南针和水密封舱等航海技术的发明，之前牵星术、地文潮流等航海知识的积累，加上阿拉伯世界对海洋贸易的积极参与，使海上丝绸之路进一步繁盛。

---

① 《习近平谈治国理政》，外文出版社2014年版，第287页。
② 《习近平谈治国理政》，外文出版社2014年版，第288页。
③ 《习近平谈治国理政》，外文出版社2014年版，第293页。

在历史上，西汉张骞开辟的丝绸之路和唐代兴盛的海上丝绸之路，都是中国古代经济发展的产物，对外开放既是经济社会进一步繁荣的需要，也在客观上实现了自由开放经济政策的既定目标。习近平汲取了中国历史上的这些宝贵经验，在新的时代背景下，基于改革开放以来中国经济的实力和潜力，以宽阔的视野，提出了建设"一带一路"的构想，体现了对经济全球化趋势的清晰判断，表明了中国对外开放水平的显著提升，谋求国际合作发展的真诚意愿。这是中国传统智慧能够在现代发展中发挥独特作用的生动案例。

三、关于绿色发展和共享发展

绿色发展是实现人与自然和谐共处的必由之路。这一现代理念贯穿于习近平长期的改革实践和理论思考中。在他看来，"中国自古以来就有'天人合一'的古老哲学命题，强调人与自然和谐统一，习惯于以人为出发点并以人为落脚点来认识事物，一以贯之的是一种建立在人与人关系基础之上的'人—物—人'也即'主—客—主'的思维框架，这与西方哲学的'人—物'的思维框架和认识路线是明显不同的"。"中国与西方国家在国情上的这些差异，要求我们在建立社会主义市场经济体制时，必须将马克思主义经济学理论与中国的具体实际相结合，特别是要求我们的经济学家在学习、借鉴西方经济理论来解决中国的经济问题时，必须重视人的复杂因素和关系所造成的复杂影响，必须重视发挥社会主义的巨大优势，切不可见物不见人，切不可套用西方的思维方式和价值取向去认识、解决中国的社会主义经济问题。否则，无论愿望再好，都不能取得预期的效果。"[1]

在河北正定工作期间，习近平主持制定的《正定县经济、技术、社会发展总体规划》就强调，宁肯不要钱，也不要污染，严格防止污染搬家、污染下乡。[2] 2004 年，习近平在浙江省政协有关会议上讲话指出："建设资源节约型社会是一场关系到人与自然和谐相处的'社会革命'。人类追求发展的需求和地球资源的有限供给是一对永恒的矛盾。古人'天育物有时，地生财有时，而人之

---

① 习近平：《社会主义市场经济和马克思主义经济学的发展与完善》，《经济学动态》1998年第 7 期。

② 黄浩涛：《生态兴则文明兴生态衰则文明衰——系统学习习近平总书记十八大前后关于生态文明建设的重要论述》，《学习时报》2015 年 3 月 3 日。

欲无极'的说法，从某种意义上反映了这一对矛盾。如果大多数人都要像少数富裕人那样生活，人类文明就将崩溃。当今世界都在追求的西方式现代化是不能实现的，它是人类的一个陷阱。所以，我们必须在科学发展观指导下，探索一条可持续发展的现代化道路。"① 这就在更高的层面上揭示了生态建设的意义。

2014 年 9 月，"纪念孔子诞辰 2565 周年国际学术研讨会暨国际儒学联合会第五届会员大会"在北京召开，习近平在开幕式上的讲话中指出："当今世界，人类文明无论在物质还是精神方面都取得了巨大进步，特别是物质的极大丰富是古代世界完全不能想象的。同时，当代人类也面临着许多突出的难题，比如，贫富差距持续扩大，物欲追求奢华无度，个人主义恶性膨胀，社会诚信不断消减，伦理道德每况愈下，人与自然关系日趋紧张，等等。要解决这些难题，不仅需要运用人类今天发现和发展的智慧和力量，而且需要运用人类历史上积累和储存的智慧和力量。"② 他列举了十几个方面具有现代价值的中国传统文化，其中首要的就是关于道法自然、天人合一的思想。

发展既要处理好人与自然之间的关系，也要处理好人与人之间的关系，为此，习近平提出了共享发展的理念。扶贫是共享发展的重要内容，习近平在这个问题上花的精力最多。在福建宁德工作期间，他强调转变观念是扶贫脱贫的前提，因为"只有首先'摆脱'了我们头脑中的'贫困'，才能使我们所主管的区域'摆脱贫困'，才能使我们整个国家和民族'摆脱贫困'，走上繁荣富裕之路"，在推进改革、扶贫脱贫的过程中，"我们不担心说错什么，只是担心'意识贫困'，没有更加大胆的改革开放的新意；也不担心做错什么，只是担心'思路贫困'，没有更有力度的改革开放的举措"。③ 这里所说的意识贫困、思路贫困，就是指安贫乐道、穷自在、等靠要、怨天尤人等旧观念。他要求经济落后地区的干部群众从安于贫困向勇于改变贫困转变，从被动接受脱贫转变为主动开发脱贫，把事事求诸人转为事事先求诸己。

---

① 习近平：《干在实处，走在前列》，中共中央党校出版社 2006 年版，第 193 页。

② 习近平：《在纪念孔子诞辰 2565 周年国际学术研讨会暨国际儒学联合会第五届会员大会开幕会上的讲话》，http：//news. xinhuanet. com/politics/2014 – 09/24/c_ 1112612018. htm.

③ 习近平：《摆脱贫困》，福建人民出版社 1992 年版，第 216 页。

在浙江工作期间，习近平要求现代化建设不能留盲区死角，实现全面小康一个乡镇也不能掉队，特别是"部分老区的贫困问题和欠发达问题，是受自然、社会等多种因素长期影响而形成的，搞好老区建设和扶贫开发，缓解和消除贫困，是社会主义初级阶段的战略性任务，必须持之以恒，锲而不舍，一步一个脚印，扎扎实实地推进老区开发建设，搞好扶贫开发工作"。① 认识到欠发达地区的贫困是由自然、历史、社会等多方面原因造成的，解决脱贫问题也需要一个实践的过程，这反映出习近平立足国情、实事求是的思想方法。对经济社会可持续发展来说，这更是一个涉及区域协调发展和全社会共享发展的系统问题。

如前所述，习近平在经济学理论研究中十分注意对传统文化的分析，就扶贫脱贫而言，它既是历史遗留、积累下来的问题，解决之道也可以从中国智慧中汲取养料。对此，习近平曾有过如下相关论述："中国儒教在数千年中形成的忠君报国、崇尚民族利益的文化背景与道德规范，也与西方崇尚个人主义的文化历史氛围有着明显不同。将这种思维框架和道德规范引入社会经济活动之中，人就不再是抽象的人，社会经济关系也不再是抽象为某一种类型诸如商品、资本、劳动或人与物的单纯或单向关系，而是一种以复杂的人为主体的错综复杂的利益和感情关系，人的主观因素对社会经济活动的影响和作用也不再局限于个体的人或某个具体范围，而是渗透于社会活动的各个方面、各个环节。更重要的是，中国是一个由共产党领导的社会主义国家，在长期的革命和建设实践中，我们党形成了一整套优良革命传统，在全社会也形成了以爱国主义、集体主义、社会主义为核心的社会公共道德，这与西方资本主义国家的'私有制神圣不可侵犯'、个人利益至高无上的社会道德是根本不相同的"。②

需要指出的是，习近平对中国传统文化的研究方法是辩证的。在谈到农村市场化问题时，他认为："与西方发达国家相比，中国有着绵延数千年的封建社会历史，形成了以儒学为主体的适应封建王朝统治需要的封建社会文化，历史积淀极为深厚。儒家文化历来重义轻利、重农抑商、重学轻商，这也是市场经济只能在西方国家而不能在中国产生和发展的历史原因之一。此外，中国的封建统治阶级和儒家文化在长期的自然经济、小农经济基础上形成的唯我独尊、

---

① 习近平：《干在实处，走在前列》，中共中央党校出版社 2006 年版，第 208 页。

② 习近平：《社会主义市场经济和马克思主义经济学的发展与完善》，《经济学动态》1998年第 7 期。

闭关自守、自满自足、小富即安的思维方式和社会心态，具有巨大的历史惯性，至今尚未完全消失，仍然是中国在改革开放和发展市场经济历史进程中需要不断破除的思想障碍之一。"① 但这并不意味着我们可以割断历史、全盘西化，科学的态度是把中国传统文化的精髓和现代文明的理念有机结合起来，例如，"勤俭朴素、吃苦耐劳、爱国为公、乐于奉献等，特别是在革命战争时期和新中国成立后，集体主义精神得到了弘扬和光大，这些都是符合社会主义基本制度的优秀文化和社会道德范畴，是在社会主义条件下大力推进农村市场化建设不可缺少的社会因素，需要我们在改革开放和社会主义现代化建设的实践中予以很好地继承、发扬，并很好地应用于农村市场化建设的实践。"②

　　综上所述，历史元素在习近平经济思想的形成和发展过程中占有不可或缺的地位。作为中国共产党在改革开放的历史条件下确立的领导核心，习近平信仰和忠诚于马克思主义，对马克思主义理论做过潜心研究，他对中国历史文化的重视和思考，从一个侧面体现了把马克思主义基本原理与中国革命和建设实践结合起来的科学精神。理解习近平经济思想的这一特点有助于我们全面理解和准确把握习近平治国理政思想，坚定改革信念，克服艰难险阻，把中国特色社会主义伟大事业不断推向前进。

（原载于《毛泽东邓小平理论研究》2017 年第 2 期）

---

① 习近平:《中国农村市场化建设研究》，人民出版社 2001 年版，第 186 页。
② 习近平:《中国农村市场化建设研究》，人民出版社 2001 年版，第 186 – 187 页。

经济共同体思想研究[*]

当今世界正处于大发展、大变革、大调整时代。习近平着眼于国内国外两个大局，以和平、发展、合作、共赢的理念为原则，在公开场合多次提到了打造人类命运共同体，开创共同发展新局面的思想，而实现人类命运共同体的关键就在于经济共同体的发展。

一、经济共同体是实现命运共同体的基础

经济共同体是实现命运共同体的基础，这一思想可以追溯到马克思。马克思认为在世界历史的发展中，经济全球化占据着重要的地位，社会生产力的发展导致了不同国家和民族的普遍交往，世界各国和各民族必将朝着紧密联系的方向发展。世界的发展也将由狭隘的区域史走向真正的世界史，这就是马克思著名的"历史向世界历史转变"思想，"各民族的原始封闭状态由于日益完善的生产方式、交往以及因交往而自然形成的不同民族之间的分工消灭得越彻底，历史也就越是成为世界历史"①。生产力的发展将使不同国家、不同民族和人民之间得以密切的交往和联系，并成为一种常态。

习近平结合时代特征，发展了马克思的思想，并提出了命运共同体概念。习近平提出的命运共同体要求追求本国利益时兼顾他国合理关切，在谋求本国发展中促进各国共同发展。人类只有一个地球，虽然国家、民族和个人是不同

———————————

* 本文作者：栾林，东北财经大学理论经济学博士后，讲师，马克思主义基本原理教研室主任。

① 中共中央马克思恩格斯列宁斯大林著作编译局：《马克思恩格斯文集》第 1 卷，人民出版社 2009 年版。

的，但大家都共处一个世界，就必须倡导人类命运共同体意识。而人类命运共同体的实现不可能一蹴而就，它必须通过经济共同体的发展才能最终得以实现。经济共同体是指不同国家和组织在经济领域中形成互利共赢的关系。经济共同体是命运共同体的基础，命运共同体是经济共同体发展与升华的结果，命运共同体将为经济共同体提供进一步发展的条件和空间。

二、当前世界主要经济共同体的缺陷

当今世界主要的经济共同体有欧洲经济共同体和北美自由贸易区等。而无论是欧洲经济共同体还是北美自由贸易区，其本质都是由某些西方发达资本主义国家出面，由政府组成的一个经济和政治的利益集团，其本质就是一种国家垄断资本主义所形成的国际联盟。这种西方国家主导形成的经济共同体，其本质仍然是牟利的，是西方中心主义和霸权主义的一种表现。显然，这种经济共同体的发展只会让世界各国的发展越发不平衡，马太效应越发明显，其弊端是显而易见的。

人类命运共同体的实现，显然不可能建立在西方国家主导形成的经济共同体之上，《世界体系理论》和依附论可以帮助我们更好地理解这一点。

沃勒斯坦①的《世界体系理论》认为，国家并不是近代社会发展的基本单位，现代世界体系才是近代社会发展的最基本实体。现代世界体系是一个由经济、政治、文化三重基本维度组成的复合体，而经济体是整个世界体系中最重要的因素。在此前提预设的基础之上，《世界体系理论》认为西方国家之间形成了大规模稳定的贸易联系，由此诞生了一体化的欧洲经济体。正是在欧洲经济体的带动下，其他国家或地区才得以发展，逐步纳入这个体系中，并最终形成了世界性的资本主义经济体。在这个世界经济体中，西方发达国家处于核心地位，是经济体的内核，而发展中国家处于世界经济体的外围，他们的发展必须依靠发达国家的带动才能实现。

依附论则认为在世界经济全球化的发展进程中，世界各国可以划分为中心国家（发达国家）和外围国家（发展中国家），中心国家组成的经济共同体引领世界经济的发展，并在世界经济发展中处于支配地位，而外围的发展中国家

① 伊曼纽尔·沃勒斯坦：《世界体系理论》，路爱国译，高等教育出版社 1998 年版。

只能处于不利地位，必然受到中心国家的剥削和控制。正是由于中心国家与外围国家地位的严重失衡，导致国家之间发展差距的不断扩大和失衡。为了解决这种失衡状态，很多学者认为应该将中心国家与外围国家进行隔离，只有进行隔离，外围的发展中国家才能脱离中心发达国家的剥削和控制，才能独立自主地发展起来。

由此可见，对于经济共同体应该如何发展，显然存在着不同的理解，《世界体系理论》和依附论以不同的视角展现了经济共同体发展中遇到的困境。《世界体系理论》过分强调了发达经济共同体对发展中国家的带动作用，认为这种带动作用是不可替代的；而依附论则试图隔绝发达经济体和发展中经济体的关系来实现各自的发展，显然也是不切合实际的，在经济全球化的发展进程中，没有国家可以置身事外，都必须融入经济全球化的浪潮中。

三、习近平的经济共同体思想

习近平从战略高度意识到当前世界主要经济共同体的排他性和不平衡性是西方经济共同体难以克服的缺陷，要想解决这些问题就必须建立起新型国际秩序，形成新型经济共同体。习近平所提出的新型经济共同体，是以共赢为理念。这种共同体在维护本国安全和利益的同时，兼顾他国的合理利益，在谋求本国发展中推动各国的共同发展。可以说，这种经济共同体是命运共同体思想的一个缩影，它在一定程度上体现了超越民族、国家和意识形态的全球观，深切表达了中国追求和平发展的愿望，充分体现了中国与各国合作共赢的理念。

习近平的经济共同体思想最典型地体现在"一带一路"上。习近平"一带一路"思想奏响了打造跨越国界经济共同体的乐章，通过沿线国家的互联互通和贸易投资便利化等深度国际合作，打造世界经济新的增长极，实现多国的互利共赢。"一带一路"沿线六十多个国家总人口 44 亿，经济总量 21 万亿美元，受到产业基础和历史条件等因素的制约，国家之间发展不平衡，而且大部分是发展中国家，"一带一路"有利于沿线国家发挥比较优势，将经济互补性转化为发展推动力，形成贯穿东西的大经济带，建立世界上跨度最大、发展前景最好的经济走廊，形成经济利益对接整合的大格局。"一带一路"体现出习近平全局性的战略眼光，也代表其新型经济共同体思想的形成。这种经济共同体思想可以克服西方经济共同体暴露出的问题，有利于各国的发展，符合世界未来的发展趋势，更符合世界和平、发展的主题。

习近平提出的经济共同体思想，可以通过加强以下三个途径确保其顺利实现：第一，加强国际经济合作，打造人类经济共同体。第二，加强国际政治互信，打造经济共同体。第三，加强国际文化交流，打造经济共同体。当前国际政治形势仍很严峻，国家之间仍存在着不平等的关系，所以我们应该打造互惠互利、和平共处、友好往来，贸易互通，具有国际政治互信的政治关系，为实现经济共同体提供保障。

（原载于《财经问题研究》2016 年第 9 期）

中国经济中高速增长的"多元动力"

——论习近平经济发展思想的基本内核与逻辑框架 *

党的十八大以来，习近平总书记就新常态下的中国经济如何实现中高速发展发表了多篇讲话，提出了许多新论断、新思想。再结合党的十八大以前他关于中国经济发展的相关论述，习近平总书记在继承邓小平理论、"三个代表"重要思想和科学发展观中关于中国经济发展思想精华的基础上，立足新时期中国经济发展面临的新形势、新情况和新任务而提出的这些新论断、新思想已经形成了较为完整的思想理论体系。深入系统地研究习近平经济发展思想的基本内核、基本逻辑，认清新常态下中国经济发展的基本动力，对于在新常态下实现中国经济高质量中高速发展具有很强的指导意义。

一、发展依然是"硬道理"，是"第一要务"

改革开放 30 多年来，由于经济始终保持 9.8% 以上的速度增长，中国的综合国力和人民生活水平显著提高，中国一举成为经济总量仅次于美国的世界第二大经济体，创造了世界经济史上的"中国奇迹"，邓小平同志提出的"三步走"战略已经取得了举世瞩目的阶段性成果。党的十八大又更加明确地提出了"两个一百年"的宏伟奋斗目标，即在中国共产党成立一百年时全面建成小康社会，在新中国成立一百年时建成富强民主文明和谐的社会主义现代化国家。

要实现"两个一百年"的奋斗目标，实现中华民族伟大复兴的"中国梦"，

---

* 本文作者：韩保江（1963 – ），男，河北遵化人，经济学博士，中共中央党校经济学教研部主任，教授，博士研究生导师。

最根本的靠什么？习近平总书记在参观《复兴之路》展览时就鲜明地指出："回首过去，全党同志必须牢记，落后就要挨打，发展才能自强。"① 因此，一脉相承地继承"发展"这个中国特色社会主义理论的本质和灵魂，自然就成了习近平总书记治国理政思想，尤其是经济思想的基本内核。

马克思主义一贯重视发展生产力，认为物质生产是人类社会生存和发展的基础，生产力是人类社会发展的最终决定力量。改革开放以来，我们党和国家对国家发展问题十分重视。邓小平同志指出，中国解决一切问题的关键，是要靠自己发展，发展是硬道理。三十多年来，中国共产党对发展的认识不断深化，从发展是硬道理，到发展是执政兴国的第一要务，到发展是科学发展观的第一要义，始终把发展作为破解实施"三步走"战略过程中面临的各种难题和矛盾的法宝。因此，作为马克思主义中国化最新成果创立者以及全面建成小康社会和实现中华民族伟大复兴的"中国梦"的伟大实践的领导者，不仅会继承好发展这一法宝，而且会根据新的实际进一步丰富它，赋予发展更多更新的时代内涵。

首先，"牢牢坚持以经济建设为中心"。人类发展与社会进步的一般规律表明，经济发展是一切发展的基础。对于我们这样一个仍处在社会主义初级阶段的发展中人口大国来说，就更是如此。尽管改革开放以来我们已经取得了世人瞩目的发展成就，但"我国仍处于并将长期处于社会主义初级阶段的基本国情没有变，人民日益增长的物质文化需要同落后的社会生产之间的矛盾这一社会主要矛盾没有变，我国是世界最大发展中国家的国际地位没有变。"② 因此，习近平总书记在 2012 年 11 月 17 日主持十八届政治局第一次集体学习时就明确强调："我们在任何情况下都要牢牢把握这个最大的国情，推进任何方面的改革发展都要牢牢立足这个最大的实际。""我们在实践中要始终坚持'一个中心、两个基本点'不动摇"，"牢牢抓好党执政兴国的第一要务，始终代表中国先进生产力的发展要求，坚持以经济建设为中心，在经济不断发展的基础上，协调推进政治建设、文化建设、社会建设、生态文明建设以及其他各方面的建设。"③

---

① 本书编辑组：《习近平谈治国理政》，人民出版社 2014 年版，第 36 页。
② 胡锦涛：《坚定不移沿着中国特色社会主义道路前进为全面建成小康社会而奋斗》，人民出版社 2012 年版。
③ 本书编辑组：《习近平谈治国理政》，人民出版社 2014 年版，第 10－11 页。

2013 年 3 月 17 日，习近平总书记在第十二届全国人民代表大会第一次会议上的讲话中强调："我们要坚持发展是硬道理的战略思想，坚持以经济建设为中心，全面推进社会主义经济建设、政治建设、文化建设、社会建设、生态文明建设，深化改革开放，推动科学发展，不断夯实实现中国梦的物质文化基础。"① 2013 年 11 月 12 日，习近平总书记在中共十八届三中全会第二次会议上讲话中更加明确地指出："我国仍处于并将长期处于社会主义初级阶段的基本国情没有变，人民日益增长的物质文化需要同落后的社会生产力之间的矛盾这一社会主要矛盾没有变，我国是世界最大发展中国家的国际地位没有变。这就决定了经济建设仍然是全党的中心工作。"因此，"全面建成小康社会，实现社会主义现代化，实现中华民族伟大复兴，最根本最紧迫的任务还是进一步解放和发展社会生产力。"②

其次，"发展必须是遵循经济规律的科学发展，必须是遵循自然规律的可持续发展。"讲遵循经济规律的科学发展和遵循自然规律的可持续发展，说到底就是不能以经济增长代替经济发展，不能以 GDP 排名论英雄，追求实实在在、没有水分的经济增长。"既要看速度，也要看增量，更要看质量，要着力实现有质量、有效益、没水分、可持续的增长，着力在转变经济发展方式、优化经济结构、改善生态环境、提高发展质量和效益中实现经济增长"。③

习近平总书记在党的十八届一中全会的讲话指出："在前进道路上，我们一定要坚持以科学发展为主题、以加快转变经济发展方式为主线，切实把推动发展的立足点转到提高质量和效益上来，促进工业化、信息化、城镇化、农业现代化同步发展，全面深化经济体制改革，推进经济结构战略性调整，全面提高对外开放水平，推动经济持续健康发展。"④ 习近平总书记在湖南考察时又进一步指出："我们这么大个国家、这么多人口，仍然要牢牢坚持以经济建设为中心。同时，要全面认识持续健康发展和生产总值增长的关系，防止把发展简单化为增加生产总值，一味以生产总值排名比高低、论英雄。转方式、调结构是

---

① 本书编辑组：《习近平谈治国理政》，人民出版社 2014 年版，第 41 页。

② 习近平：《在党的十八届三中全会第二次全体会议上的讲话》，《求是》2014 年第 1 期。

③ 习近平：《关于〈中共中央关于制定国民经济和社会发展第十三个五年规划的建议〉的说明》，新华网，http://news.xinhuanet.com/fortune/2015－11/03/c_1117029621.htm.

④ 《习近平在党的十八届一中全会上的讲话》，《求是》2013 年第 1 期。

我们发展历程必须迈过的坎，要转要调就要把速度控制在合理范围内，否则资源、资金、市场等各种关系都绷得很紧，就转不过来、调不过来。各级都要追求实实在在、没有水分的生产总值，追求有效益、有质量、可持续的经济发展。"① 因此，"发展必须是遵循经济规律的科学发展，必须是遵循自然规律的可持续发展。各级党委和政府要学好用好政治经济学，自觉认识和更好遵循经济发展规律，不断提高推动改革开放、领导经济社会发展、提高经济社会发展质量和效益的能力和水平"②。

再次，发展必须是遵循社会规律的包容性发展。所谓包容性发展，就是"坚定不移走共同富裕道路"，"努力把'蛋糕'分好"，在共享发展中增进人民群众福祉。社会主义制度下的生产目的是为了最大限度地满足人民日益提高的物质文化生活需要。习近平同志在刚当选中共中央总书记之后与中外记者第一次见面时就明确指出："我们的责任，就是要团结带领全党全国各族人民，继续解放思想，坚持改革开放不断解放和发展社会生产力，努力解决群众的生活生产困难，坚定不移走共同富裕的道路。"然而，要走好共同富裕的道路，不仅要发展经济，做大经济总量，创造尽可能多物质财富，而且要处理分配问题，避免两极分化，维护公平正义。对此，习近平总书记指出："我们必须紧紧抓住经济建设这个中心，推动经济持续健康发展，进一步把'蛋糕'做大，为保障社会公平正义奠定更加坚实物质基础。"③ "同时还要把'蛋糕'分好。我国社会历来有'不患寡患不均'的观念。我们要在不断发展的基础上尽量把促进社会公平正义的事情做好，……要把促进社会公平正义、增进人们福祉作为一面镜子，审视我们各方面体制机制和政策规定。"④ "广大人民群众共享改革发展成果，是社会主义的本质要求，我们追求的发展是造福人民的发展，我们追求的富裕是全体人民共同富裕。改革发展搞得成功不成功，最终的判断标准是人民是不是共同享受到了改革发展成果。"⑤

实现共同富裕，维护社会公平正义，从根本上说是要消除贫困，特别是农

---

① 《习近平在考察湖南时的讲话》，《人民日报》2013 年 11 月 6 日。

② 《习近平主持召开经济形势专家座谈会时的讲话》，《人民日报》2014 年 7 月 9 日。

③ 本书编辑组：《习近平谈治国理政》，人民出版社 2014 年版，第 96 页。

④ 本书编辑组：《习近平谈治国理政》，人民出版社 2014 年版，第 9 页。

⑤ 习近平：《在中南海召开党外人士座谈会上的讲话》，人民网，http://cpc.people.com.cn/n/2015/1030/c64094 - 27759699. html。

村地区的贫困，让每一个贫困地区的老百姓都过上小康生活。因为"消除贫困，改善民主，逐步实现全体人民共同富裕，是社会主义的本质要求。"① 所以习近平总书记十分重视扶贫工作，挂念贫困地区的老百姓，多次反复研究布置扶贫工作。2012 年 12 月 29 日—30 日，习近平总书记到河北阜平看望困难群众时的讲话指出："全面建成小康社会，最艰巨最繁重的任务在农村，特别是在贫困地区。没有农村的小康，特别是没有贫困地区的小康，就没有全面建成小康社会。"② "现在，距实现全面建成小康的第一个百年奋斗目标只有五六年了，但贫困地区、贫困群众还为数不少，必须时不我待地抓好扶贫开发工作，决不能让困难地区和困难群众掉队。"③ 因此，"要以更加明确的目标、更加有力的举措、更加有效的行动，深入实施精准扶贫、精准脱贫，项目安排和资金使用都要提高精准度，扶贫到点上、根上，让贫困群众真正得到实惠。"④ "要着力推动老区特别是原中央苏区加快发展，决不能让老区群众在全面建成小康社会进程中掉队，立下愚公志、打好攻坚战，让老区人民同全国人民共享全面建成小康社会成果。这是我们党的历史责任。"⑤

二、新常态是新时期中国经济发展的大逻辑

中国经济在经过了三十多年的高速增长之后，由于经济发展的内在支撑条件和外部需求环境都发生了深刻变化，中国经济进入速度换挡器、结构调整阵痛期和前期刺激政策消化期"三期叠加"的"新常态"。

中国经济进入"新常态"的战略判断，是习近平总书记 2014 年 5 月 9 日—10 日在河南考察时初次提出的，针对人们担心中国经济增长减速和国外有些学者唱衰中国经济的观点，他认为："我国发展仍处于重要战略机遇期，我们要增强信心，从当前我国经济发展的阶段特征出发，适应新常态，保持战略上的平

---

① 《习近平在首个"扶贫日"之际对扶贫开发工作作出的重要批示》，《人民日报》2014年 10 月 18 日。

② 《习近平到河北阜平看望慰问困难群众时的讲话》，《人民日报》2012 年 12 月 31 日。

③ 《习近平同中央党校县委书记研修班学员座谈时的讲话》，《人民日报》2015 年 1 月 13 日。

④ 《习近平在云南考察工作时的讲话》，《人民日报》2015 年 1 月 22 日。

⑤ 《习近平参加十二届全国人大三次会议江西代表团审议时的讲话》，《人民日报》2015 年 3 月 7 日。

常心态。"①

那么，中国经济"新常态"的内涵到是什么？2014 年 11 月 9 日，习近平总书记在亚太经合组织工商领导人峰会开幕式上的演讲中给出了初步的描述，他认为："中国经济呈现新常态，有几个主要特点。一是从高速增长转为中高速增长。二是经济结构不断优化升级，第三产业、消费需求逐步成为主体，城乡地区差距逐步缩小，居民收入占比上升，发展成果惠及更广大民众。三是从要素驱动、投资驱动转向创新驱动。"②

时隔一个月，2014 年 12 月 9 日—11 日，习近平总书记在中央经济工作会议上的讲话从 9 个方面对中国经济新常态的阶段性特征、表现及应对之策进行了更全面系统地阐述。

从消费需求看，过去我国消费具有明显的模仿型排浪式特征，现在模仿型排浪式消费阶段基本结束，个性化、多样化消费渐成主流，保证产品质量安全、通过创新供给激活需求的重要性显著上升，必须采取正确的消费政策，释放消费潜力，使消费继续在推动经济发展中发挥基础性作用。从投资需求看，经历了三十多年高强度大规模开发建设后，传统产业相对饱和，但基础设施互联互通和一些新技术、新产品、新业态、新商业模式的投资机会大量涌现，对创新投融资方式提出了新要求，必须善于把握投资方向，消除投资障碍，使投资继续对经济发展发挥关键作用。从出口和国际收支看，国际金融危机发生前国际市场空间扩张很快，出口成为拉动我国经济快速发展的重要动能，现在全球总需求不振，我国低成本比较优势也发生了转化，同时我国出口竞争优势依然存在，高水平引进来、大规模走出去正在同步发生，必须加紧培育新的比较优势，使出口继续对经济发展发挥支撑作用。从生产能力和产业组织方式看，过去供给不足是长期困扰我们的一个主要矛盾，现在传统产业供给能力大幅超出需求，产业结构必须优化升级，企业兼并重组、生产相对集中不可避免，新兴产业、服务业、小微企业作用更加凸显，生产小型化、智能化、专业化将成为产业组织新特征。从生产要素相对优势看，过去劳动力成本低是最大优势，引进技术和管理就能迅速变成生产力，现在人口老龄化日趋发展，农业富余劳动力减少，

---

① 《习近平在河南考察时的讲话》，《人民日报》2014 年 5 月 11 日。
② 《习近平在亚太经合组织工商领导人峰会开幕式上的讲话》，《人民日报》2014 年 11 月 10 日。

要素的规模驱动力减弱，经济增长将更多依靠人力资本质量和技术进步，必须让创新成为驱动发展新引擎。从市场竞争特点看，过去主要是数量扩张和价格竞争，现在正逐步转向质量型、差异化为主的竞争，统一全国市场、提高资源配置效率是经济发展的内生性要求，必须深化改革开放，加快形成统一透明、有序规范的市场环境。从资源环境约束看，过去能源资源和生态环境空间相对较大，现在环境承载能力已经达到或接近上限，必须顺应人民群众对良好生态环境的期待，推动形成绿色低碳循环发展新方式。从经济风险积累和化解看，伴随着经济增速下调，各类隐性风险逐步显性化，风险总体可控，但化解以高杠杆和泡沫化为主要特征的各类风险将持续一段时间，必须标本兼治、对症下药，建立健全化解各类风险的体制机制。从资源配置模式和宏观调控方式看，全面刺激政策的边际效果明显递减，既要全面化解产能过剩，也要通过发挥市场机制作用探索未来产业发展方向，必须全面把握总供求关系新变化，科学进行宏观调控。

这些趋势性变化说明，我国经济正在向形态更高级、分工更复杂、结构更合理的阶段演化，经济发展进入"新常态"。"新常态下，我国经济发展表现出速度变化、结构优化、动力转换三大特点，增长速度要从高速转向中高速，发展方式要从规模速度型转向质量效率型，经济结构调整要从增量扩能为主转向调整存量、做优增量并举，发展动力要从主要依靠资源和低成本劳动力等要素投入转向创新驱动。这些变化不依人的意志为转移，是我国经济发展阶段性特征的必然要求。"① 因此，认识新常态，适应新常态，引领新常态，就成为当前和今后一个时期我国经济发展的大逻辑。

三、新常态下中国经济发展要依靠"多元动力"

保持中高速发展，既是新常态下中国经济发展的基本特征，也是中国经济发展的基本要求。因为只有保持住中高速发展，才能实现转方式、调结构、惠民生的发展目标，才能实现充分就业、居民增收和社会稳定，才能不断夯实全面建成小康社会奋斗目标的物质基础。

---

① 习近平：《关于〈中共中央关于制定国民经济和社会发展第十三个五年规划的建议〉的说明》，新华网，http：//news. xinhuanet. com/fortune/2015 – 11/03/c_ 1117029621. htm.

然而，要在新常态下实现中高速发展，单纯依靠扩大有效需求，即投资、消费、出口这"三驾马车"拉动是不够的，还要千方百计扩大有效供给，通过提高各种生产要素的配置效率，特别是劳动生产率来推动和促进经济发展。单纯依靠资源能源和生产要素量的扩张投入就不够了，还要不断优化产业结构和区域经济结构，大力培植新技术和新产业，不断释放结构转换动力。对此，习近平总书记指出："新常态下中国经济增长更趋平稳，增长动力更为多元。"① 并进一步指出："后国际金融危机时期，增长动力从哪里来？毫无疑问，动力只能从改革中来、从创新中来、从调整中来。我们要创新发展理念，从传统的要素驱动、出口驱动转变为创新驱动、改革驱动、通过结构调整释放内生动力。"②

第一，科技创新驱动发展："创新是引领发展的第一动力"。新中国建立后特别是改革开放以来，我们党一贯强调要增强自主创新能力。继邓小平提出"科学技术是第一生产力"的论断后，党中央先后于1995年、2002年、2006年分别提出科教兴国战略、人才强国战略、建立创新型国家战略。2012年，党的十八大报告又第一次将"实现创新驱动发展战略"写入党代会报告，强调科技创新是提高社会生产力和综合国力的战略支撑，必须摆在国家发展的核心地位。党的十八大以来，习近平总书记高度重视创新，重视新常态下创新驱动发展动力的培育。2013年9月30日，中央政治局专门以实现创新驱动发展战略为题，进行集体学习。为了唤醒全社会的创新意识，增强提高自主创新能力的自觉性，习近平总书记多次在不同场合强调技术创新、倡导创新驱动，希望全社会都要增强自主创新的紧迫感。2014年6月9日，习近平总书记在中科院第十七次院士大会、工程院第十二次院士大会上的讲话中强调指出："不能想象我们能够以现有发达水平人口消耗资源的方式来生产生活，那全球现有资源都给我们也不够用！老路走不通，新路在哪里？就在科技创新上，就在加快从要素驱动、投资规模驱动发展为主向以创新驱动发展为主的转换上。"③ "2014年8月18日，

① 习近平：《在亚太经合组织工商领导人峰会开幕式上的讲话》，《人民日报》2014年11月10日。
② 习近平：《在亚太经合组织第二十二次领导人非正式会议上的开幕词》，《人民日报》2014年11月12日。
③ 习近平：《在中科院第十七次院士大会、工程院第十二次院士大会上的讲话》，《人民日报》2014年6月10日。

习近平总书记在主持召开中央财经领导小组第七次会议时的讲话再次强调:"创新始终是推动一个国家、一个民族向前发展的重要力量。我国是一个发展中大国,正在大力推进经济发展方式转变和经济结构调整,必须把创新驱动发展战略实施好"。要"增强科技进步对经济增长的贡献度,形成新的增长动力源泉,推动经济持续健康发展。"① 2015 年 3 月 5 日,习近平总书记在参加十二届全国人大三次会议上海代表团审议时的讲话中更进一步地强调:"创新是引领发展的第一动力。抓创新就是抓发展,谋创新就是谋未来。适应和引领我国经济发展新常态,关键是要依靠科技创新转换发展动力。"② 为此,一是必须破除阻碍和制约创新的体制机制,深入推进科技与经济的紧密结合,促进产学研的深度融合,实现科技同产业的无缝对接,打通从科技强到产业强、经济强、国家强的通道,加快建立健全国家创新体系,让一切创新源泉充分涌流。二是必须重视发挥人才是第一资源的作用,鼓励大众创业、万众创新。正像习近平总书记指出的:"人才是创新的根基,创新实质上是人才驱动,谁拥有了一流创新人才,谁就拥有了科技创新的优势和主导权。要择天下英才而用之,实施更加积极的创新人才引进政策,集聚一批站在行业科技前沿、具有国际视野和能力的人才。"③ 同时"要最大限度地调动科技人才的创新积极性,尊重科技人才的创新自主权,大力营造勇于创新、鼓励创新、宽容失败的社会氛围。"④ 三是必须提高自主创新能力。习近平总书记指出:"实施创新驱动战略,最根本的是要增强自主创新能力,最紧迫的是要破除体制机制障碍,最大限度解放和激发科技作为第一生产力所蕴藏的巨大潜能。"因为"只有把核心技术掌握在自己手中,才能真正掌握竞争和发展的主动权,才能从根本上保障国家经济安全、国防安全和其他安全。""我们不能在这场科技创新的大赛场上落伍,必须迎头赶上、奋

---

① 《习近平主持召开中央财经领导小组第七次会议时的讲话》,《人民日报》2014 年 8 月 19 日。

② 《习近平参加十二届全国人大三次会议上海代表团审议时的讲话》,《人民日报》2015 年 3 月 6 日。

③ 《习近平参加十二届全国人大三次会议上海代表团审议时的讲话》,《人民日报》2015 年 3 月 6 日。

④ 《习近平考察中国科学院工作时的讲话》,《人民日报》2013 年 7 月 18 日。

起直追、力争超越、赢得主动、赢得优势、赢得未来。"①

第二，扩大内需拉动发展："扩大内需是中国经济自主性增长的关键"。十八大之前的历次党代会，都强调重视开发国内市场，强调最大限度地满足国内老百姓物质文化生活生活水平提高的需要。特别是受 1998 年亚洲金融危机和2008 年国际金融危机的影响，我们党自觉把扩大内需确立为经济发展的基本立足点和长期的战略方针。党的十八大后，以习近平为总书记的党中央更加强调要用好我国经济的巨大韧性、潜力和回旋余地，加快构建扩大内需长效机制，着力扩大消费需求，切实把扩大内需作为拉动中国经济增长的主要动力。

扩大内需，难题是如何扩大消费需求。尽管 2014 年居民消费对我国 GDP 总量的贡献率已经达到51.2%，但远低于世界61%的平均水平，同时也低于中等收入国家55%的平均水平。扩大居民消费需求前提是要深化收入分配制度改革，逐步提高劳动所得占初次收入分配的比重和居民所得占国民收入分配的比重，确保居民收入增长不低于经济增长速度，同时健全社会保障制度减少居民消费的后顾之忧。对此，习近平总书记指出："把落实收入分配制度、增加城乡居民收入、缩小收入分配差距、规范收入分配秩序作为重要工作，着力解决人民群众反映突出的问题。"]② 加强民生保障，提高人民生活水平。"要按照'守住底线、突出重点、完善制度、引导舆论'的思想做好民生工作。重点是保障低收入人民群众基本生活，做好家庭困难学生资助工作，……要加强城乡社会保障体系建设，继续完善养老保险转移接续办法，提高统筹层次。"③

扩大内需重点还是要重视扩大投资。像我们这样一个正处在工业化和城镇化加速发展时期的发展中大国来讲，基础设施建设和公共服务需求仍有巨大的需求空间，进而产生巨大的投资需求。习近平总书记指出："推进城镇化是解决农业、农村、农民问题的重要途径，是推动区域协调发展的有力支撑，是扩大内需和促进产业升级的重要抓手，对全面建成小康社会、加快推进社会主义现代化具有重大现实意义和深远历史。"④ 特别是"城乡公共基础设施投资潜力巨

① 习近平：《在中科院第十七次院士大会、工程院第十二次院士大会上的讲话》，《人民日报》2014 年 6 月 10 日。
② 中共中央文献研究室：《习近平关于全面深化改革论述摘编》，中央文献出版社 2014 年版，第 92 页。
③ 《习近平在 2012 年中央经济工作会议会议上的讲话》，《人民日报》2012 年 12 月 17 日。
④ 《习近平在中央城镇化工作会议上的讲话》，《人民日报》2013 年 12 月 15 日。

大，要加快改革和创新投融资体制机制。"①

第三，结构优化提升发展："加快由中低端向中高端迈进"。推动经济结构战略性调整，是经济发展方式转变的主线，是提高经济发展质量的根本条件，更是促进经济发展的重要动力。习近平总书记认为："把经济发展抓好，关键还是转方式、调结构，推动产业机构加快由中低端向中高端迈进。"② 国际金融危机后的世界经济深度调整，为迎接新工业革命而进行的再工业化、再平衡成为潮流。因此，习近平总书记强调："加快推进经济结构战略性调整是大势所趋，刻不容缓。国际竞争历来是就是时间和速度的竞争，谁动作快，谁就能够抢占先机，掌控制高点和主动权；谁动作慢，谁就会丢失机会，被别人甩在后边。"③ 要推动产业结构调整，首先就是要化解过剩产能，加快传统产业升级改造。近年来，我国经济发展中存在的一个最突出的问题是传统产业产能过剩，"两高一资"行业尤为明显。据有关资料显示，目前我国工业企业产能利用率只有78%左右。其中，钢铁、水泥、电解铝、焦炭、船舶、光伏等行业主要产品产能利用率不到50%。这不仅造成巨大的投资与资源的浪费，而且导致大量的环境污染。老百姓对此怨声载道。对此，习近平总书记明确指出："现在不拿出壮士断腕的勇气，将来付出的代价必然更大。""要决战决胜打好调整经济结构、化解过剩产能这场攻坚战。"④

第四，城乡区域协调促进发展："发展差距意味着发展潜力"。当前，中国经济发展不平衡的矛盾集中体现在城乡之间和区域之间发展差距不断扩大上。差距就意味着潜力。在全面建成小康社会的决战阶段，不断缩小并逐步消灭这两大差距，不仅是实现全面建成小康社会的内在要求，而且是新常态下进一步促进中国经济平稳健康发展的重要引擎。改革开放三十多年来，我国广大农村面貌都发生了巨大变化，但由于自然条件和发展水平不同，城乡之间、农村与农村之间还存在着很大的发展差距，农村真穷、农民真苦的问题还在一些贫困地区普遍存在，要解决这个问题，习近平总书记指出："小康不小康，关键看老

① 《习近平主持召开中央财经领导小组第九次会议时的讲话》，《人民日报》2015年2月11日。

② 《习近平在江苏调研时的讲话》，《人民日报》2014年12月14日。

③ 《习近平在广州主持召开经济工作座谈会时的讲话》，《人民日报》2012年12月11日。

④ 《习近平在参加河北省委民主生活会时的讲话》，《人民日报》2013年9月26日。

乡。一定要看到，农业还是'四化同步'的短腿，农村还是全面建成小康社会的短板。中国要强，农业必须强；中国要美，农村必须美；中国要富，农民必须富。农业基础稳固，农村和谐稳定，农民安居乐业，整个大局就有保障，各项工作都会比较主动。"① 因此，"我们既要有工业化、信息化、城镇化，也要有农业现代化和新农村建设，两个方面要同步发展。要破除城乡二元结构，推进城乡发展一体化，把广大农村建设成农民幸福生活的美好家园。"②

破除城乡二元结构，推进城乡发展一体化，必须协调推进农业现代化、新农村建设和新型城镇化，形成双轮驱动。一方面通过推进农业现代化和新农村建设，充分发挥亿万农民主体作用和首创精神，不断解放和发展农村社会生产力，激发农村发展活力，从而不断增加农民收入，最大限度地释放农村消费力。另一方面要在推进城镇化过程中谋划农业和农村发展，避免"两张皮"，努力实现城乡规划和基础设施一体化、城居民基本权益平等化、基本公共服务均等化、城乡居民收入均衡化的新局面。

我国幅员辽阔，区域发展回旋余地大，促进区域协调发展，是新常态下推进中国经济发展的另一重要引擎。21 世纪以来，我国逐步形成了西部开发、东北振兴、中部崛起、东部率先的区域发展总体战略。特别是随着主体功能区战略的不断实施，我国地区之间的发展差距呈现出日益缩小的趋势。在广大的中西部地区正逐步形成一些新的经济增长极。党的十八大后，以习近平为总书记的党中央继续深入实施区域发展总体战略，坚定不移地实施主体功能区战略，重视创新区域发展政策，着力促进区域协调发展，尤其重视老少边穷地区的发展。为此，党中央和国务院创造性地提出旨在促进东中西部协调发展和西部地区对外开放的"一带一路"、京津冀协同发展、长江经济带三大区域发展战略。随着三个区域发展战略的深入实施，不仅区域发展差距会进一步缩小，而且会形成许多新的增长极或增长带，进而为新常态下中国经济稳定健康可持续发展提供新的能量。具体到京津冀协同发展战略，习近平总书记指出："通过疏解北京非首都功能，调整经济结构和空间结构，走出一条内涵集约发展的新路子，

---

① 《习近平在中央农村工作会议上的讲话》，《人民日报》2013 年 12 月 25 日。
② 《习近平在湖北考察改革发展工作时的讲话》，《人民日报》2013 年 7 月 24 日。

探索出一种人口密集地区优化开发的模式，促进区域协调发展，形成新增长极。"①

第五，生态文明推动发展："改善生态环境就是发展生产力"。党的十八大从实现中华民族伟大复兴和永续发展的全局出发，首次把"美丽中国"作为生态文明建设的宏伟目标，把生态文明建设摆上了中国特色社会主义五位一体总体布局的战略位置。对此，习近平总书记指出："建设生态文明，关系人民福祉、关乎民族未来。党的十八大把生态文明建设纳入中国特色社会主义事业五位一体总体布局，明确提出大力推进生态文明建设，努力建设美丽中国，实现中华民族永续发展。这标志着我们对中国特色社会主义规律认识的进一步深化，表明了我国加强生态文明建设的坚定意志和坚强决心。"②

建设生态文明推动发展，首先要正确处理经济发展和保护生态环境的关系。习近平总书记指出："我们既要绿水青山、也要金山银山。宁要绿水青山、不要金山银山，而且绿水青山就是金山银山。"③ 因此，"要正确处理经济发展同生态环境保护的关系，牢固树立保护生态环境就是保护生产力、改善生态环境就是发展生产力的理念，更加自觉地推进绿色发展、循环发展、低碳发展，决不能以牺牲环境为代价去换取一时的经济增长。"④ 其次，要坚持绿色、循环、低碳发展，推动生产方式绿色化。从根本上缓解我国经济发展与资源环境之间的矛盾，出路在于必须构建起科技含量高、资源消耗低、环境污染少的产业结构，加快推进生产方式绿色化，有效降低经济发展的资源环境代价。习近平总书记指出："节约资源是保护生态环境的根本之策。""大部分对生态环境造成破坏的原因是来自对资源的过度开发、粗放型使用。如果竭泽而渔，最后必然是什么鱼也没有了，因此，必须从资源使用这源头抓起。"⑤ 他强调，要加快发展绿色产业，形成经济社会发展新增长点。要大力发展循环经济，促进生产、流通、

---

① 《习近平主持召开中央财经领导小组第九次会议时的讲话》，《人民日报》2015 年 2 月 11 日。

② 《习近平在十八届中央政治局第六次集体学习时的讲话》，《人民日报》2013 年 5 月 25 日。

③ 习近平：《在哈萨克斯坦纳扎尔巴耶夫大学的演讲》，《人民日报》2013 年 9 月 8 日。

④ 中共中央文献研究室：《习近平关于全面深化改革论述摘编》，中央文献出版社 2014 年版，第 107 页。

⑤ 中共中央宣传部：《绿水青山就是金山银山》，《人民日报》2014 年 7 月 11 日。

消费过程的减量化、再利用、资源化。

第六，全面改革保障发展："改革开放是中国发展进步的活力之源"。改革开放三十多年来，我们党靠什么来振奋民心、统一思想、凝聚力量？靠什么来激发全体人民的创造精神和创造活力？靠什么来实现我国经济社会快速发展、在与资本主义竞争中赢得比较优势？靠的就是改革开放。因此，习近平总书记指出："改革开放是当代中国发展进步的活力之源，是党和人民事业大踏步赶上时代的重要法宝。"① "我们正在推行的全面深化改革，既是对社会生产力的解放，也是对社会活力的解放，必将成为推动中国经济社会发展的强大动力。"② "我国发展走到今天，发展和改革高度融合，发展前进一步就需要改革前进一步，改革不断前进也能为发展提供强劲动力。"③

全面深化改革给中国经济社会发展带来的强大动力从哪里来？一是从使市场在资源配置中起"决定性"作用和更好发挥政府作用中来。习近平总书记指出："经济发展就是要提高资源尤其是稀缺资源的配置效率，以尽可能少的资源投入生产尽可能多的产品、获得尽可能大的效益。理论和实践都证明，市场配置资源是最有效率的形式。"④ 然而，这并不否认政府在推动和保证经济平稳健康发展中的特殊作用。习近平总书记强调："在市场作用和政府作用的问题上，要讲辩证法、两点论，'看不见的手'和'看得见的手'都要用好，努力形成市场作用和政府作用的有机统一、相互补充、相互协调、相互促进的格局，推动经济社会持续健康发展。"⑤ 二要从继续毫不动摇巩固和发展公有制经济、毫不动摇鼓励、支持、引导非公有制经济发展，大力发展混合所有制经济中来。习近平总书记指出："国有资本、集体资本、非公有资本等交叉持股、相互融合的混合所有制经济，是基本经济制度的重要实现形式，有利于国有资本放大功

---

① 《习近平在武汉主持召开部分省市负责座谈会时的讲话》，《人民日报》2013 年 7 月 25 日。

② 习近平：《在亚太经合组织工商领导人峰会开幕式上的讲话》，《人民日报》2014 年 11 月 10 日。

③ 习近平：《在中央全面深化改革领导小组第十八次会议的重要讲话》，新华网，http://news. xinhuanet. com/2015 - 11/09/c_ 1117084753. htm.

④ 习近平：《关于〈中共中央关于全面深化改革若干重大问题的决定〉的说明》，新华网，http://news. xinhuanet. com/mrdx/2013 - 11/16/c_ 132892939. htm.

⑤ 《习近平谈治国理政》，人民出版社 2014 年版，第 116 页。

能、保值增值、提高竞争力。"① 同时,"鼓励非公有制企业参与国有企业改革,鼓励发展非公有资本控股的混合所有制企业,鼓励有条件的私营企业建立现代企业制度。"② 由此,公有制经济与非公有制经济平等竞争、相互补充、混合发展,进而使各类经济主体的发展活力竞相迸发。三是从"明确事权、改革税制、稳定税负、透明预算、提高效率,加快形成有利于转变经济发展方式、有利于建立公平统一市场、有利于推进基本公共服务均等化的现代财政制度,形成中央和地方财力与事权相匹配的财税体制,更好发挥中央和地方两个积极性"中来③。四是从政府简政放权,扩大市场准入,实施负面清单制度,加快形成"大众创业、万众创新"的新局面中来。

(原载于《中共中央党校学报》2015 年第 6 期)

---

① 习近平:《关于〈中共中央关于全面深化改革若干重大问题的决定〉的说明》,新华网,http://news. xinhuanet. com/mrdx/2013 – 11/16/c_132892939. htm.

② 习近平:《关于〈中共中央关于全面深化改革若干重大问题的决定〉的说明》,新华网,http://news. xinhuanet. com/mrdx/2013 – 11/16/c_132892939. htm.

③ 习近平:《关于〈中共中央关于全面深化改革若干重大问题的决定〉的说明》,新华网,http://news. xinhuanet. com/mrdx/2013 – 11/16/c_132892939. htm.

"新常态"思想的意涵和内容解读 *

　　"新常态"，是当下中国最热的一个关键词。最初，"新常态"是习近平总书记用于描述我国经济发展态势的一个词，但在今天的中国"新常态"已从经济发展态势的初始定义，扩展到了政治、文化、社会、生态等领域。从当代中国的现实来看，"新常态"不仅体现在经济领域，而且呈现在社会诸多方面。所以，习近平"新常态"思想反映的是当代中国执政理念的改变，是中央领导集体适应形势的变化，顺应规律，攻坚克难，领导人民基于现代新理念新规则而营造和要建立的新秩序、新态势和新状态。习近平中国特色社会主义"新常态"思想将成为未来指导中国走向的出发点，对习近平"新常态"思想中包含的超出经济的更全面深刻的意涵和内容进行解读，揭示其"新常态"思想的精神实质，具有重要意义。

一、"新常态"思想的意涵

　　习近平系统阐述"新常态"思想是在亚太经合组织（APEC）工商领导人峰会的主旨演讲中。习近平用"新常态"向世界描述了中国经济的新变化和新表现。但新常态这一词汇不仅仅涵盖中国经济发展一个领域，实际是针对当前中国全面深化改革，推进中国特色社会主义建设持续发展而提出的一种新思路，蕴含着中央领导集体执政理念、执政思路和治国方略的设想。

---

　　* 本文作者：王海霞（1965—），女，甘肃临泽人，兰州理工大学马克思主义学院教授，研究方向为理论经济学、区域经济学。

（一）新常态是新趋势、新目标，寓意着治国理政的新思路和新作为

回顾党的十八大以来，以习近平同志为总书记的中央领导集体，治国理政的基本思路和方略不断清晰，并在实践中不断发展。习近平用"新常态"向世界描述了中国经济的一系列新表现，包括增速变化、结构升级、动力转变，特别阐述了新常态派生新机遇，指出"新常态"下中国经济增长更趋平稳，增长动力更为多元，发展前景更加稳定。这是在向世界展现新的执政理念，中国主动放缓经济增速，调整、优化、升级产业结构，不再唯GDP是从，注重协调发展，这是中国基于现代新理念新规则将建立长久持续的新秩序和新的发展模式，并且会正视"新常态"变化带来的新挑战，将"新常态"看成改革和发展难得的新机遇，顺应规律，向适应新常态的新结构新增长力方向求变，打造中国经济持续发展的软实力和硬实力。所以，习近平"新常态"思想，一方面，预示着中国经济、政治、文化等各方面全面改革与良性健康发展的方向；另一方面，寓意着当今中国治国理政的新作为，即主动适应经济新常态，坚持从政治、文化、社会、生态以及外交、党的建设等各个领域，以超乎寻常的思路举措，培育、维护、发展新常态，不断推进中国特色社会主义建设事业进入新阶段的要求。

（二）新常态是新认知、新思维，传递的是治国安邦战略定力的新自信

与改革开放的前30多年比较，当今的世情、国情已经发生了深刻变化，出现了许多新的历史特点。世界战略格局在发生大的变动，人类发展方式在发生明显的转型。外部客观形势的变化也带来了中国特色社会主义现代化建设的新情况新格局，中国经济和社会发展进入了一个新时期，所以，不能再用过去的"思维"和"逻辑"来看待中国的发展和进步。习近平"新常态"思想反映的正是中央领导集体高瞻远瞩，审时度势，对中国和世界变化的战略判断，也是对中华民族围绕奋斗目标和美好追求在战略布局方面应该有的作为和努力的一种新的认知和理解。一方面，必须要守"常"，即坚守中国特色社会主义信念，像习近平所强调的那样，要坚定对中国特色社会主义的道路自信、理论自信和制度自信以及文化自信，积极唱响中国梦、中国道路、中国精神和中国力量，提升中国话语权，这是我们实现中国梦的强力支撑和重要保证，我们必须要承续和践履。另一方面，又要顺"新"，面对不以人的意志为转移的大趋势，保持沉稳的心态，重新认知中国的经济，重新理解中国的政治、文化、社会等，积

极适应，主动调整，推进国家治理体系和治理能力现代化，推进以发展中国特色社会主义为目标的社会转型和体制变革，运用多方面的力量来治国理政，并为化解"新常态"下出现的新矛盾和新问题提供制度设计，构建科学合理的治理体系和治理方式，实现旧常态向新常态转轨。所以，"新常态"思想传递的是中央领导集体在治国理政策略方面对世界和对中国的成熟的把握，表达了领导自己的人民，正视发展困难，积极主动迎接挑战的无畏勇气和实现持续发展的坚定决心。

二、"新常态"思想的内容

当今，中国的发展处于关键历史阶段，同时也面临前所未有的发展阻力和安全风险，治国理政需要开辟新局面，这对于推动综合国力的进一步增强，实现中华民族复兴的伟大目标至关重要。习近平"新常态"思想折射的是当代中国执政理念的改变，培塑、形成和发展各个领域、各个方面的新常态，是治国理政"五位一体"发展布局的新要求，也是治国安邦的新标志，而"新常态"的表述使新一届领导集体的执政理念思路更加清晰。全面解读习近平"新常态"思想中包含的超出经济的更全面更深刻的内容，理解其精神实质，才能更好理解和面对当今中国社会各方面出现的习近平"新常态"思想的实践形态，更加坚定中国特色社会主义的道路自信、理论自信和制度自信。

（一）中国经济发展要树立新理念，展现新风貌

习近平阐述中国经济"新常态"，反映出的是当下中国对世界，尤其是中国经济发展形势的科学、清晰的判断，体现了对国内外宏观经济形势新变化的深谋远虑，给世界释放的是中国关于经济发展行稳致远的新观点、新理念，是要在促进经济持续健康发展，培育经济发展的持久动力方面形成的新常态，包括经济发展重点将从速度转移到质量，更加注重通过产业结构调整转型和优化升级实现经济合理增长和质量提升；经济发展方式要从根本上转变，质量型、差异化竞争逐步代替数量扩张和价格竞争，资源配置效率显著提升；更加崇尚可持续发展、环境保护、经济福祉包容共享，因为"人民群众对美好生活的向往，就是我们的奋斗目标"；更加重视让创新成为驱动经济发展的新引擎，推进经济增长动力的转换，加快培育带动经济发展的新产业、新业态。而培塑、发展经济新常态的关键是全面深化改革，就如习近平所强调的，"唯改革创新者胜"，

"全面深化改革是关系党和国家事业发展全局的重大战略部署，不是某个领域某个方面的单项改革"。没有全面深化改革，没有体制机制的全面突破，旧常态就难以打破，新常态就难以形成和保持。从另一方面看，新常态又是全面深化改革，加强市场经济制度建设及其他方面体制机制建设的重要目标。所以，全面深化改革与新常态是一个有机统一的整体，全面深化改革在当代中国本身也将成为一种新常态，只有不断推进和深化经济体制改革、政治体制改革、社会体制改革以及各个领域的改革，突破阻碍生产力发展的各种陈规旧制，才能为中国发展提供行稳致远的"改革红利"，并通过改革创新来化解新常态下的各种矛盾和问题。

（二）社会主义民主政治建设和依法治国要有新成效

经济与政治的内在关联性决定了经济新常态必然在政治方面有展现，政治必须与新常态同行。构建政治新常态是习近平"新常态"思想中不可或缺的部分，是治国理政新思维。

回顾十八大以来习近平总书记的系列重要讲话，他强调中国的民主政治发展必须走中国自己的道路，高度肯定"社会主义协商民主，是中国社会主义民主政治的特有形式和独特优势，是中国共产党的群众路线在政治领域的重要体现"，认为："发展社会主义协商民主，是未来一段时间中国特色社会主义民主政治发展的一个重要的着力点。"所以，协商民主将成为新常态。通过协商民主实现人民群众广泛参与的民主权利，充分表达他们的民主诉求、公正诉求和参与诉求等，真正当家作主，将增强我国民主的实效性。推进国家治理体系和治理能力现代化，成为中国共产党执政发展的新理念和新要求，意味着党的执政进入国家治理的阶段，这是一个全新阶段，在治国理政方面，中国将逐步实现从国家管理到国家治理的跨越式飞跃，形成国家治理现代化的新布局。建设"法治中国"，用法治来规范和推动中国的未来发展也将成为新常态。法治是国家治理体系和治理能力现代化的重要衡量指标，是治国理政的基本方式，也是实现政治新常态不可或缺的保障条件。十八届四中全会首次以"依法治国"作为主题，明确要求"建设法治中国"，并且把"法治中国"归结为"三个依法、三个法治"，即"依法治国、依法执政、依法行政""法治国家、法治政府、法治社会"，这是政治新常态的重要体现，也是重要保障。通过深化改革，完善制度，努力实现干部清正、政府清廉、政治清明，努力打造廉洁政治新常态，成为政治文明建设的核心内容。

（三）增强文化自信实现文化强国要有新局面

文化属于上层建筑及其意识形态，经济、政治发展的追求与态势，会渗透反映在文化的理念与举措中，而文化市场和文化产业发展和经济发展更是保持密切联系，所以，文化建设需要努力把握经济新常态才有可能积极适应经济新常态，并且要确立自身的新常态。

党的十八大以来，围绕建设社会主义文化强国的战略目标，坚守中国特色社会主义价值体系，坚守核心价值观，通过教育引导、舆论宣传、文化熏陶、实践养成、制度保障等，使社会主义核心价值观内化为人们的精神追求，外化为人们的自觉行动成为文化建设的核心内容。提高国家文化软实力，坚定道路自信、理论自信、制度自信、文化自信，努力传播当代中国价值观念、展示中华文化独特魅力、提高国际话语权、阐释好中国特色，正在成为文化建设的新要求、新局面。文化建设通过致力于文化产业、文化产品质的提升、结构的优化、多元动力、创新驱动，加强对中华传统文化的创造性转化、创新性发展，借鉴世界文明的有益成果丰富和发展中华文化，使中华民族伟大复兴的思想根基不断得到巩固，成为文化建设适应新常态的文化自觉。文化建设主动适应新常态，遵循文化发展规律，尊重群众文化需求，通过创新驱动，促进文化产业良性发展，创造有效需求、引导文化消费，增强和提升文化自信，努力使文化自觉、文化自信、文化自强成为中国软实力的重要支撑，正在成为文化自强、自勉的重要目标。

（四）改善民生和创新社会治理要凸显新特征

新时期，我国社会治理围绕系统治理、依法治理、综合治理、多元治理和源头治理改革创新，逐步从传统社会管理向现代社会治理转变，呈现出社会治理的新常态。即更加重视改善民生，重视人民群众在教育、就业、收入分配、医疗卫生、社会保障等公共服务方面的权益保障，重视谋民生之利、解民生之忧，正在成为社会建设的重点。依法对社会事务、社会组织和社会生活进行规范和管理，形成办事依法、遇事找法、解决问题用法、化解矛盾靠法的良好法治环境，正在成为社会管理的重要方向。重视公共安全管理，逐步健全食品药品、环境保护、安全生产、社会治安等公共安全领域应急管理体制机制，确保人民安居乐业、社会安定有序，正在成为新常态。创新制度安排，创新社会治理体制，改进社会治理方式，通过系统治理、依法治理、综合治理、源头治理，全面推进平安中国建设，努力克服人为因素造成的不公平现象，确保人民平等参与、平等发展权利，正在成为社会建设的重要内涵。更加重视发挥法律和道德的双重作用，在社会建设中坚持依法治理和以德治理相结合，依靠道德约束和法律规范促使各个主体管理自己的行为，正在成为一种新的自觉。

（五）建设生态文明实现永续发展要有新觉醒

党的十八大以来，习近平总书记在多个不同场合专门论述了生态文明建设问题，提出了一系列新思想、新论断、新要求，包括：实现人与自然和人与人之间双重和谐的生态文明观；保护环境即是保护生产力的生态生产力观；一切为了人民群众生态诉求的生态民生观；以"生态红线"为底线，整体谋划国土开发的生态安全观；实现最严法治的生态法治观等内容。这些新理念新论断新要求，反映了新一代领导统筹谋划解决环境与发展问题的新的觉醒，为推进生态文明建设指明了前进方向和实现路径。从保护生产力、发展生产力的层面，重视改善生态环境，加大生态环境保护力度，改变不合理的产业结构、资源利用方式、能源结构、空间布局、生活方式，促进实现经济社会发展与生态环境保护相协调，使自然生产力逐步得以恢复，将成为新常态。建立制度化系统化大众化的生态文明教育体系，进行环境科学和环境法律知识的普及教育，努力使生态文明成为主流价值观，引导公民树立正确的生态价值取向和道德观念，选择绿色低碳的生活方式；促使生产经营单位承担起应有的社会责任，规范管理自己的环境行为，都将成为新风尚。完善经济社会发展考核评价体系，把资源消耗、环境损害、生态效益等体现生态文明建设状况的指标纳入经济社会发展评价体系，使之成为推进生态文明建设的重要导向和约束，正在成为新举措。坚持从宏观战略层面切入，从生产、流通、分配、消费的再生产全过程入手，制定和完善环境保护立法、环境经济政策，形成激励与约束并举的环境保护长效机制，建立环境责任终生追究制度，正在成为新期待。

参考文献：

[1]《习近平谈治国理政》，外文出版社2014年版。

[2]《习近平总书记系列重要讲话读本》，人民出版社2014年版。

[3] 习近平：《谋求持久发展，共筑亚太梦想——在亚太经合组织工商领导

人峰会开幕式上的演讲》,《人民日报》2014 年 8 月 4 日。

　　[4] 吴敬琏,厉以宁,周其仁等:《新常态改变中国:首席经济学家谈大趋势》,民主与建设出版社 2014 年版。

　　[5] 马光远:《什么是中国经济新常态》,《中外管理》2014 年第 6 期。

　　[6] 施芝鸿:《逐步适应和习惯当下中国新常态》,《人民日报》2014 年 10 月 13 日。

　　[7] 辛鸣"习近平新常态"的应该、必须和未来》,《中国青年报》2014 年 11 月 10 日。

　　[8] 徐水华,陈璇:《习近平生态思想的多维解读》,《求实》2014 年第 11 期。

(原载于《生产力研究》2015 年第 7 期)

中国特色社会主义经济学思想研究[*]

习近平对马克思主义政治经济学基本原理、中国特色社会主义理论体系都进行了深入、系统的研究和思考，并结合中国实践形成了丰富和系统的经济学思想，对中国特色社会主义经济学的发展具有重要意义。总的来说，习近平的经济学思想和毛泽东思想、邓小平理论、"三个代表"重要思想和科学发展观等中国共产党的指导思想既一脉相承，又有所创新；内容既有实践经验的总结，又有理论的升华。虽然习近平经济学思想涉及中国经济建设的方方面面，但多而不乱，已经形成脉络清晰、结构完整的体系。本文将习近平有关中国特色社会主义经济学的相关论述按照经济发展目标、经济发展动力、经济发展方式、经济发展途径的体系进行初步归纳整理。

一、经济发展目标是为广大人民群众谋利益

任何一种经济学说都无法摆脱其阶级性，如果说西方主流经济学是站在资产阶级的立场上，那么中国特色社会主义经济学就完全站在最广大人民群众的立场上，中国共产党和社会主义经济发展的目标只能是为广大人民群众谋利益。习近平坚定地秉承中国共产党和社会主义发展的目标："人民对美好生活的向往，就是我们的奋斗目标。人世间的一切幸福都需要靠辛勤的劳动来创造。我们的责任，就是要坚定不移走共同富裕的道路。"[①] 这一段话的含义是：共产党开展经济建设的目标是为了实现人民对美好生活的向往，是为了广大人民群众

---

[*] 本文作者：刘涛（1975 - ），男，山东荣成人，中共贵州省委党校发展研究院副院长，副教授，经济学博士，研究方向为政治经济学。

[①] 《习近平谈治国理政》，外文出版社 2014 年版，第 4 页。

的利益；而劳动是实现这一目标的必要条件，因为所有的现实的价值和财富都是由劳动创造的；要实现这一目标就必须团结带领全党、全国各族人民，继续解放思想，坚持改革开放，不断解放和发展社会生产力，努力解决群众的生产生活困难，中国共产党将坚定不移地带领全国各族人民实现共同富裕。习近平的这一论述表明了其思想的立场，这一立场跟马克思列宁主义和中国特色社会主义理论体系一脉相承，更加明确了中国特色社会主义经济学的目标，这也是中国特色社会主义经济学和西方其他经济学的根本区别所在。

西方经济学在古典时期比较关注国民财富的增加，如斯密就以《国民财富的性质和原因研究》为题，但无论是斯密还是李嘉图都是站在资产阶级的立场上，所谓的"国民财富"实际上就是资产阶级的财富，而忽视了占绝大多数人口的无产阶级的利益。如果说斯密对无产阶级还有一些同情心，李嘉图根本就是视而不见。在马克思所说的经济学的庸俗时期，萨伊、西尼尔、巴斯夏等人直接就是资产阶级的代言人，在他们笔下，资产阶级无论怎么攫取财富都被"论证"成合理的、上帝赋予的权利。同时期的西斯蒙第和汤普逊等人虽然意识到了资产阶级立场的问题，开始思考如何更加公正、公平地分配社会财富，但由于不了解生产力和生产关系的本质，他们田园诗般的理想只能是空中楼阁。随后发生了经济思想史上的边际革命，马歇尔把政治经济学里的"政治"二字去掉之后，彻底完成了经济理论的"纯粹化"。从此，经济发展的目标和手段被混为一谈，经济效率的最大化成为西方主流经济学的研究核心，而社会公平、人民幸福等都从其理论中消失了。事实证明，任何一种经济理论都有其阶级性，西方主流经济学这种所谓的纯粹经济理论既不中立，又不纯粹，是理论中过分强调效率而忽视人的因素的理论，从根本上说仍是在为资本辩护。正如罗默所说："在以前的社会发展中，太多的以效率为名却事实上利用了种种不平等的机会而获益的事情发生。"①

马克思从不讳言自己的阶级立场，他的学说的目的非常明确，就是为了指导广大无产阶级通过革命建立一个生产力高度发达、没有阶级的社会，最终实现广大人民的幸福。作为马克思主义中国化的理论，中国特色社会主义理论体系完全继承了这一目标。习近平指出，毛泽东思想、邓小平理论、"三个代表"

---

① 罗默：《社会主义的未来》，余文烈等译，重庆出版社 1997 年版，第 10 页。

重要思想和科学发展观都坚持以人为本，把实现好、维护好、发展好最广大人民的根本利益作为全部理论的出发点和落脚点。① 习近平同样继承了这一问题的鲜明立场，并多次在不同的场合和不同的文章中反复提及。他指出，作为人民代表的中国共产党，在一切事物上必须"始终站在人民大众立场上，一切为了人民、一切相信人民、一切依靠人民，诚心诚意为人民谋利益。这是马克思列宁主义的根本出发点和落脚点，也是毛泽东思想、邓小平理论、'三个代表'重要思想以及科学发展观等重大战略思想的根本出发点和落脚点。始终站在人民大众立场上，始终不脱离、不动摇这个立场，这是共产党人掌握马克思主义世界观的重大问题。"② 2015 年 11 月 23 日，习近平在主持中共中央政治局第二十八次集体学习的讲话中指出，要坚持以人民为中心的发展思想，这是马克思主义政治经济学的根本立场。要坚持把增进人民福祉、促进人的全面发展、朝着共同富裕方向稳步前进作为经济发展的出发点和落脚点，部署经济工作、制定经济政策、推动经济发展都要牢牢坚持这个根本立场。③ 基于这个基本立场，习近平做出了补齐短板、精准扶贫的重要论述。经济发展的目标是为广大人民群众谋利益，让尽可能多的人分享经济发展的成果，贫困人口也必须包含在内，只有这样才能真正体现这一目标的要求。习近平特别关注对贫困人口的扶贫脱贫工作。早在 2004 年，时任浙江省委书记的习近平就指出了没有欠发达地区的小康，就没有全省的小康，要做长欠发达地区这块"短板"。担任中共中央总书记之后，习近平同样指出，没有贫困地区的小康，没有贫困人口的脱贫，就没有全面建成小康社会。"十三五"时期的经济社会发展，关键在于补齐"短板"，其中必须补好扶贫开发这块"短板"。关于如何补齐"短板"，习近平进一步提出了精准扶贫的理念，为做好扶贫开发、全面实现贫困人口的脱贫指明了方向。习近平的这些思想反映了中国特色社会主义经济学中的人文关怀，体现了马克思主义中尊重人性的根本态度。

---

① 习近平：《关于中国特色社会主义理论体系的几点学习体会和认识》，《求是》2008 年第 7 期，第 3 – 16 页。
② 习近平：《深入学习中国特色社会主义理论体系努力掌握马克思主义立场观点方法》，《求是》2010 年第 7 期，第 17 – 24 页。
③ 习近平：《立足我国国情和我国发展实践发展当代中国马克思主义政治经济学》，新华网，http：//news. xinhuanet. com/politics/2015 – 11/24/c_ 1117247999. htm。

二、经济发展动力在于生产关系与生产力的矛盾运动

经济发展的轨迹并不是平顺的，而是在不断变革中达到新的高度。马克思认为，生产力与生产关系是一对矛盾，生产关系要与生产力水平相适应的。生产力是最活跃、最革命的因素，而生产关系是在一定的生产力水平基础上建立起来的。当生产关系与生产力相适应的时候，就能够促进生产力的发展，然而生产力和生产关系并不总是相适应，当生产力发展到一定阶段之后，就会同现存的生产关系发生矛盾，此时的生产力和生产关系已经不相适应，现存的生产关系不仅不会促进生产力的发展，反而成为生产力发展的桎梏。当矛盾爆发的时候，社会就会产生对生产关系进行修正的动力，通过革命的手段解决矛盾，创造出新的生产关系，推动社会生产力的发展，社会就是在矛盾的爆发和解决中取得进步的。习近平认为，马克思所揭示的这一规律是人类社会发展的客观规律，生产力与生产关系的矛盾是推动社会发展的根本动因。这一规律不仅在资本主义社会适用，在社会主义社会也同样适用。习近平特别对此进行了分析，他指出了社会主义初级阶段生产力和生产关系所存在的矛盾："新的生产关系虽然解除了资本主义生产关系对生产力发展的束缚，为社会生产力的发展提供了新的空间，但这只是就所有制而言。由于生产关系中还包含有经济管理制度、经济运行机制等方面的内容，这就决定了社会主义的生产关系不可能一经建立就可以无限度地适应生产力发展的需要，要有一个不断成熟和完善的过程。"对于如何完善社会主义生产关系，习近平提出了"改革"这一核心命题："社会主义生产关系在确立之后不可能一成不变，必须随着生产力的发展不断进行改革和创新，我们当前正在进行社会主义经济体制改革，正是对已经不适应生产力发展要求的传统社会主义生产关系进行一次重大变革。由此可见，生产关系要适应生产力发展的基本规律，要求社会主义在整个发展过程中，必须紧紧围绕有利于促进生产力发展这个中心，不断对生产关系中与生产力发展不相适应的因素进行改革。只有牢牢把握住大力发展生产力和不断进行生产关系改革这两个中心环节，社会主义现代化建设才能沿着正确的方向持续和快速发展。"① 这

---

① 习近平：《论〈政治经济学批判〉序言的时代意义》，《福建论坛》1997 年第 1 期，第 1 - 7 页。

段论述虽然不长，但非常重要。习近平根据生产力与生产关系相适应的逻辑，指出了必须对社会主义生产关系进行改革的内因，就是通过改革使社会主义生产关系能够适应生产力的发展，而且由于生产力是不断向前发展的，改革也必然不会停止。因此，习近平在主持中共十八届中央政治局第二次集体学习时强调，"改革开放只有进行时没有完成时。没有改革开放，就没有中国的今天，也就没有中国的明天。改革开放中的矛盾只能用改革开放的办法来解决"①。在发展中，生产关系与生产力的矛盾以各种各样的问题表现出来，主要反映在制度的不合理上。制度都是在一定的背景下诞生的，经济体中有效的制度都具有内生性。但是，制度的制定具有一定的滞后性，反映的并非都是当前的，而是一段时间之前的制度需求，如果不能及时制定出相应的制度，就会使制度的供给和需求发生错位，制度制定的时间拖得越长，错位就会越大。而且制度具有黏性，不合理的制度会持续发生作用。要解决这些问题就必须不断对现有的制度进行改革，通过改革不合理的制度，使制度的供给和需求匹配，实现生产力的持续发展。习近平思想更深层次的启示在于，既然发展中的矛盾是不可避免的，那么对待矛盾的正确态度应该是不回避、不畏缩、正视矛盾、认清矛盾、利用矛盾、化解矛盾。所以说改革就是在解决问题中不断深化，同时社会又在改革中实现不断发展。正如习近平在《关于〈中共中央关于全面深化改革若干重大问题的决定〉的说明》中指出的："改革是由问题倒逼而产生，又在不断解决问题中得以深化"，"同时在认识世界和改造世界的过程中，旧的问题解决了，新的问题又会产生，制度总是需要不断完善，因而改革既不可能一蹴而就、也不可能一劳永逸。"② 习近平关于问题倒逼改革的重要论述使改革的内涵更加清晰，深刻揭示了当代中国发展的内在动力，是马克思主义基本理论和中国实际相结合的一次理论创新。

三、社会主义和市场经济有机结合是经济发展的最佳方式

　　世界上，经济发展的途径是多种多样的，没有一成不变的思路，也没有一劳永逸的途径。中国社会主义市场经济实践能够取得伟大的成就，在行动上证

---

① 《习近平谈治国理政》，外文出版社 2014 年版，第 69 页。
② 《习近平谈治国理政》，外文出版社 2014 年版，第 74 页。

明了西方道路之外存在另外的成功道路。习近平的中国特色社会主义经济学思想必然将社会主义市场经济理论作为核心的发展理论："商品经济是那些经济基础薄弱、发展落后的社会主义国家不可逾越的发展阶段，俄国如此，由半封建半殖民地社会进入社会主义社会的中国更是如此。既然在社会主义初级阶段乃至整个社会主义阶段都离不开商品经济特别是发达的商品经济，这就决定了社会主义与市场经济必然是相容的。"对于发展和完善社会主义市场经济理论，习近平进一步指出："第一，社会主义市场经济理论的建立必须以马克思主义经济学为主干，兼收并蓄地吸收西方经济学有关市场经济的理论研究成果。第二，社会主义市场经济理论必须善于对发展社会主义市场经济的实践经验进行总结和概括。第三，建立和不断完善社会主义市场经济理论，必须善于对社会主义市场经济运行规律进行探索和把握。"①

　　社会主义通过对生产关系的不断改革，使其适应生产力的发展需求，从而不断解放和发展生产力。中国当前所处的社会主义初级阶段，社会主义市场经济是最符合生产力发展的方式。邓小平开创了社会主义市场经济理论。他指出，社会主义和市场经济之间并不存在矛盾，社会主义利用市场的方法来发展生产力，目标并没有改变，社会主义的本质也没有发生变化。社会主义市场经济理论打通了社会主义和市场经济之间的通路，是马克思主义中国化的重大理论创新。根据这一理论，中国从党的十一届三中全会开始了经济体制改革，建立了社会主义市场经济制度，进行了史无前例的伟大实践壮举。经过 30 多年的改革开放，中国取得了举世瞩目的成就。实践证明，社会主义这条道路是对的，社会主义市场经济体制的确是中国当前最符合生产力发展的方式。习近平继承和发展了这一理论，他指出："社会主义市场经济是经济与政治的辩证统一，其内在的政治经济化和经济政治化的本质运动，要求社会主义市场经济的建立和发展必须充分发挥经济和政治两个方面的优势。"对于什么是"政治经济化和经济政治化"，习近平进一步指出："经济是政治的基础，政治是经济的集中体现，经济决定政治，政治也会反作用于经济，彼此互相依存、互相促进、互相对立、互相制约。经济离不开政治，政治也离不开经济，这是客观事物发展的必然规

---

① 习近平：《对发展社会主义市场经济的再认识》，《东南学术》2001 年第 4 期，第 26 - 38 页。

律，经治辩证统一关系和谐发展的集中体现。"在此基础上，习近平对社会主义市场经济体制进行了深刻阐述："社会主义与市场经济的有机结合，为实现政治与经济的辩证统一找到一种迄今为止的最佳形式。在这一体制下，一方面是社会主义的制度优势为市场经济健康发展开辟了广阔空间，使社会主义的经济基础更加雄厚、经济内涵更为丰富，形成了显著的政治经济化特征；另一方面，市场经济的发展也推进了政治体制的改革，并在优化经济资源配置的同时，优化了政治资源的配置，使社会主义民主政治建设不断加强，社会主义制度进一步趋于完善和巩固，经济政治化的特征和运动趋势也更加显著。"在中国当前的生产力发展水平下，还无法实现生产力高度发达的社会主义完全阶段所具有的社会发展能力、管理能力和创新能力，人民所拥有的财富也相当有限，资源将长期处于稀缺状态，这就使市场存在成为必要。但是同样，在这样的生产力水平下，市场的缺陷也难以克服，而且由于历史的原因，市场经济的各项制度在中国还极不完善，市场无法实现充分自由竞争，需要通过计划来弥补市场的各种缺陷。因此，社会主义和市场经济结合能够发挥各自的优势。对于社会主义和市场经济各自的优势，习近平明确指出："集中财力办大事是社会主义制度的一大经济优势，党的领导、群众路线、思想政治工作是社会主义制度的三大政治优势；优化资源配置是市场经济的一大突出优势。"① 习近平强调，要坚持社会主义市场经济改革方向，坚持辩证法、两点论，继续在社会主义基本制度与市场经济的结合上下功夫，把两方面优势都发挥好。在充分发挥社会主义和市场经济优势的同时，还必须注意避免当前各自的短处，改革旧体制，发挥新优势。习近平强调："不仅对计划经济体制的弊端要坚决摒弃，而且对市场经济体制中的消极因素也要及时予以消除，并努力将计划经济体制宏观调控的优势与市场经济体制合理配置资源、公开平等竞争、由价值规律调节市场供求关系等优势结合起来，促进新旧两种体制顺利实现转轨。"

当前，中国社会主义市场经济已经发展到新常态阶段。新常态是基于中国新的发展阶段做出的准确判断，对中国未来的发展方向将产生重要影响，新常态对社会主义和市场经济结合的紧密程度有着比以往更高的要求。马克思主义

---

① 习近平：《对发展社会主义市场经济的再认识》，《东南学术》2001年第4期，第26 – 38页。

基本原理指出：发展有其必然的经济规律，必须尊重规律、遵循规律，循序渐进地走可持续发展道路。在这一点上，中国是有过教训的，再也不能不顾规律地盲目冒进。党的十一届三中全会以来，正是基于对社会主义初级阶段生产力水平的判断，中共中央做出了符合规律的正确战略决策，建立了社会主义市场经济制度，才有了今天的辉煌成就。经过多年发展，新的国内国外形势使中国再一次走在了选择的关口。近 10 年来，中国经济的增速呈不断放缓趋势（见图 -1），这表明中国现有经济增长的驱动方式已经难以为继，新常态的判断正是审时度势的结果。2014 年 5 月，习近平在河南考察工作时提出新常态："我国发展仍处于重要战略机遇期，我们要增强信心，从当前我国经济发展的阶段性特征出发，适应新常态，保持战略上的平常心态。"2014 年 11 月 9 日，习近平在亚太经合组织工商领导人峰会上的演讲中系统阐述了新常态的特征：新常态下，中国经济从高速增长转为中高速增长；新常态下，中国经济结构不断优化升级，第三产业、消费需求逐步成为主体，城乡区域差距逐步缩小，居民收入占比上升，发展成果惠及更广大民众；新常态下，中国经济从要素驱动、投资驱动转向创新驱动。2015 年 11 月，习近平在《中共中央关于制定国民经济和社会发展第十三个五年规划的建议》的说明中指出，新常态下，中国经济发展表现出速度变化、结构优化、动力转换三大特点，增长速度要从高速转向中高速，发展方式要从规模速度型转向质量效率型，经济结构调整要从增量扩能为主转向调整存量、做优增量并举，发展动力要从主要依靠资源和低成本劳动力等要素投入转向创新驱动。这些变化不以人的意志为转移，是中国经济发展阶段性特征的必然要求。① 新常态下，中国的改革将进入深水区，无论是经济结构调整还是发展方式的转变都需要更加缜密的规划和更加有效的制度，同时这其中发生的资源由旧领域向新领域的配置则必须由更加有效的市场来完成，所以，新常态对社会主义市场经济的发展提出了更高的要求。新常态的提出成为中国经济思想的一个重要转折，准确反映了客观经济形势，成为新的治国理念。《中共中央关于制定国民经济和社会发展第十三个五年规划的建议》根据新常态特征做出了"加大结构性改革力度，加快转变经济发展方式，实现更高质量、更有效率、更加

---

① 《中共中央关于制定国民经济和社会发展第十三个五年规划的建议》，人民出版社 2015 年版，第 47 页。

公平、更可持续的发展"的重大战略决策，将使中国的改革开放更加深入。

图 1 - 1　国内生产总值指数趋势（2001 - 2014 年）

　　习近平在经济发展中十分重视生态文明建设。他指出，只有实现绿色生态发展，经济发展才具有可持续性，才是高质量的发展。早在 1989 年，他谈到闽东经济时就指出发展林业的重要性："林业具有很高的生态效益和社会效益，比如森林能够美化环境，涵养水源，保持水土，防风固沙，调剂气候，实现生态环境良性循环等。"①习近平担任浙江省委书记时，多次强调发展绿色 GDP。他指出，不能盲目发展，污染环境，给后人留下沉重负担，而要按照统筹人与自然和谐发展的要求，做好人口、资源、环境工作。既要 GDP，又要绿色 GDP。②他还提出了"既要金山银山，又要绿水青山"的"两座山"发展理念，即追求人与自然的和谐、经济与社会的和谐。他指出，"两座山"的意义不仅在于生态环境本身，还可以延伸到统筹城乡和区域协调发展上：一是工业化不是都办工业，而是宜工则工，宜农则农，宜开发则开发；二是农村也有农村的优势，要把绿水青山转化成金山银山。③

四、经济发展途径是使市场在资源配置中起决定性作用和更好地发挥政府作用

　　习近平作为思想者和实践者对发展社会主义市场经济有着自己深刻的理解，

① 习近平：《摆脱贫困》，福建人民出版社 1992 年版，第 110 页。
② 习近平：《之江新语》，浙江人民出版社 2007 年版，第 37 页。
③ 习近平：《干在实处走在前列》，中央党校出版社 2013 年版，第 197 - 199 页。

推动形成了"发展社会主义市场经济、使市场在资源配置中起决定性作用和更好发挥政府作用"这一重大创新理论。这一理论成果不仅发展了马克思主义政治经济学,而且对指导中国经济发展的实践具有极重大的意义。

在理论上,社会主义和市场经济可以做到两者兼容、相互补充和协调发展,但如何指导实践,则需要对政府和市场的关系进行清晰界定。改革开放之前,中国长期实行的是计划经济,市场并没有充分发展起来。由于商品经济是社会发展不可逾越的一个阶段,改革开放之初的重点就是迅速发展市场经济。因为实行了多年的计划经济,所以向社会主义市场经济转向的过程不可能太快。虽然这一时期市场经济在调配资源方面的作用已经显现出来,但政府仍然统领经济事务的方方面面。经过多年的发展中国市场经济已经初具规模,1992年党的十四大提出了"要使市场在社会主义国家宏观调控下对资源配置起基础性作用"的重要论述,使经济体制改革进一步深化,市场的作用更加明显,真正使中国走上了发展的快车道。虽然党的十四大以后市场的基础性地位已经确定,但政府在经济领域的地位并没有改变。经过一段时间的发展,这种政府与市场关系的模式暴露出一些弊端,影响了市场效率;同时由于政府在市场领域的事务太多,投入过多精力而影响了社会管理的质量。因此,对政府和市场的关系进行新的定位势在必行。

习近平认为:"深化市场取向的改革,关键是要处理好政府与市场的关系,即'看得见的手'与'看不见的手'这'两只手'之间的关系。改革逐步推进到一定的时候,'两只手'应该是这样的关系:经济社会的协调上,市场这只手更多地调节经济,政府这只手则强化社会管理和公共服务的职能;经济的运行上,市场这只手调节微观领域的经济活动,政府这只手用来制定游戏规则、进行宏观调控;公平与效率上,市场这只手激活效率,政府这只手则更多关注公平;城乡发展上,城市的发展更多地依靠市场这只手的作用,在农村的发展则由政府这只手承担更多的职能。"[1] 这段论述非常清晰地指明了政府和市场应当具有的关系。党的十八届三中全会进一步提出,经济体制改革是全面深化改革的重点,核心问题是处理好政府和市场的关系,使市场在资源配置中起决定性作用,更好地发挥政府作用。这是以习近平为总书记的党中央在社会主义市场

---

[1]　习近平:《之江新语》,浙江人民出版社2007年版,第182－183页。

经济理论上的又一重大突破，更加深入地为政府和市场的关系进行了定位，为政府效率和市场效率的提高奠定了基础。

习近平指出，准确定位和把握使市场在资源配置中起决定性作用和更好发挥政府作用，必须正确认识市场作用和政府作用的关系。市场在资源配置中起决定性作用是对市场作用的全新定位。同时，习近平还指出，使市场在资源配置中起决定性作用和更好发挥政府作用，二者是有机统一的，不是相互否定的，不能把二者割裂开来、对立起来，既不能用市场在资源配置中的决定性作用取代甚至否定政府作用，也不能用更好发挥政府作用取代甚至否定使市场在资源配置中起决定性作用。对于如何具体推进市场化改革，习近平进一步指出，要减少政府对资源的直接配置，减少政府对微观经济活动的直接干预，加快建设统一开放、竞争有序的市场体系，建立公平、开放、透明的市场规则，把市场机制能有效调节的经济活动交给市场，把政府不该管的事交给市场，让市场在所有能够发挥作用的领域都充分发挥作用，推动资源配置实现效益最大化和效率最优化，让企业和个人有更多活力和更大空间发展经济、创造财富。更好发挥政府作用，就是要切实转变政府职能，深化行政体制改革，创新行政管理方式，健全宏观调控体系，加强市场活动监管，加强和优化公共服务，促进社会公平正义和社会稳定，促进共同富裕。各级政府一定要严格依法行政，切实履行职责，该管的事一定要管好、管到位，该放的权一定要放足、放到位，坚决克服政府职能错位、越位、缺位现象。①

除社会主义市场经济建设之外，坚定不移地进行开放也是习近平经济学思想中的重要部分，开放对提高中国市场的资源配置效率具有十分重要的意义。在中央深改组第十六次会议上，习近平强调，以开放促改革、促发展，是中国改革发展的成功实践。改革和开放相辅相成、相互促进，改革必然要求开放，开放也必然要求改革。要坚定不移实施对外开放的基本国策、实行更加积极主动的开放战略，坚定不移提高开放型经济水平，坚定不移引进外资和外来技术，坚定不移完善对外开放体制机制，以扩大开放促进深化改革，以深化改革促进扩大开放，为经济发展注入新动力、增添新活力、拓展新空间。② 会议提出要

---

① 《习近平谈治国理政》，外文出版社 2014 年版，第 117－118 页。

② 习近平：《坚持以扩大开放促进深化改革坚定不移提高开放型经济水平》，人民网，http://politics. people. com. cn/n/2015/0915/c1024 - 27588659. html。

提高利用国际国内两个市场、两种资源的能力。"四个坚定不移"和利用国际国内两个市场理念的提出，表明了中国未来继续开放的决心。当今的世界是开放的世界，任何一个国家都不可能自我封闭地发展，自我封闭是没有任何出路的，中国历史上是有过深刻教训的。开放对于市场经济的意义在于能够促进其能够在更广阔的空间上实现发展。在开放的市场中，一国所能够使用的资源，所面临的广阔市场是封闭经济所不能想象的。像中国这样一个人口庞大的国家，只有打开国门，做好开放，充分利用国际资源，才能满足国内的生产需求，同时也只有世界这个大市场才能为国内商品最大限度地找到出路，从而增加就业、增加人民收入、提高人民生活水平。所以，唯有开放才能使国际和国内两个市场充分协调，互为补充、相互促进、共赢发展。

"发展社会主义市场经济、使市场在资源配置中起决定性作用和更好发挥政府作用"这一重大创新理论以及习近平相关的阐述和解释，是社会主义市场经济理论的最新成果，也是调整生产关系适应生产力发展的具体体现，更是马克思主义理论和中国改革发展实践的具体融合。这一理论明确了政府和市场的关系，使二者能够更好地专注各自的领域，相互协调，相互补充，更好地发挥作用。各个领域的工作者都要深入地理解和把握这一理论，各司其职把工作做好，建设更加有效率的社会主义市场经济。

五、结语

中国特色社会主义经济学是马克思主义政治经济学在中国的新发展，是马克思主义中国化的结果。习近平通过长期深入研究马克思主义理论并结合中国改革发展的实践所形成的思想是中国特色社会主义经济学的重要组成部分，并对中国特色社会主义经济学的发展做出了重大贡献。

首先，为中国特色社会主义经济学贡献了新成果。习近平的中国特色社会主义经济学思想来源于马克思主义理论，又发展了马克思主义理论。他的关于发展共享、问题倒逼改革、创新驱动发展、新常态、保护生态、市场配置资源和"四个坚定不移"等思想结合了马克思主义经典理论、中国特色社会主义和中国新的实践，创新发展了马克思主义政治经济学中关于人的发展、经济发展动力、发展方式和发展途径等方面的理论。党的十八届五中全会确立了"创新、协调、绿色、开放、共享"的五大发展理念，习近平指出这五大理念是中国特色社会主义经济学的最新理论成果，研究、阐释和贯彻落实这五大理念是中国今后理论和实践的重点工作。而习近平的经济学思想和五大理念基本保持一致，深刻反映了五大理念的思想实质，为五大理念的内涵提供了内容支撑。可以说，习近平创新并丰富了中国特色社会主义经济学理论。

其次，为中国特色社会主义经济学开拓了新境界。一是习近平使中国特色社会主义实践研究上了新高度。马克思主义政治经济学要根据当代社会的发展而不断发展，这些新的发展只能来源于对社会主义经济建设实践进行研究，发现需要解决的问题，找到解决问题的方法，然后上升为一般性理论。这样的理论来自实践又指导实践，是最为实际和有用的理论。习近平对中国当代改革发展的实践进行了深入的研究和思考，使他的思想紧贴中国实际，并且能够反映未来实践发展的需求。二是习近平有关中国特色社会主义经济学的思想具有极强的解释力。政治经济学的生命力在于其对现实的解释力，马克思在《资本论》中令人信服地解释了社会发展的一般规律、资本生产的动力、资本主义的内在矛盾的成因等，创立了科学的政治经济学体系。习近平的经济学思想运用马克思主义基本原理，对中国发展的现实进行研究，解释了中国经济发展的内在动力、改革问题的成因以及新常态的内涵等。对这些重要问题的解释，能够更加深刻地反映中国当前的状况，以便于更有针对性地采取措施，推动中国社会主义经济建设不断深入。三是习近平对西方经济学有益成果的包容，为中国特色社会主义经济学的发展带来了更加广阔的视野。长期以来，马克思主义政治经济学和西方主流经济学在研究方法、主要内容上泾渭分明，形成了相对独立的两个体系。虽然中国特色社会主义经济学以马克思主义政治经济学为基本架构，但习近平也指出，西方主流经济学关于市场经济部分的理论成果是值得借鉴的，可以弥补马克思主义政治经济学在理论上的一些不足，因此，我们应当主动借鉴这些成果来构建科学的完整的中国特色社会主义经济学理论体系，这是符合马克思主义理论开放特性的。

（原载于《改革与战略》2016 年第 3 期）